国家社科基金青年项目
《信任视域下的网络口碑效果研究》,
项目编号:13CXW055

基于信任的
网络口碑效果研究

铁翠香 ◎ 著

中国社会科学出版社

图书在版编目（CIP）数据

基于信任的网络口碑效果研究/铁翠香著.—北京：中国社会科学出版社，2019.3
ISBN 978-7-5203-4069-4

Ⅰ.①基… Ⅱ.①铁… Ⅲ.①网络营销—顾客满意度—研究 Ⅳ.①F713.365.2

中国版本图书馆 CIP 数据核字（2019）第 030392 号

出 版 人	赵剑英
责任编辑	郭晓鸿
特约编辑	王顺兰
责任校对	杨　林
责任印制	戴　宽

出　　版	中国社会科学出版社
社　　址	北京鼓楼西大街甲 158 号
邮　　编	100720
网　　址	http://www.csspw.cn
发 行 部	010-84083685
门 市 部	010-84029450
经　　销	新华书店及其他书店

印　　刷	北京明恒达印务有限公司
装　　订	廊坊市广阳区广增装订厂
版　　次	2019 年 3 月第 1 版
印　　次	2019 年 3 月第 1 次印刷

开　　本	710×1000　1/16
印　　张	22.25
插　　页	2
字　　数	294 千字
定　　价	88.00 元

凡购买中国社会科学出版社图书，如有质量问题请与本社营销中心联系调换
电话：010-84083683
版权所有　侵权必究

序

中南民族大学铁翠香副教授的著作《基于信任的网络口碑效果研究》就要出版了，她邀请我为之作序，为我的博士弟子最新成果写上几句当然义不容辞。

我称翠香为"铁博士"，不仅因为她的"铁"姓，更在于她深得"华科大造"精髓。"学在华科大"，这是武汉人民对于华中科技大学学习氛围的赞誉，虽然这份赞誉多因为理工科师生日以继夜在教室图书馆寝室做习题、在实验室实训中心做实验，但也包含华科大文科师生严谨的学风。如本人所在的新闻与信息传播学院，当年就因为周济校长为学院名称加了"信息"二字，也就把学院文理交叉的特色与风格显示了出来。就学院教师队伍而言，有1/2的老师能开展量化实证的研究、发表过相应的研究成果；这就必然显示出一种实证研究的风气，并使得学科发展进行迅速。如最近一期的学科评估，我校的"新闻传播学"学科获得"A"，竟然与复旦大学并列了。这背后无疑就有学院严谨、扎实学风之功。这种学风自然鲜明地体现在博士生的学习研究上，"铁博士"就是一个典型的例子。读者在阅读这部量化实证著作时，一定很难想象其作者原本是典型文科出身。但"铁博士"就是通过在华中科大硕士、博士的学习，硬是规范地、高水平地掌握了量化研究方法，不仅以实证研究成果发表论文、获得学位，还主持了国家哲学社科课题，现在又有专著出版了。记得铁翠香为掌握这一手量化实证的"铁本事"，先后进入人民大学的实证研究暑期班、北京大学和密苏里大学合办的分类数据处理培训班、在浙江传媒学院举办的高级传播学理论与方法研讨班、华中师范大学心理学高级统计方法培训班等各种形式的培训班。我想，目前在新闻传播学科青年学者中对于量化实证方法掌握到如此程度的尚为数不多，因此"铁博士"自是铁的有道理。

其实，如果你面见铁翠香副教授，你就完全会将她的整体形象颠覆至"铁"的反面：温婉柔美、春风含笑，一副大家闺秀的模样。正是这么一位"铁柔相济"的女学者，我指导她攻读博士学位就倍感顺利：第一次交代她写一篇内容分析的定量研究文章，她很快就规范地完成，并稍作修改就在C刊发表了；带她参与《广告新媒体》教材编写并负责"社区论坛与互动"一章，我几乎不需改动；而让她担纲负责我主持的"山东科技职业学院品牌发展项目"中的品牌调查，她的问卷设计、数据处理、诊断报告，令甲方领导大为称赞，记得该校的党委书记在晚餐的致酒词中把铁博士亲切地称呼为"铁扇公主"；而她独立主持的武汉"精武鸭脖"的品牌调查与诊断，其调查问卷与统计分析文本，至今我都是作为案例样本向其他青年老师进行推荐的。她当年的博士学位论文《基于信任和感知价值理论的网络口碑传播效果研究》，也因为选题富有价值、方法运用规范、结论明确且创新而获得了答辩专家们的高度认可。

博士学习阶段的方向选择、方法掌握、理论奠基，自然为年轻学者的学术发展插上了翅膀。但由博士向学者的蝶变，按厦门大学陈培爱教授的话来说，需要经过"三个一"：一次海外访学、一个国家课题、一本学术专著。现在，铁博士在海外访学一年与国家课题结题的基础上，就要出版专著了，我为之欣喜，自然也很关切地浏览了她这本即将出版的著作《基于信任的网络口碑效果研究》。应该说该书是在信息社会的大背景下，基于人们已经须臾难离的网络，就当下网络购物流行、用户自创内容、传播渠道过剩、消费者深度参与的现实来探析网络口碑的效果，这无疑应和了企业对于消费者网络口碑传播的关注与重视，对于完善网络口碑效果理论，对于企业更自信地管理网站信息、进行口碑营销、实现产品改进等实践均具有较大的实用价值。正是，在这种理论与实践的双重价值融合中，该著作形成了如下鲜明的特色：

其一，该书多角度实证性地研究了口碑效应发生的诸多因素，形成了强有力的逻辑力与说服性，即显示出本书显著的科学性。口碑历来被认为是最有影响力的消费者信息来源，其影响力远胜于广告或人员推广，随着互联网以及电子商务的不断发展，人们在网上购物、参与公司产品或服务的分享渠道越来越多，网络口碑传播的研究则成为理论界与实务界关注的重点。该著作在传统的经典说服理论、技术接受模型以及信息采纳模型等理论基础之上，从网络口碑传播者层面、接收者层面以及信息层面探讨了网络口碑效应的影响因素的三个构面展开研究。其实证研究结果让作者有了一系列发现：（1）传播者来源构面的两个因素即来源可信度、口碑信息传播者与接收者的关系强度对网络口碑效应有着显著的正向影响作用。（2）在信息层面中，论据一致性也对网络口碑效应有着显著的正向影响作用，即只有当接收者通过查找到的论据的一致性，才会感受到该网络口碑价值和产品价值，从而产生购买行为。（3）基于信任传递中介作用的网络口碑效应显著，是网络口碑被采纳或网上购物行为发生的重要前提；来源可信度、关系强度以及个人信任倾向对信任传递有直接的正向的作用。（4）感知价值在前因变量对网络口碑效应产生影响的过程中扮演着重要角色，其中产品的情感价值在感知价值的四个维度中最为重要，而质量价值只有被消费者明显感知到才对其购买决策产生影响，同时消费者从口碑信息中感知到产品品牌形象与自身形象一致性越大，论据一致性程度越高，产品价值也就越大，从而产生购买意愿的可能性也就越大。显然这些发现正是我们网络消费应然的感受，但该著作却以数据逻辑性地予以了证实。

其二，该著作由产品口碑效应自然延伸至品牌关系建构研究上，实现了口碑效应研究理论上的价值升华，由此显示出研究的理论性。产品的网络消费所形成的口碑效应，自然会涉及品牌的提及、对于品牌态度，以及产品类别与品牌关系的调节效应。该书实证结果证实：（1）在国产组别与进口组别中，不同产品类别的调节作用鲜明地体现在信任倾向对网络口碑效应的影响中。当网络口碑中提及的是国产品牌时，只有当信任倾向程度越高时，消费者接受口碑而产生购买行为的可能性才越大。同样，对于一个本身信任倾向程度较低的人而言，接受推荐的国产品牌的可能性是比较小的。而当推荐的产品为进口产品牌时，该口碑接收者无论其信任倾向如何都不受影响。（2）在熟悉组与陌生组的不同品牌关系中，来源可信度、关系强度与自我一致性这三个变量对网络口碑效应的影响均无差异，但是与产品类别组一样，信任倾向在不同品牌关系中也表现出一定的差异。在熟悉品牌中显示不显著，在陌生品牌中显著。表明对于熟悉的品牌，无论个体信任倾向程度高低，网络口碑效应都不会受到较大影响；但是对于陌生品牌而言，则个体信任倾向程度越高，网络口碑发挥作用的效果才会越好。（3）口碑信息接收者对于他们熟悉的品牌，仍然会通过多种渠道去查找信息，来获得对口碑中提及的产品较为一致的质量、价格等信息；而对于陌生品牌，无论论据质量是否一致，其接受的可能性都比较小。针对这些发现，作者提出要让网络口碑发挥更大作用，要注重产品价值挖掘，要注重消费者—品牌关系，要引导企业和消费者共同创造双方都获利的价值。显然，从网络口碑效应升华到品牌关系建构、企业与消费者进行品牌价值共创，无疑升华了本著作的理论价值。

其三，该著作完整呈现了量化实证研究过程与逻辑结构，富有品牌传播与接受领域的实证方法运用的示范性。该著作由口碑与网络口碑相关研究、信任及信任传递相关研究、理论框架与扎根理论辅助研究、由变量选取与测量及模型构建与研究假设等构成的研究设计、研究数据收集与质量评估、结构模型分析与假设检验、关于网络口碑效应研究结果讨论与结论建议、微信群中的网络口碑传播效应、"RE CLASSIFIED 调香室"口碑实战策划案例分析等章节构成，其完整呈现了规范性量化实证研究的全过程，以及研究展开与研究发现的逻辑结构；其对于品牌传播与接受领域的研究来说，无疑具有实证方法运用的示范性。而对于作者本人而言，她当年到处奔波学习量化研究方法，并艰难地掌握结构方程模型理论，至今在该著作中均鲜明地转化为科研的果实，想必她心下必是欣然的。

当然，该著作在如上特点之外，作者还有着诸多的创新之见；但我想如上三点就足以引发营销、传播、品牌等领域的读者关注了，毕竟量化实证的力量胜于一切的雄辩、胜于一切的感性认知，也最能坚定研究者的自信，坚定以传播来引发网络口碑正向效应，进而进行品牌关系正向建构的投资者、经营者的信心。故我在此对该著作进行郑重的推荐。

这部著作《基于信任的网络口碑效果研究》出版之际，正是我国"互联网+"方兴未艾、国家推出"以品牌引领供需结构调整"之时，也是基于网络的传播理论重构的时代机遇之窗刚刚敞开之际；由此，我相信铁翠香副教授的这部著作一定会在这个新时代、新需求、新使命、新机遇叠加的时刻，为传播学的蓬勃发展、为信息社会的品牌传播全新实践之浪潮贡献一朵激越的浪花，体现出其独特的理论与实践价值。

是为序。

华中科技大学品牌传播研究中心主任、教授、博士生导师

舒咏平

2018年春于喻家山下

目　录

理 论 篇

第1章　绪论 ··· 3
1.1　研究背景 ··· 3
1.2　研究问题 ··· 8
1.3　研究目的 ··· 10
1.4　研究意义 ··· 12
1.5　研究方法及技术路线 ·· 13
1.6　本研究主要创新点 ··· 16
1.7　研究结构与内容安排 ·· 17

第2章　口碑与网络口碑相关研究 ································· 20
2.1　口碑与网络口碑 ··· 21
2.2　近年来网络口碑研究图景 ······································ 26
2.3　关于"网络口碑"研究现状的评价 ························· 47

第 3 章　信任及信任传递相关研究 …………………………… 50
3.1　不同学科对信任的定义 ……………………………………… 51
3.2　信任的分类及测量维度 ……………………………………… 58
3.3　信任的前因后果 ……………………………………………… 63
3.4　信任传递及其影响因素 ……………………………………… 67

第 4 章　理论框架与扎根理论辅助研究 …………………… 71
4.1　相关理论或模型分析 ………………………………………… 71
4.2　扎根理论方法的辅助研究 …………………………………… 84
4.3　结构方程模型原理 …………………………………………… 106

第 5 章　研究设计 ………………………………………………… 112
5.1　研究变量选取与测量 ………………………………………… 112
5.2　研究模型构建与研究假设 …………………………………… 131
5.3　前测与最终问卷形成 ………………………………………… 134

第 6 章　研究数据收集与质量评估 ………………………… 146
6.1　正式调查的实施过程 ………………………………………… 146
6.2　样本的描述性统计 …………………………………………… 149
6.3　样本数据的信度评估 ………………………………………… 155
6.4　样本数据的效度评估 ………………………………………… 158
6.5　相关性分析 …………………………………………………… 181

第 7 章　结构模型分析与假设检验 ………………………… 189
7.1　影响因素实证研究 …………………………………………… 189

目 录

  7.2 影响机制实证研究 ·················· 194
  7.3 调节变量的调节效应检验 ·················· 204

第8章 关于网络口碑效应研究结果的讨论、结论与建议 ·········· 216
  8.1 研究最终模型及效应 ·················· 216
  8.2 网络口碑效应的影响因素结论讨论 ·················· 220
  8.3 网络口碑对消费者购买意向的影响机制结论讨论 ·········· 224
  8.4 产品类别与品牌关系的调节效应讨论 ·················· 228
  8.5 研究结论总结 ·················· 232
  8.6 研究成果在理论完善方面的贡献 ·················· 234
  8.7 研究实践建议 ·················· 239
  8.8 研究局限及建议 ·················· 245

实 践 篇

第9章 微信群中的网络口碑传播 ·················· 251
  9.1 "住百家"达人群的建立 ·················· 253
  9.2 达人群中的意见领袖 ·················· 257
  9.3 社群口碑内容的产出 ·················· 263

第10章 "RE CLASSIFIED 调香室"网络口碑实战策划案例 ······ 268
  10.1 RE 品牌定位及发展现状 ·················· 269
  10.2 RE 品牌核心价值 ·················· 270
  10.3 网络口碑推广策划 ·················· 273
  小　结 ·················· 293

附录1 扎根理论访谈及典型个案 ·················· 295
 1.1 访谈提纲 ························· 295
 1.2 访谈典型个案 ······················ 296
 1.3 第15个模板 ······················· 305
 1.4 22个范畴 ························· 306

附录2 网络口碑对消费者购买行为的影响调查问卷 ········ 308

参考文献 ································ 314

后　记 ································· 344

理论篇

第1章 绪论

本章主要论述本书的研究背景和动机、主要目的和问题、研究现状和意义，提出创新之处，最后介绍本书的技术路线、研究结构和内容安排。

1.1 研究背景

口碑历来被认为是最具影响力的消费者信息来源。美国营销大师约翰·詹斯奇曾对一千多家企业进行了非正式的调查，结果有六成多的受访者表示，他们半数以上的业务来自口碑推荐。"口碑"一词并不新鲜，早在20世纪50年代，美国传播学家卡茨与拉扎斯菲尔德就已研究发现，口碑是人们购买家庭用品最重要的信息来源，其影响力比广告或人员推广还要大。全球权威管理咨询公司麦肯锡也估计美国业务的2/3是靠口碑驱动的。

因而，一直以来无论是学界还是业界都没有停止对口碑的研究，而随着互联网以及电子商务的不断发展，人们在网上购物参与公司产品或服务的分享渠道越来越多，使得传统的口碑插上了互联网的翅膀而发挥出更大的作用。

1.1.1 社交购物媒体成为网络口碑重要渠道

伴随着我国互联网的高速发展，我国网民人数也日益增多。据中国互联网络信息中心（CNNIC）第 40 次《中国互联网络发展状况统计报告》（以下简称《报告》）显示，截至 2017 年 6 月，中国网民规模达 7.51 亿人，互联网普及率为 54.3%，较 2016 年年底提升了 1.1 个百分点，近五年来一直保持着持续稳步上升趋势。

互联网不仅给人们带来丰富的信息，也带来了全新的商业模式，改变着人类的生活方式。第三方支付平台的出现在一定程度上解决了直接网购带来的信任问题，降低了网上购物风险，使得网上购物观念逐渐普及，网络购物已经渐成网民消费生活的习惯。据 CNNIC 监测，2017 年中国网络购物用户规模达到 1.42 亿，使用率提升至 33.8%。随着技术的不断发展，一些社交媒体也相继推出或升级了应用内置的"购买"功能，使得它们不再继续充当"电商中转站"的角色，而是升级为用户直接购物的平台。我国综合类社交媒体排名前三的微信、微博等也都有了不同形式的购物渠道，这些整合了电商功能的社交媒体更利于人们购物前的信息查找和分享消费体验。

由于网上购物虚拟性的特点，网上信息查询成为网购前的必经环节。据 CNNIC《报告》显示，有 85.7% 的网民半年内在网上查询过商品信息。美国市场研究公司 Jupiter Research 调查数据也显示，七成以上的网民在线购买商品前，会参考网络上其他用户所写的产品评价；超过九成的大公司相信，在影响用户是否购买方面，用户推荐和网民的意见起决定性作用。而对于广大消费者来说，他们也越来越倾向于通过电子商务网站、博客平台、论坛、社交网站等虚拟空间来发表自己的商品购后心得及意见。这些来自消费者自身经历的口碑意见，不代表任何商家的利益，往往比商家提供的信息具有更高的可信度。

1.1.2 网络口碑是消费者价值共创的实现途径

各种新媒体尤其是社交媒体的兴起使得用户生产内容（UGC）成为可能，人们通过这些平台分享着自己的日常生活、情感，同时也包含着大量消费的体验与消费后的评价，这些构成了用户生产内容的主要内容。网络口碑作为用户生产内容的一种，也成为企业和消费者价值共创的重要手段。

由于当今商业逻辑的变化，即从开始的产品逻辑向用户逻辑的转变，使得消费者越来越受到企业的重视。从最初的"产销者"概念，即生产者和消费者的结合，到强调不能将两者区分开来而是将两者统一起来，企业也越来越注重与消费者进行价值共创，即无论是在设计生产环节还是在消费体验营销环节都强调消费者的参与，双方共同创造价值且通过消费者的自身体验来实现价值。过去消费者是企业所推崇的高高在上、遥不可及的上帝，而现在，消费者是产品概念的提出者，是产品的生产者，是品牌的再传播者和营销者，也是产品的检验者和消费者，他们集多种身份多种角色于一身。

在产品设计生产前的环节，企业通过收集客户意见并且由客户自己设计并决定生产的做法来吸引消费者的参与。雷神笔记本受到游戏玩家的青睐正是因为其诞生于30万条评论和数个社交媒体群中。所有的评论被一一整理最后找出游戏玩家常常抱怨的一些主要问题，从而整合现有技术解决了这些主要问题，创造了游戏爱好者中的传奇。

在决定生产的环节，也不再仅仅是由企业说了算。美国无线T恤之王Threadless依据消费者自己设计的图案创意，进行消费者投票产生可以进入实际生产环节的设计，真正做到了取之于民、用之于民。

而在生产后的消费阶段，网络口碑更是企业用来获取消费者的消费体验以及反馈的重要信息，同时也是营销与推广的重要法宝。从前面可知，社交媒体是网络口碑生长最好的土壤，社群共享可看作网络口碑的重要内容。微博、微信和朋友圈等社群聚集着大量熟悉且有着共同兴趣爱好的群体，由于彼此信任感较强，更易于口碑的传播。在遇到好的产品时，这些群体还会自发地主动传播，与过去被雇用的"水军"相比，这些人被称为"自来水"。这种力量生产的口碑信息呈指数增长，产生的口碑效果也是不可估量的。当然，网络口碑不仅仅都是正面的积极的口碑，一些负面口碑的传播更广，杀伤力更强，但这些负面口碑也恰恰是企业可用来分析进一步改进产品或服务的重要依据，这个过程也是化危机为转机的最有利的时机，从而更进一步借助于消费者的力量来进行价值共创。

1.1.3 网络口碑催生了信息资源分享经济

互联网+生态文明合力催发了分享经济（亦称"共享经济"）的快速成长。

分享经济最早是由美国麻省理工学院经济学教授马丁·威茨曼于1984年出版的《分享经济》一书中提到的。最初是为了解决企业工资分配制度问题，以缓解社会矛盾，提高工人积极性。这种根植于解决工资与资本对立矛盾的分享经济学，逐渐发展成了两种不同的分享经济模式，一种是通过股权制度让工人参与企业收入分配，另一种是让员工参与企业管理。这些传统的分享经济核心在于分享企业利润。而眼下正在全球兴起的分享经济，其目标也是为了实现社会资源和福利的共同分享，即将社会海量、分散、闲置资源，平台化、协同化地集聚、复用与供需，从而实现经济与社会价值创新的新形态。现代分享经济呈现出多种不同类型的分享经济，如有偿分享经济、对等分享经济等（张孝德、牟维勇，2015）。

而网络口碑无论给企业还是给传播者或接收者带来的也是一种分享经济，只是有别于具体物品的分享，表现出一种信息资源的分享。尽管口碑强调的是一种非商业化的行为，但由于其强大的有效性，也被企业作为一种重要的营销工具来使用，网络口碑由于插上了互联网的翅膀，其传播速度更快、传播面更广，企业更希望制造一些正面积极的网络口碑。因而，会通过多种方式来鼓励消费者进行网络口碑分享。对于传播者来说，分享其闲置的信息资源不仅不会损失什么，而且还可能会得到某些看得见的利益，何乐而不为呢？这种做法非常符合分享经济的两个核心理念，即"使用而不占有"和"不使用即浪费"。

1.1.4 信任危机给网络口碑效果带来挑战

在电子商务中，信任被认为是成功进行在线销售的关键因素。如果信任被侵犯被违背，则会从认知层面和情感层面对消费者的信任产生影响，进而影响他们的行为（Goles et al.，2009）。

何立华博士（2010）指出我国在改革开放之后到现在面临一定程度的诚信危机。他认为当前中国的诚信危机表现在人际关系的恶化以及一些企业、组织和行业的失信行为等方面，这种诚信危机引发了一定程度的信任危机。

信任危机体现在对商品和服务的不信任；对提供产品和服务的人不信任，并进一步扩展到对所有外人的不信任；对熟人甚至对亲朋好友的不信任；对管理者及执法者的不信任；对法规制度的不信任以及对基本价值观的不信任等诸多方面（郑也夫、彭泗清，2003）。

产生这些危机的主要原因在于以私人关系为基础的人际信任和传统的道德性的社会信任，已经不能满足中国社会发展的需要，而法制性的社会系统信任还未有效地建立起来。学者周怡也认为在中国的社会发展进程中，由最开始的以地缘血缘为信任的传统社会逐渐向以业缘（职业）等为主，甚至是网络时代"不在场"的陌生人之间基于制度或系统的信任过渡。在这过渡过程中，系统制度的信任尚未形成，因而出现了信任违背现象，导致了信任危机。

在现代电子商务活动中，出现了"网络推手""网络水军"等，商家推出的"奖励性评价"等也普遍存在，这些信息混杂在真正由消费者发布的口碑信息中，让接收者难以辨别真假。它们已不再是真正意义上的"网络口碑"，仅仅成了商家和消费者各取所需的另一种手段，对于其他消费者来说则起不到口碑宣传作用，连同真正的网络口碑也会引起人们的质疑。熟人社会中的"杀熟"现象，在社交媒体流行时代，由于网络化的交织而显得更加普遍，这些都进一步降低了人们的普遍信任程度。在这样的背景下，一方面是网络口碑及信任如空气一般的重要；另一方面是它们在不断地受到挑战，彼此影响。如何营造一种诚信氛围，使网络口碑在信任的环境中发挥更大的作用？提高消费者的信任程度是否是提高网络口碑效应的解决之道？企业如何才能有效利用网络口碑并开展网络口碑营销活动？这些问题成了摆在眼前的现实问题，也正是本书得以形成的基本背景。

1.2 研究问题

相对于广告等其他信息来源而言，网络口碑的影响力丝毫不逊色，近年来引起学界和业界的广泛关注。对网络口碑的成因、传播者与接受者的动机以及网络口碑对消费者购买决策的影响等都有大量的研究成果。但是网络口碑作为一种新生事物，仍然留有大量待研究的课题。本研究的具体研究问题主要是以下几个方面。

问题一：传统的口碑传播效应研究的理论与模型，是否适用于网络环境中的网络口碑传播效应模型？

关于口碑传播的研究早在20世纪50年代就已经产生，也一直是学者们关注的重点。在霍夫兰的说服理论基础上，学者们通过不断地改变与口碑信息相关的因素，比如传播者层面、信息层面和个体接收者层面等来探究影响口碑效果的因素。Bansal和Voyer（2000）等学者也提出了几个经典的口碑研究模型，成为后来学者继续探讨口碑效应的基础。但是这些模型都只关注了传统环境即实际人际传播中的口碑效应，网络环境具有虚拟性的特点，口碑传播方式发生了很大改变，传播者的匿名性、信息真假不可分辨性等特点与传统口碑存在着很大差异。

本研究将传统的口碑传播效应模型应用于网络虚拟环境中，借以探讨传统口碑效应理论在新环境中的适用性，使之更符合虚拟社区的实践。

问题二：如何在信任环境中更深入地了解网络口碑的作用机制？

目前关于网络口碑的研究在国内外都日益呈上升趋势，有对正负面网络口碑的影响以及成因等方面的研究，也有基于现有的传统口碑效应理论和模型，研究网络口碑效应等。如何在网络口碑营销整体信任度不高的情况下，系统了解网络口碑效应的影响因素，更进一步深入研究信任的中介因素以及其他的调节其作用大小的调节因素成了本课题需要重点解决的问题。

问题三：中国网民的普遍信任倾向以及对待网络口碑的态度及行为如何？

本部分主要通过问卷调查的方式，了解目前网民（在本研究中主要指接收网络口碑信息的消费者）的基本信任倾向状况，以及对待网络口碑的态度及行为。信任是各大学科近年来的研究热点，本研究主要考察网民对口碑来源的信任以及信任传递等的中介作用。

问题四：特定社交媒体中的网络口碑传播的"舆论领袖"特征是怎样的？

本部分在调查网络口碑传播者的动机的基础上，对经常在网络上进行口碑宣传的"舆论领袖"进行特征的描述。这些"舆论领袖"一方面通过发帖来表达对产品或服务的满意与不满意；另一方面也是希望通过发帖来获得他人对其购买行为的肯定。分析这些舆论领袖的特征，有助于消费者将真正的口碑传播者与"网络推手"等区分开来。

问题五：利用本研究模型中的主要变量因素能否进行网络口碑营销方面的实战策划以进一步验证本模型的合理性？

在前人研究成果的基础上，本研究拟构建系统的网络口碑效应影响因素模型，虽然建立在一定的理论模型的基础之上，但能否进行实际的网络口碑策划以进一步验证本研究模型的合理性亦成了本课题要解决的问题之一。

1.3 研究目的

关于网络口碑传播的研究基本上是基于传统环境下的口碑传播行为规律的。网络环境下口碑传播研究有三大支流：一是研究网络环境下口碑对消费者行为的影响，比如对消费者购买意愿的影响，对消费者品牌认知、品牌选择的影响，对消费者品牌忠诚度的影响等；二是网络环境下口碑传播效果的影响因素的探讨；三是网络口碑作用机制和不同环境下的影响力研究。

但是总体上关于网络口碑效果研究还处于起步阶段，特别是国内的研究大多是对国外口碑研究的综述，系统的探讨口碑效果影响因素以及口碑作用机制的实证研究尚不多见。因此，本研究在完成国内外相关研究文献综述的基础上，以霍夫兰的说服理论的三影响因素为基本框架，结合消费者信息处理模型及技术接受模型，以信任理论和感知价值理论为核心探讨网络环境下的口碑效应的形成机制及影响因素。主要研究目的如下：

（1）在说服理论的框架下并在前人的研究基础上，从传播者构面、信息构面和个体信息接收者构面三个方面构建影响口碑效果的因素。并通过实证研究这些因素影响力的大小。

（2）通过文献研究及扎根理论方法探讨网络口碑的对消费者真正起作用的中介因素。信任在国外口碑研究中已成为重要的中介变量，在国内的网络环境下是否依然适用？除了信任这一中间桥梁外，消费者从口碑信息中感知到的对自身来说的重要价值是否也起着关键的影响作用？在访谈中主要围绕消费者从口碑信息中感知到的商品价值内容来确立消费者感知价值的前因变量。

（3）构建整合模型，以厘清在中国网络文化背景下，网络口碑信息接收者对口碑的信任与感知价值间的内在联系，并在此基础上进一步探讨中国文化背景下网络口碑对消费者购买意愿产生影响的作用机制。

（4）探讨消费者品牌关系对网络口碑效应的调节影响。消费者对网络口碑中提及的品牌态度以及与其的关系不同，消费者接受网络口碑情况是否有所不同？本研究进一步检验其调节作用。

（5）结合验证模型的影响因素以及中介因素，选取不同产品类别中的一种进行实际网络口碑推广策划。

1.4 研究意义

本研究将重点围绕微信与微博等社交媒体平台上的网络口碑效果和影响因素展开理论与实证研究，并在对成功案例进行分析的基础上进行网络口碑的实战策划，具有重要的理论价值和实践意义。

1.4.1 理论价值

（1）本研究构建网络环境下的口碑传播效果的整合模型，将网络口碑传播者、信息内容本身以及网络口碑接收者三个方面的影响因素纳入一个模型，能够更清晰地看出各构面影响因素的作用大小，有助于系统把握影响网络口碑效果的因素，以及网络口碑的作用机制。

（2）目前国内外关于网络口碑的研究视野大多局限在心理学、社会心理学、管理学和营销学等领域内的单一研究。传播学领域内关于网络口碑研究较少，随着学科交叉渗透的趋势越来越明显，本研究将综合传播学等方面的相关理论，避免比较狭隘的学术视野，扩大网络口碑的研究领域。

（3）本研究将信任研究纳入网络口碑传播研究中，尤其是考察了网络口碑效应中"信任传递"的重要作用机制，不同于以往单纯考察"信任"这一单一变量，使得模型具有更高的解释力。

1.4.2 社会应用价值

本研究基于信任传递和消费者感知价值探讨网络环境下口碑传播效果研究，对于互联网环境中网站运营、商家口碑营销、企业产品的改进等都具有重要的实用价值。

网络口碑来自消费者自身传播的信息，解决了传统媒体信息传播的不对称问题，但由"水军""网络推手"等组成的"网络黑社会"的网络现象引发了网络环境下的消费者信任危机。本研究通过研究网络口碑环境中影响信任以及信任传递的因素问题，分析让网民产生信任并有利于信任传递的因素，提供实用的建议和对策，为净化网络文化环境打下良好基础。同时本研究模型能够帮助企业进行产品价值的挖掘，重视消费者感知价值，更好地组织消费者谈论产品。实战案例也能为企业调整营销策略提供依据。

1.5 研究方法及技术路线

1.5.1 研究方法

根据本课题的目的和研究内容的需要，本书采用了文献研究、扎根理论研究和问卷调查相结合的方法，现将几种研究方法应用的相应内容归纳如下。

1.5.1.1 文献研究

在进行本研究工作前，首先对国内外相关研究进行了大量的文献检索。充分利用了学校图书馆所提供的丰富的文献资料和数据库资料（包括外文文献数据库 EBSCO、Springer、Sciencedirect 和中文文献数据库中国知网 CNKI 等），以及中国国家图书馆的中外文图书资料和 ProQuseat 学位论文全文检索系统提供的相关博士、硕士学位论文。在本研究中此方法主要用于以下几个方面：

(1) 相关理论和文献探讨

理论部分的有关文献包括口碑、网络口碑、虚拟社区等基本概念的界定。另外还包括网络口碑的成因、网络口碑对消费者购买决策的影响、对品牌态度、购买意愿的影响等。此外，还检索了社会心理学、社会学、传播学、消费者行为学等领域和本研究密切相关的经典文献，为本研究提供了丰富的理论基础。

(2) 研究变量的定义及测量

对各自变量及因变量的定义均以前人的研究为依据，并采用广泛运用的量表，在小规模访谈的基础上根据本研究的需要修订而成。

1.5.1.2 网络民族志

本研究在文献研究的基础上，通过定点对微信群主、群红、达人等进行参与式观察。此网络民族志方法的运用主要体现在实践篇章节，旨在了解群主、群红等意见领袖特征。

1.5.1.3 内容分析法

在文献综述章节除了通过文献检索来了解前人有关研究外，还通过定量的内容分析法对国外有关网络口碑研究进行了细致研究，以更好地把握近年来研究主题的变化。

1.5.1.4 扎根理论研究法

扎根理论是一种从经验资料分析基础上建立理论的定性研究方法。研究者直接从实际观察入手，从原始资料中归纳出经验概括，然后上升到系统的理论。本课题通过对受到微信、微博网络口碑影响而产生购买的消费者行为进行分析，抽象出本研究的理论模型，使得模型不仅仅是建立在文献研究的基础上，还基于特定的研究对象，从而保证模型的适用性与合理性，然后通过问卷调查法进一步验证。

1.5.1.5 问卷调查法

问卷调查法是本书的主要研究方法,包括问卷的设计和前测之后的修订、问卷发放和回收、数据的初步统计分析以及后期采用 SPSS 和 AMOS 两种统计软件交替对数据进行描述性分析、因子分析、相关分析和结构方程分析。结构方程模型(structural equation modeling,SEM)适用于处理复杂的多变量数据的探究与分析,能同时处理多个原因、多个结果之间的关系,并可以比较及评价不同的理论模型的软件,本研究分析 SEM 的软件主要是用 AMOS。

1.5.2 技术路线

本研究通过大量文献阅读,尤其是梳理国外关于网络口碑的研究现状,结合多学科的理论成果,构建本书的理论框架。通过两个研究即扎根理论研究和问卷调查来寻找解决上述问题的答案,以达到研究目标。具体技术路线如图 1-1 所示。

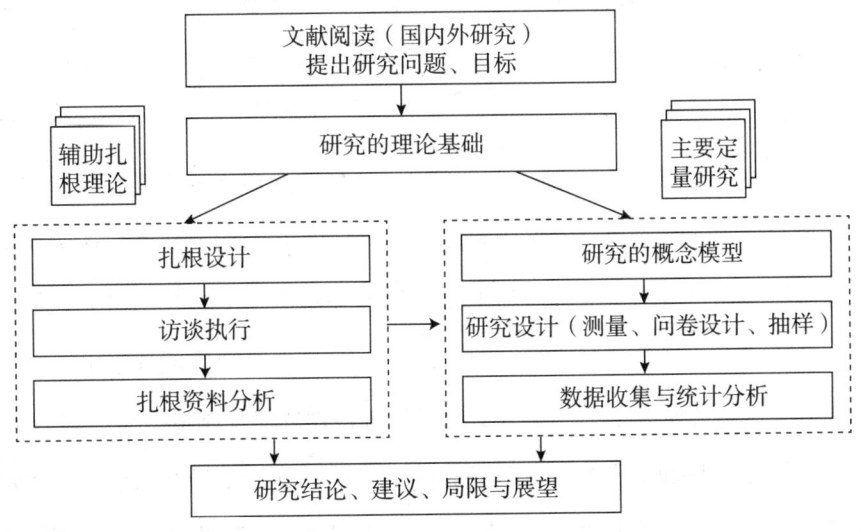

图 1-1 本课题技术路线图

1.6 本研究主要创新点

本研究涉及消费者行为学的相关理论、传播学中的说服理论、消费者信息接收和处理的相关理论、涉入理论、感知价值理论和技术接受模型等多学科理论与方法，以消费者间的产品相关的网络口碑传播这一新兴议题为研究内容，在前人研究的基础上提出了基于信任和感知价值理论的网络口碑整合模型，并通过定性与定量相结合的实证方法对该整合模型进行了检验，其创新性主要体现在以下几个方面：

（1）创新性地提出了网络口碑效应的整合模型。本研究首次根据说服理论的三个重要构面：传播者来源、信息构面和个体构面，结合技术接受模型（TAM）中的关键的个体感知要素，提出了网络口碑效应的整合模型。此模型是对传统口碑效应的影响因素及作用机制在网络环境尤其是虚拟社区中的适用性的检验。对于网络口碑效应的影响因素及作用机制有较高的解释力。

（2）网络口碑效应机制的系统探讨。本研究运用文献研究和扎根理论的质化研究方法，提出了网络口碑产生影响的重要中介因素即信任传递以及消费者感知价值两个变量。其中相较于过去对单一的信任的研究，提出的信任传递更是打开了信任背后的黑匣子，同时将感知价值理论引入对口碑说服类信息的研究中去，扩大了网络口碑传播的研究领域。

（3）个体层面对网络口碑效应影响因素的创新。本研究结合定性和定量的研究方法，改变个体接收者层面的影响因素，从接收者感知层面提取了个体品牌形象与自我形象一致性即自我一致性这个影响因素。实证研究发现，自我一致性通过消费者感知价值来对网络口碑的效应产生影响。这是在 Gilly et al.（1998）、Bansal 和 Voyer（2000）研究基础上的改进，形成了网络环境下的网络口碑传播效应的影响因素模型。

（4）品牌关系不同所产生效果的不同。本研究将消费者与品牌之间的关系作为调节变量，考察了不同品牌关系对网络口碑效应的影响，更进一步证实在网络口碑传播中消费者与品牌关系的重要性。

（5）分析方法上的创新。本研究采用结构方程模型，对整合模型进行检验，同时验证中介变量的作用效应。目前国内运用实证研究方法对口碑进行研究的文章不多，传播学领域内运用结构方程模型研究的就更为少见。结构方程模型是因子分析和路径分析的结合，符合本研究的需要，因此，在研究方法上是一大创新，有利于更加清晰把握网络口碑作用机制。

1.7 研究结构与内容安排

本书的结构是按照本研究的逻辑和研究内容而设计的，分理论篇与实践篇共十个章节内容，兹将各部分的主要内容概述如下。

理论篇包括八章内容：

第1章：绪论。说明本研究的研究背景和动机、主要目的和问题、研究现状和意义，提出本研究的创新之处，介绍技术路线和整篇论文的结构和内容安排。

第2章：口碑与网络口碑相关研究。本章主要通过文献探讨来搜集国内外学者探讨网络口碑方面的理论及相关研究，本部分包括五节内容：口碑与网络口碑的相关理论和文献，口碑及网络口碑传播动机研究，口碑及网络口碑对消费者行为的影响研究，口碑及网络口碑传播效应研究以及国内外研究评述。

第3章：信任及信任传递相关研究。本章结合国内外相关文献对信任以及信任传递进行了文献综述。对两者定义、测量维度、影响的前因后果等内容进行了梳理，为后面模型假设的提出以及变量定义提供了依据。

第4章：理论框架与扎根理论辅助研究。通过进一步分析相关理论及结合扎根理论的辅助研究来提出本研究的理论框架、研究模型，在所有相关概念之间建立理论假设。本章共包括三部分内容：第一部分是本研究的理论框架，着重论述了构建本研究概念模型的相关理论，如传播学中的说服理论、与态度及行为有关的理论或模型、营销和消费者行为领域中的价值理论以及品牌学的相关理论或模型等；第二部分在第一部分文献的基础上，进一步通过就本研究所关注的两个中介变量信任传递和感知价值两个方面，进行扎根理论研究等辅助研究，从而结合这两部分的成果构建本研究的整合概念模型；第三部分是对本研究主要用到的结构方程模型进行介绍。

第5章：研究设计。本章是在已有的研究文献以及扎根理论研究的基础上，确定研究变量的选取，并一一进行变量定义与测量说明。同时，在此基础上建立本研究所需要的概念模型，并根据概念模型中的变量关系提出研究假设。在形成初步问卷的基础上，通过小样本预调查的方法，对收集到的小样本数据进行探索性因子分析，以检验其效度，结合信度的检验对测量量表做进一步的修正，形成最后的正式调查问卷。

第6章：研究数据收集与质量评估。本章主要是正式调研的实施过程，关注研究数据的收集与处理，并对数据分析部分要用到的结构方程测量模型即验证性因子分析与结构模型进行了概述。本章主要包括五部分内容：第一部分主要描述样本对象的选择、样本容量的确定和研究数据的收集方式；第二部分对收集的样本数据进行了描述性统计分析，其中包括结构方程模型中要注意的正态分布情况、人口统计特征等，并将本研究的样本结构与CNNIC数据进行了对照；第三部分对样本数据的信效度进行了检验；第四部分介绍了验证性因子分析和结构方程模型分析方法及基本步骤，并利用验证性因子分析对样本数据的质量进行了评估；第五部分利用SPSS软件对主要变量进行相关性分析。

第7章：结构模型分析与假设检验。本章主要是对本研究的假设进行检验。共分为三个部分：第一部分建立结构方程模型，对模型中影响消费者网络口碑效应的各个前因变量进行验证；第二部分探讨网络口碑对消费者购买意愿的影响机制，并考察中介变量的作用效应；第三部分用多群组分析方法对涉入度的调节效应进行检验。

第8章：关于网络口碑效应研究结果讨论、结论与建议。本章以相关性分析结果以及结构模型为研究对象，分析变量之间的关系及路径系数，对理论假设及结果做进一步的分析讨论。并在此基础上总结研究结论，并根据本研究的实证结论提出了实践建议，最后分析不足之处，并对今后的研究方向提出了一些建议。

实践篇包括两章内容：

第9章：微信群中的网络口碑传播。本章主要选取了微信平台中比较成功的网络口碑传播案例进行研究，总结了成功经验，进一步检验了前面理论模型的合理性。

第10章："RE CLASSIFIED 调香室"网络口碑实战策划案例。本章针对具体的品牌"RE CLASSIFIED 调香室"进行了网络口碑传播策划。

第 2 章 口碑与网络口碑相关研究

本章对国内外与本研究相关的文献进行了梳理与评述。文献主要通过两种渠道获得：其一，高校图书馆的各类数据库资源，如中国知网、中国优秀博、硕学位论文全文数据库、《读秀》等中文期刊，以及 EBSCO 等一些外文数据库；其二，本课题负责人 2014—2015 年在美国密苏里新闻学院访学期间，收集了密苏里大学图书馆中与本课题相关的重要的纸质书籍和学术论文等资源。

国内外关于口碑方面的研究很多，随着互联网的普及，关于网络口碑方面的研究也日益增多。国外的研究自 2003 年后逐渐增多（Michael, 2008）。Chan 和 Ngai（2011）对 2000—2009 年十年间的国外期刊关于网络口碑的学术论文进行内容分析后发现，关于网络口碑的研究在这期间呈指数（exponenially）增长。Cheung 和 Thadani（2012）对国外关于网络口碑效果研究的学术论文进行分析后也得出了较为一致的结论。网络口碑研究的必要性由此也可见一斑。

在前人的这些研究基础上，本研究结合文献研究以及内容研究，通过对数据库中与网络口碑相关的文献进行了系统查找和梳理，现分如下几个方面进行评述。

2.1 口碑与网络口碑

网络口碑是在口碑研究的基础上,随着互联网的出现而诞生的产物。因此,在了解网络口碑前有必要弄清楚口碑的来龙去脉。

2.1.1 口碑界定

"口碑"一词的汉语释义为"人们口头上的赞颂,亦指社会上流传的口头俗语",用来形容人们(公众)对人、事、物的评价。口碑在国外主要有"public praise"(公众口头的赞颂)、"opinions"(泛指众人的议论,带有观点的言论)、"oral idiom"(社会上的口头俗语)以及"word-of-mouth"(口头传播的内容)这几种称呼。如今,在市场营销、消费者行为等领域被大量运用。

尽管学者们都对口碑的定义进行了不太完全相同的表述,但是总体来看,包括如下几种口碑观:

其一,人际传播观。强调口碑是人与人之间的一种非正式的交流与对话。最早以 Amdt(1967)为代表,他认为口碑是接受者与传播者之间进行的与品牌、产品、服务、厂商有关的非商业性目的的人际口头传播。

口碑是任何给定的时间里关于品牌的所有评述,是关于某个特定产品、服务或公司的所有的人与人之间交流的总和。Rosen(1987)认为,口碑不仅仅是被定义为具有传染性的,而且一直谈论的人或事物是热门且吸引人们注意的。口碑的基本要素就是"评论",当对某一特定人、事物所有的评论的总和就是口碑。同时还指出了口碑与传统的营销方式不同,口碑使市场营销的重点再次转变，从个体顾客的关系转变为顾客之间的互动性。

与此相似的是，Westbrook（1987）认为消费者在使用某项特定产品或接受服务后，将其对产品或服务的评价非正式地传达给其他消费者的行为都可以叫作口碑。这是一种人与人之间的沟通，参与沟通的任一方均非行销的来源（Bone，1995）。

我国学者也基本上保留了口碑定义的这些特点。黄孝俊和徐伟青（2004）认为口碑是一个具有感知信息的非商业传者和受者关于一个产品、品牌、组织和服务的非正式人际传播。口碑是人与人之间的沟通，或是企业与顾客的非正式沟通（蒋玉石，2007）。黄英和朱顺德（2003）在营销意义的口碑传播中对口碑的定义是：它是由生产者、消费者以外的个人，通过明示或暗示的方式，不经过第三方的处理和加工，传递关于某一特定或某一种类的产品、品牌、厂商、销售者，以及能够使人联想到上述对象的任何组织或者个人信息，从而导致受众获得信息、改变态度甚至影响购买行为的一种双向互动的传播行为。

其二，资产观。这种观点认为口碑是重要的无形资产。Silverman（1997）认为口碑是由不具商业意图的传播者与接收者间以口头方式讨论某一品牌、产品或服务的对话过程，对市场和销售者而言，口碑是拓展未来市场的一项重要资产。

以上是国内外学者对口碑的不同定义，但都强调口碑的人际传播特性以及非商业性和非正式性。

2.1.2 口碑分类

口碑是消费者之间关于产品或服务的非正式沟通行为，这种沟通可以是正面的，也可以是负面的，在顾客行为中扮演相当重要的角色，并对顾客的短期和长期购买行为产生影响（Tax，1993）。

正面口碑往往可以增加企业的营利能力，负面口碑往往会减少企业的营利能力。正面口碑不但能减少营销费用，而且还能够增加来自新顾客的收入和回报。正面口碑还有利于消费者之间的认知和沟通，有利于企业和公司对于相应问题及时采取措施，同时也有利于国家和政府有针对性地解决社会问题，从而安定民心、稳定社会。

负面口碑会由消费者之间自发、松散的传播逐渐形成社会舆论的合力冲击人们的情绪，不仅会损害企业品牌建设，给消费者带来恐慌，同时还会影响社会的健康和稳定。但是Sundaram和Webster（1998）提出了当人们对某品牌已有认识或十分熟悉时，负面口碑对消费者的影响要比未知品牌的影响小的观点。

总之，正面口碑是良好的服务态度、关心客人，使客人心中感到满意，而在离去后会与身旁亲友分享此次满意的经验，从而造成正向口碑；负面口碑主要在于负面的沟通，会使顾客与亲朋好友分享不愉快的经验，从而造成负面口碑。

2.1.3 网络口碑界定

网络口碑（Internet Word-of-Mouth，IWOM）是随着互联网的发展和网络信息交流平台而兴起的。互联网作为一种新兴媒介，其发展必然对传统口碑的传播方式有极大的突破，随着网民越来越愿意发声表达自己的观点和看法，并享受与他人的交流，这使停留在口耳相传的"口碑"有了新的传播载体，因此"网络口碑"顾名思义，可以说是传统口碑在网络环境下的呈现形式。以互联网为媒介，接受者和传播者进行的信息沟通与交换（Gelb和Johnson，1995）。这种互联网上消费者的交流仍然属于口碑的一种，这种交流的增多会带来更多的商业机会和威胁（Stauss，1997）。

英国《经济学人》杂志（1998）提出"鼠碑（Word – of – Mouse）"的概念，意指鼠标的力量，这让一个潜在的购买者可以超越自己的朋友，与更多不熟识的人彼此交流信息。

还有的定义特别强调口碑传递的具体渠道，如指出网络口碑是以互联网为中介，通过电子邮件、在线论坛和入口网站讨论区等形式进行口碑传播，它与传统口碑的区别在于其便利、不受时空限制和匿名等特点（Hanson，2000）。

而 Chatterjee（2001）强调网络口碑是通过布告栏等交流平台或个人间的聊天途径完成的消费者之间的信息交流。Henning（2004）等将其定义为潜在、实际或先前的顾客对产品或公司的任何正面或负面评论，该评论能通过网络传递给大众群体和组织，即可以通过在线论坛、新闻组和 BBS 等方式传播。

我国学者也强调网络口碑借助于互联网传播的特性。李欣（2010）指出网络口碑是互联网用户借用 BBS、网络产品讨论区、博客、即时通信等一系列基于网络媒体的沟通工具展开的关于某种产品或服务的相关信息的交流和讨论。董大海和刘琰（2009）通过对有关文献的定义分析后对网络口碑进行了重新定义，认为网络口碑是一种具有强关系的消费者之间、在互联网上以文本为媒介进行的双向互动的（非商业性的沟通），其内容是产品（或服务）等与消费者行为相关的具有一定效价的评论。而学者彭兰（2001）仍然强调其信息传播特点，指出网络口碑是以文字交流为主、图片视频信息相结合，并具有广泛性、非同步性、匿名性等特点的有关产品信息的传播过程。

从以上定义可以看出，网络口碑的实质仍然是关于产品或服务的一种非正式的交流，只是不再是面对面的人际传播，而变成了经由互联网媒介进行的互动传播。具体来说是指，网民借助网络平台和其他网络交流工具

(如博客、微博、论坛以及微信朋友圈等)展开的关于某种产品、品牌或服务的交流和讨论。与传统口碑一样,网络口碑按其性质,可分为正面口碑和负面口碑。

2.1.4 "传统口碑"与"网络口碑"比较

由于"网络口碑"的定义是基于传统口碑的比较得出的,因此传统口碑与网络口碑的区别,是网络口碑内涵的相关研究中不可回避的问题。关于两者的主要区别,本研究从传播环境、传播形式等方面进行了比较,如表2-1。

表2-1　　　　　　　　网络口碑与传统口碑的比较

比较项目	网络口碑	传统口碑
传播环境	开放的虚拟网络环境,打破传统口碑的时空限制	人际传播的社会环境,受时空限制,传播范围和影响有限
传播形式	文字和数字化多媒体	口头语言,肢体语言(表情动作等)
传播速度	一对多,多对多(病毒式扩散)	一对一和传播速度慢
传播媒介	在线论坛、新闻组、电子邮件、聊天室等	口头语言
信息结构	信息量庞大,结构复杂	信息结构单一有限
传播效果	口碑质量和数量可测量	口碑质量和数量不可测量
传受双方的关系	传播双方匿名,弱连接为主	传播双方身份公开,强连接为主

传统口碑与网络口碑的核心没有改变，都是消费者之间对产品、服务或品牌等相关客体的认识、态度和评价的非正式沟通。但互联网的环境下，消费者搜寻信息和发布信息的方式发生了改变，网络为他们获得和交换信息提供了一个新的平台，消费者可以在网络提供的平台上发表关于产品或服务的各种评价。总的来说两者的主要区别如下：

相对传统口碑来说网络口碑具有更广的传播范围和更快的传播速度。传统口碑的影响局限在一个本地的社会网络中，而网络口碑的影响范围超越了时间空间的限制，传播不再仅限于面对面的口耳相传，内容更容易被复制。

网络口碑与传统口碑内容形式不同。传统口碑主要以谈话为主，辅以肢体语言等。而网络口碑不需要面对面与人接触，沟通的内容主要以文字为主，也有声音、图片、视频，是通过多种形式进行的内容交换。

网络口碑比传统口碑持续时间更久，信息更容易获得，网上文本信息多被存储归类，并且可以人为控制（哪些评论显示哪些不显示）。

由于传统口碑的传播多在熟人关系的强关系中产生，而网络口碑不仅可发生在强关系中，在弱关系中也可能发生，这种传受双方关系的改变使得研究者们关于网络口碑的研究兴趣不仅停留在效果层面，也更为关心网络口碑效果影响因素和作用机制的研究。

2.2 近年来网络口碑研究图景

本节内容主要是通过内容分析法对国外期刊中 2010 年至 2014 年的研究文献进行了定量研究；另外，在定量研究基础上，补充并结合近年来相关文献对国内外相关研究进行了系统梳理。

香港理工大学的 Chan 和 Ngai 在 2010 年从输入、处理（过程）和输出的视角，用内容分析法对 2000—2009 年国外网络口碑的研究成果进行了梳理，其中包括出版年份、期刊来源、作者国别、口碑渠道、研究方法、研究主题等方面，并提出了一个结构化的方法来分析文献，即从输入—过程—输出（IPO）的角度来构思网络口碑活动，并得出了相应的结论。

该研究主要分析了 2000—2009 年这十年间网络口碑的研究情况，而近几年网络口碑研究领域相比过去又发生了哪些变化？与 Chan 和 Ngai（2011）的研究相比，能否得出一些规律和趋势，从而为网络口碑的进一步调查研究提供方向和指导方针？为了更进一步了解目前网络口碑研究图景，我们在此基础上进一步对 2010 年至 2015 年的相关文献进行了定量的内容分析，从而将网络口碑的研究框架归纳为如下几个方面。

2.2.1　研究框架模型

根据 Chan 和 Ngai（2011）的研究，本课题组仍然采用组织行为学研究中的输入（Input）—过程（Process）—输出（Output）作为网络口碑研究的总体框架，通过对 273 篇样本文章进行分析后发现，研究网络口碑的热度在逐年上升，研究方法仍以定量研究为主，理论模型使用逐渐呈多元化发展趋势，研究主题以"输出"研究为主，其中消费者研究是学者们最重视的领域。

IPO 被定义为"输入（Input）导致过程（Process）进而导致输出（Output）"（见图 2-1）。其中，"输入""过程""输出"分别对应的是网络口碑中的传者、讯息和受者。

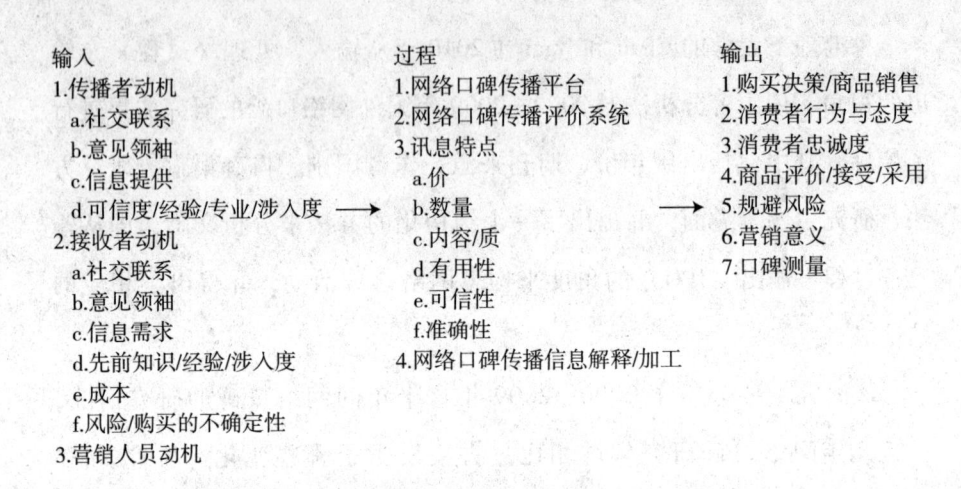

```
输入                          过程                          输出
1.传播者动机                  1.网络口碑传播平台            1.购买决策/商品销售
  a.社交联系                  2.网络口碑传播评价系统        2.消费者行为与态度
  b.意见领袖                  3.讯息特点                    3.消费者忠诚度
  c.信息提供                    a.价                        4.商品评价/接受/采用
  d.可信度/经验/专业/涉入度 →  b.数量                    →  5.规避风险
2.接收者动机                    c.内容/质                   6.营销意义
  a.社交联系                    d.有用性                    7.口碑测量
  b.意见领袖                    e.可信性
  c.信息需求                    f.准确性
  d.先前知识/经验/涉入度      4.网络口碑传播信息解释/加工
  e.成本
  f.风险/购买的不确定性
3.营销人员动机
```

图 2-1　Chan 和 Ngai（2011）关于网络口碑的概念框架

具体来说，"输入"指的是网络口碑的前因，也指发布与阅读网络口碑的动机与导向，包括网络口碑传者与读者的动机。作者发布网络口碑和读者阅读网络口碑的首要因素是他们对社会交往的渴望。大多数情况下，传播者发布网络口碑仅仅是因为他们想要与人分享他们的观点和经验，读者搜集网络口碑则是因为他们想要获取信息。"过程"指的是网络口碑被处理的平台、系统或网站。平台是指网络口碑传播渠道，或网络口碑所属的位置，如 Facebook、Tiwtter、论坛等。系统、网站是指网络口碑的技术机制，如推荐系统和搜索代理。但网络口碑讯息本身才是传播过程这一步骤的核心，包括：价（积极的和消极的）、量、质、有用性、可信性、准确性等。"输出"主要是指网络口碑与消费者行为的关系。

2.2.2　内容分析设计

2.2.2.1　样本采集

学术期刊代表了某一研究领域的最高水平。因此本研究基于学术期刊，以 EBSCO 电子资源一站式检索和 Science direct 两个数据库为平台，以 electronic word of mouth、eWOM、internet word of mouth、online customer review、online word of mouth、online recommendations、internet recommendation、electronic referral、online rating 为关键词，选择 2010—2015 年这些数据库中有关网络口碑的所有文章一共 501 篇，经过后期删选，除去重复的、与主题不符的期刊 218 篇，最终确定了 273 篇文章作为本研究的有效样本。

2.2.2.2 编码类目的建构

本研究按照以下几个方面进行类目编码：出版年份、期刊来源、作者国别、研究产品或服务、网络口碑渠道、理论模型使用、研究方法、研究主题。相关重要界定如下：

（1）网络口碑渠道：是指一个网络口碑所属于的位置或平台。口碑渠道共分为九个类别，即电子邮件、即时通信、网站、产品评论、博客、虚拟社区、论坛、新闻组、其他。

（2）理论模型使用：研究所用到的理论或模型，也分为九个类别，即精细加工可能性模型（Elaboration likelihood model，ELM）、启发式系统模型（Heuristic – systematic model，HSM）、ELM 和 HSM、归因理论、社会资本、社会认同、技术接受模型、无、其他。

① 精细加工可能性模型。精细加工可能性模型是由心理学家 Richard 和 John 提出的，是消费者信息处理中最具影响力的理论模型之一。精细加工可能性模型指出了用户信息处理及态度改变的两条路径：中心路径和边缘路径。中心路径是指个体对信息进行思考、分析和归纳，最终导致态度的转变或形成；而边缘路径是指个体通过信息的某些情境线索形成判断，进而导致态度的转变或形成。当人们在某种动机的引导下，并且有能力全面系统地对某个问题进行思考的时候，他们更多地使用中心途径，即更关

注论据。论据越有力，就越可能被说服。当人们完全不可能在某种动机的引导下去仔细地思考的时候，此时就会使用说服的外围途径，也就是去关注那些可能令人不假思索就接受的外部线索。

② 启发式系统模型。启发式系统模型是由心理学家 Chaiken（1980）提出的用于解释个体信息行为过程的双处理理论模型，Chaiken 认为人类社会活动具有启发式和系统式两种信息处理模式。基于直觉的启发式行为是指人们付出较少认知努力，根据信息的外部线索进行简单判断。基于理性的系统式行为是指人们利用足够多的认知资源对相关信息内容进行系统评估。

③ ELM 和 HSM 是指文章中同时使用精细加工可能性模型和启发式系统模型。

④ 归因理论。归因理论是关于判断和解释他人或自己的行为结果的原因的一种动机理论。Sen 和 Lerman（2007）认为，根据归因理论范式，在是否采取网络口碑传播方面，读者的决定是基于他们所做的关于评论者发布网络口碑传播的动机的因果推论；Folkes（1988）认为，消费者的态度和行为常常基于因果推论的影响，如果不是大多数，那产品和服务的购买即是因为消费者推断消费产品和衍生利益之间存在着因果关系。

⑤ 社会资本。对社会资本概念第一次进行系统描述的是布迪厄（Bourdieu）。社会资本是指实际或潜在的资源的集合体，这些资源与拥有或多或少制度化的共同熟识和认可的关系网络有关。社会资本由两部分组成：第一是社会关系本身，它可以使社会中的个体获得群体所拥有的资源；第二是所拥有的这些资源的数量和质量。从布迪厄提出的概念可以看出，社会资本最主要的一个词语就是"联系"（Connections），正是因为有了彼此的联系，人们之间才拥有了社会义务及其赋予的资本。

⑥ 社会认同。Tajfel（1979）认为社会认同指的是个体从他感知到的

自身所属团体那里得来的自我形象,以及作为团体成员所拥有的情感和价值体验。通常认为社会认同的心理过程包括三个部分,依次是社会分类、社会比较和积极区分。

⑦ 技术接受模型。技术接受模型是 Davis(1989)运用理性行为理论(theory of reasoned action)研究用户对信息系统接受时所提出的一个模型,提出技术接受模型最初的目的是对计算机广泛接受的决定性因素做一个解释说明。技术接受模型提出了两个主要的决定因素:感知的有用性(perceived usefulness),反映一个人认为使用一个具体的系统对他工作业绩提高的程度;感知的易用性(perceived ease ofuse),反映一个人认为容易使用一个具体的系统的程度。

(3)研究方法:按照学界内一般的分法分为两大类别,即定量研究方法和定性研究方法。定量研究主要包括实地调查法、内容分析法、控制实验法、其他或不适用;定性研究则主要包括焦点小组、深度访谈、直接观察法、个案研究、历史研究、其他或不适用。需要说明的是,若样本文章既使用了定量研究方法又使用了定性研究方法,则归为不适用一类。

(4)研究主题:主要是考察西方学者关于网络口碑研究的焦点问题。研究主题所要建构的类目最为复杂,根据输入—过程—输出(IPO)的角度,我们同样把研究主题分为输入、过程、输出和其他四大类。

"输入"又被分为如下几类:传播者动机(包括社交联系、意见领袖、信息提供、可信度/经验/专业/涉入度);接收者动机(包括社交联系、意见领袖、信息需求、先前知识/经验/涉入度、成本、风险/购买的不确定性)以及营销人员动机。

"过程"被分为如下几类:网络口碑传播平台;网络口碑传播评价系统;讯息特点(包括价、数量、内容/质、有用性、可信性、准确性)以及网络口碑传播信息解释/加工；

"输出"被分为如下几类：购买决策/商品销售；消费者行为与态度；消费者忠诚度；商品评价/接受/采用；规避风险；营销意义以及口碑测量。

没有被 IPO 框架所包含的文献，我们将其归入"其他"，这些文章可能关注的是网络口碑相关的文化、性别、产品、环境研究等。

2.2.3 研究发现

通过对 273 篇样本文章的各方面进行对比分析，发现样本文章呈如下特点。

2.2.3.1 描述性分析

(1) 网络口碑的研究数量逐年增高

研究数据显示，2010—2015 年，有关网络口碑研究的文章整体上呈增长的趋势。发表频率最高的是 2014 年，发表数量为 73 篇，占总样本数量的 26.7%，虽然在 2015 年有一个小幅的下跌，但整体上还是一种上升的趋势。将这一结果与 Chan 和 Ngai（2011）的研究相比，我们发现，进入 21 世纪以来，国外关于网络口碑的研究呈爆发性增长，2010—2015 年（273 篇）较 2000—2009 年（94 篇）增幅达 190%，特别是最近两年，发表数量达到了高峰，这也说明，有越来越多的学者关注到网络口碑这一领域。

(2) 期刊来源渠道多样化

网络口碑研究的文章来源于多种渠道，共涉及 120 多个期刊，其中频率最高的是来自 Computers in Human Behavior，数量为 13 篇（4.8%）；其次是 International Journal of Electronic Commerce，数量为 11 篇（4.0%）；再是 Decision Support Systems，数量为 10 篇（3.7%）；International Journal of Hospitality Management 和 Journal of Marketing Communications 数量也达到了 9 篇（3.3%）。

(3) 作者国别以美国居多，中国次之

关于网络口碑研究文章的作者来源和所研究的产品均分布广泛，作者来源共涉及 30 多个国家，来源最多的是美国，数量为 97 位（35.5%）；相对于亚洲国家来说，中国（包括香港和台湾）和韩国比较突出，其关于网络口碑的研究数量也占了不小的比重，分别是 21.2% 和 4.4%；其次是欧洲国家德国和英国，数量均为 17 位（6.2%）。

(4) 研究的产品或服务涉及面广泛

在 273 篇口碑文章中，有 123 篇文章（45.1%）没有具体指明其研究的产品或服务。但其他文章所研究的产品和服务涉及面比较广泛，例如有餐饮业、汽车行业、电子产品、游戏、书籍、食品等，相对来说，占比较多的是有关电子商务、社交网站、电影、酒店行业、旅游业等方面的研究。

(5) 网络口碑渠道以产品评论居多，网站次之

就网络口碑渠道来看，"产品评论"是被使用最多的渠道（77 篇），其次是"网站"（68 篇）。出现这种现状很大一部分原因在于现如今逐渐成熟的第三方点评工具，以及逐渐普及的网络购物系统，使得消费者可以通过购物网站自由发布有关购物心得、产品状况的评论。

2.2.3.2 理论模型使用与研究方法

(1) 理论模型使用呈多元化发展

在 273 篇口碑文章中，有接近一半（49%）的文章没有使用理论或模型。在数据分析过程中我们发现，具体列举的 7 种理论模型（ELM、HSM、ELM&HSM、归因理论、社会资本、社会认同、技术接受模型）使用率均较低，只占了 8%，另外有 43% 的文章选择了"其他"的理论，如意见领

袖、使用与满足理论、理性行为理论（TRA）、计划行为理论（TPB）、信息加工理论、信息参与理论、信息扩散理论、社会影响理论、社会交换理论、社会比较理论、调节焦点理论、语言期望理论、双过程理论、分支理论、消费者偏好模型、忠诚预测模型、互动效应论等。

与 Chan 和 Ngai（2011）的研究相比，我们发现，在理论模型的使用上，除了数量的增加之外，更显著的特征在于它理论范畴的扩大，这种扩大不仅体现在学科与学科领域的扩大，也体现在学科内理论与理论之间范围的扩大。如除了从属于传播学、心理学、社会学等学科的专业理论之外，还增加了管理心理学、市场营销学等学科的理论。另外，心理学、社会学等学科内部也增加了一些新的理论，如调节焦点理论、语言期望理论、社会交换理论、社会比较理论等。而相对来说，传播学学科专业理论的使用则显得较少。

（2）研究方法以定量研究为主

从表 2-2 中可以看出，定量研究方法的适用度（73.6%）远远高于定性研究方法的适用度（13.9%），由此可见，在网络口碑的相关研究中，相较于定性研究方法，研究者仍然更青睐于定量研究方法。

分别来看，在定量研究方法中，使用最多的是控制实验法（68 篇，24.9%），其次是内容分析法（59 篇，21.6%），然后是实地调查法（55 篇，20.1%），可以说，在 273 篇样本文章中，这三种定量研究方法的使用较为平均。除了这些，另外还有 19 篇文章（7%）采用了"其他"定量研究方法，如采用元分析等。

在定性研究方法中，占比最多的是"其他"方法（17 篇，6.2%），如网络民族志研究、文化研究、比较研究等，其次是个案研究（11 篇，4%），然后是历史研究（4 篇，1.5%）、深度访谈（3 篇，1.1%）、直接观察法（3 篇，1.1%），焦点小组（0 篇）是未被采用的定性研究方法。

表 2-2　　　　　　　　　样本数据中的研究方法使用情况

研究方法（定量）	频率	百分比（100%）	研究方法（定性）	频率	百分比（100%）
适用	201	73.6	适用	38	13.9
实地调查	55	20.1	焦点小组	0	0
内容分析	59	21.6	深度访谈	3	1.1
控制实验	68	24.9	直接观察法	3	1.1
其他	19	7.0	个案研究	11	4.0
不适用	72	26.4	历史研究	4	1.5
合计	273	100.0	其他	17	6.2
			不适用	235	86.1
			合计	273	100.0

2.2.3.3　研究主题以"输出"研究为主

通过对样本文章的研究主题进行统计分析发现，约有一半（49%）的研究主题是有关"输出"的，其次是有关"过程"的研究。在"输出"研究方面，更重视消费者的购买决策/商品销售的研究，它约占整个"输出"的一半，其次是有关口碑测量和消费者行为与态度的研究。可见，有关消费者的研究仍然是学者极为重视的研究主题。在"过程"研究方面，更注重的是网络口碑的特点研究，如负面网络口碑、网络口碑的数量和质量等。相比较而言，有关"输入"（传播者动机和接收者动机以及营销人员动机）的研究则较少。

将研究主题与适用度较高的定量研究方法进行交叉分析后发现（见表2-3），"输出"研究中使用内容分析和实地调查的研究方法的概率最高，尤其是内容分析方法，使用的比例达到了12.5%，相对来说高于其他定量研究方法。而"过程"研究中使用最多的是控制实验法，使用的概率达到了8.8%，内容分析法和实地调查法的使用率则相对较低，这是因为"过程"研究中的样本文章都是关于网络口碑传播平台、网络口碑传播评价系统以及网络口碑特点（如负面网络口碑、网络口碑的数量和质量等）的研究，如关于 Facebook、Tiwtter 等网络社交平台的研究以及消费者参与使用在线推荐代理系统的研究都需要借助实验假设来完成。相对于"输出"和"过程"研究，"输入"研究对于实地调查法、内容分析法、控制实验法三者的使用率则较为平均，均为 3.7%。

表 2-3　　　　　　　研究主题与定量研究方法交叉对比表

		研究方法(定量)					合计
		不适用	实地调查	内容分析	控制实验	其他	
研究主题	输入 计数(%)	13(4.8)	10(3.7)	10(3.7)	10(3.7)	2(.7)	45(16.5)
	过程 计数(%)	23(8.4)	8(2.9)	11(4.0)	24(8.8)	7(2.6)	73(26.7)
	输出 计数(%)	26(9.5)	33(12.1)	34(12.5)	31(11.4)	9(3.3)	133(48.7)
	其他 计数(%)	10(3.7)	4(1.5)	4(1.5)	3(1.1)	1(.4)	22(8.1)
合计	计数(%)	72(26.4)	55(20.1)	59(21.6)	68(24.9)	19(7.0)	273(100.0)

进一步将"输出"研究与定量研究方法进行交叉分析发现，实地调查法运用最多的是对消费者购买决策/商品销售方面的考察，而内容分析方法运用最多的是网络口碑测量方面，控制实验法运用最多的则是消费者购买决策/商品销售以及消费者行为与态度方面。可见，针对不同的微观层面学者们采用了不同的研究方法。

根据以上研究发现得出以下几点结论：

（1）网络口碑受到更多学科的重视

从 2000—2009 年的 94 篇文章增长到 2010—2015 的 273 篇文章，以及从几个国家的学者参与研究扩大到 30 多个国家的学者参与研究，我们发现，有关网络口碑的研究已经引起了广大学者的关注。并且基于互联网的发展和消费者网络购物的趋势，网络口碑在未来将会越来越得到重视。除了营销学、社会学、传播学等学科领域的参与外，研究网络口碑的学科领域范围也在逐渐扩大。另外，社交网站和第三方点评网站的盛行，毫无疑问也将导致网络口碑成为近几年最热门的研究话题之一。

（2）定量与定性研究互为补充

通过对2010—2015年间的273篇样本文章进行分析后发现，定量研究仍然是学者们更青睐的研究方法。在样本文章中，不同的方法对应了不同的微观领域，如实地调查法运用最多的是对消费者购买决策/商品销售方面的考察，内容分析方法运用最多的是网络口碑测量方面，控制实验法运用最多的则是消费者购买决策/商品销售以及消费者行为与态度方面。可见，定量研究方法比较适用于切入微观领域，而对于宏观领域则较难把握。

在分析样本文章时还发现，尽管编码中的定性研究方法使用率很低，但也出现了一些定性研究中的其他研究方法，如网络民族志、文化研究、比较研究，虽然这些方法较之定量研究方法缺乏客观性和可预测性，但它能提供详细的系统的描述性信息，这也正是定量研究方法所缺乏的优势。因此来看，定量研究与定性研究虽各具优势，但均有缺陷，因此在未来的研究过程中我们可以使用定量与定性相结合的方法，使客观性、预测性以及系统描述各方面得以平衡。

（3）网络口碑"输出"研究仍然是值得高度关注的领域

无论是2000—2009年还是2010—2015年的研究，网络口碑"输出"领域仍然占据着主流。根据Chan和Ngai（2011）的研究结果，2000—2009年基于94篇样本中，48%的研究主题集中在"输出"，18%集中在IPO框架中为数不多的"输入"部分，较之于2010—2015年的273篇样本中的研究主题49%集中在"输出",17%集中在"输入",我们发现,虽然"输出"领域的比重只增加了1%,但其整体比重仍然是居高不下的。

在"输出"研究方面,着重体现在消费者研究,包括消费者购买决策影响、消费者行为与态度、消费者忠诚度等方面。并且针对消费者不同的性别、不同的地域、使用语种的不同等进行了分层研究,例如研究英语与非英语旅客对星级酒店口碑评级的差异。这种研究有助于从更微观的角度切入分析消费者与网络口碑的关系。特别是针对企业来说,处理好网络口碑与消费者之间的关系是很有必要的。营销人员应该意识到网络口碑在消费者中日益普及,企业需要并制定相应的营销策略,以迎合他们的需求,从而提高消费者的满意度。但从另一个角度来说,网络口碑营销作为一种新的营销方式,如果没有被很好地经营和管理,对于负面网络口碑不采取适当行动,可能会导致客户群流失,造成经济利益的损失。

2.2.4 基于IPO的网络口碑研究领域

以上是对2010年至2015年间国外期刊中关于网络口碑研究的描述性分析,可帮助我们把握网络口碑研究的大致情况,而Chan和Ngai(2011)所提出的IPO框架也正好体现了网络口碑研究主题的三个重要方面,现以此三个维度来对网络口碑的研究现状进行细致梳理。又因为网络口碑的本质仍然是传播的一种,因此,补充了网络口碑形成及作用机制等方面的内容。需要说明的是,如下几个方面的分析除了来自这些样本文献外,还补充了相关的中文文献。

2.2.4.1 以动机研究为主的输入阶段

上述对国外期刊的内容分析显示,在输入这一主题研究领域中,动机研究最为普遍。动机涉及行为的发端、方向、强度和持续性,是促使人们为实现愿望或达到目标的行为驱动力,在很大程度上决定了人们的行为。

网络口碑动机是指消费者进行口碑传播的内在动力和原因。

关于网络口碑传播动机的研究，主要是从传播者的个人特质以及一些外在影响因素出发，来探讨网络口碑传播者的传播动机。

Cheung et al.（2012）从利己主义、集体主义、利他主义和原则主义等社会心理学的角度来研究动机，通过对 OpenRise.com 的调查发现，个人声誉、归属感以及乐于助人等都是人们主要的口碑传播动机。Kammash 和 Giriffiths（2011）提出消费者阅读网络评论有决策参与、产品参与、社会参与和经济参与等四类动机，而通过对 CIAO.com 和 Bing.com 的案例研究还发现有四种动机，即自我参与动机、消费者授权动机、新的社会参与动机和网站管理动机。

以上侧重于从传播者自身出发去探讨动机。而 Chatterjee（2011）则从外部影响因素出发，主要考察了在社交网站中促使人们进行新产品的推荐和参考的因素。研究结果表明，网站规模大小、发布率（share of post）以及关系持久性即消费者与社区的关系，以及品牌信息来源即来自营销人员还是消费者等都会影响人们对新产品的推荐。Tong et al.（2007）从成本和收益的角度出发，研究了认知成本、执行成本、帮助消费者和影响企业的快乐、自我提升和经济回报是在线反馈系统信息产生的因素。后来他们又采用了一个跨文化比较的方法，提取了中美6个知名网站的网络文本信息，认为中国人的信息搜寻动机比美国人要强烈，信息提供的动机则较小。

我国学者阎俊、蒋音波（2011）等在深入访谈和问卷调查的基础上，通过因子分析发现了消费者口碑传播的九种动机，采用回归分析研究了动机与口碑传播行为的关系，发现社区兴盛、信息回报、情感分享、支持惩罚商家、改进服务、提升形象和获得奖励这七种动机对口碑传播行为具有显著影响。除此之外，他们还发现人口统计变量对网络口碑传播动机影响不大，人们只是将发表网络评论当作娱乐消遣的一种方式。

崔金红和汪凌韵（2012）更进一步研究了外在动机可能对内在动机的影响。他们建立整合模型并进行实证研究后发现，消费者参与网络口碑传播的影响因素有四个，对传播意愿有正面影响的分别是：利他动机、产品涉入、自我提升，而执行成本则对传播意愿有负面的影响。

以上是关于网络口碑传播者动机的研究，而消费者搜寻网络口碑的动机更多地发生在服务购买情境，因为服务的异质性和无形性，导致消费者会更加主动地去搜寻相关信息，特别是在获取一些专业性很强的服务之前，人们更倾向于咨询购买或体验过产品和服务的顾客。

比较有代表性的是Schindler（2001）等人的实证研究，结果表明消费者进行网络口碑沟通的动机主要是信息动机、支持动机和娱乐动机。也就是消费者关注网络口碑的主要目的是进行信息搜寻，通过口碑来支持其大大小小的购物决策，并且通过这些网络口碑来寻求对自己已经做出的决策的支持。还有一些消费者关注网络口碑仅仅为了娱乐。他们热衷于在讨论区中阅读有趣的故事，认为观看讨论区的信息交流活动是很有趣的事情。同时，他们也会因此了解到被讨论产品或服务的信息，从而影响他们未来的购物决策和行为。除了接触动机以外，口碑接触者对口碑信息的接触还与接受者的感知和经验有关。

Kreis和Gottschalk（2015）从选择网络口碑渠道的角度来研究动机也得出了大致相近的结论。他们认为消费者选择什么样的渠道是与满足他们的需求相关的，主要是满足认知的需要、获得娱乐或得到奖励的过程需要以及社交的需要。在内容上包括信息、知识和教育以及使用媒介的过程等方面都会得到满足。

国内对于网络口碑搜寻动机的研究极少，主要是针对特定领域的实证研究。

2.2.4.2 信息处理过程研究

上文提到的"过程"研究指的是信息处理，主要指信息本身在不同平台上是如何被处理的，表现为信息的价（正面和负面口碑等）、量以及信息的有用性、可信性的影响等。

（1）不同信息特征的影响

从网络口碑信息本身出发来研究它们对消费者购买行为的影响是信息处理过程研究的重点。评论的数量和价有着什么样的影响？Floyd et al.（2014）主要对在线评论如何影响零售进行了元分析，分别从产品特征和评论特征等方面进行研究后发现，来自第三方的恶劣评论以及评论的价对零售弹性有显著影响。

You（2015）也从产品特征（耐用性，试用品以及使用状况）等出发，结合企业特征（企业增长以及竞争性）和平台特征（专业性和可信性）对口碑弹性的影响进行了研究。发现不同企业的不同产品的评论在不同的平台上发布，都会对口碑效果产生影响。对于竞争力不强的企业来说，那些发布在独立评论网站上的不能试用的私人用品的评论其口碑效果更大。对于一些耐用品以及一些专门评论网站上的评论，评论的量对口碑效果影响更大，而对于社区型网站来说，评论的价则具有更大的影响力。

不同形式的网络口碑信息也有着不同的影响。Lin（2012）通过实验的方法研究了网络口碑中可视化信息的作用。结果发现，博客中有可视化信息的口碑信息相比于纯文字来说显著性要高得多。另外，产品类别和可视化信息在引起消费者的产品信息和购买意向方面存在着交互作用。图文并茂的搜索类产品信息更能激发人们对产品的兴趣，从而促成他们进行购买，对于享乐型产品也同样有效。

在线评论为不同类型的消费者做决策提供了重要的消息来源。但对于这些评论信息，消费者不仅仅只看评价或评级，而是更看重评论的整体内容。并且相对于更基于事实或较短的评论而言,具有叙述性或根据经验而进行的评论在总体上说被认为是更有用的(Lockie,2015)。

(2) 负面口碑效果影响更大

负面网络口碑比主观评价型负面网络口碑对消费者品牌转换意愿的影响更大,聂玲(2012)通过实证研究也证实了这一观点。许玉和宗乾进等(2012)基于新浪微博,采用社会网络分析等方法对"X银行信用卡"负面网络口碑信息这一案例进行研究,分析了微博这一社会化媒体中负面口碑传播的爆炸性影响。在微博等社会化媒体中进行传播时,微博使得用户进行与负面口碑相关的交互更加便捷,如果企业不及时处理、合理干预,其负面影响巨大。

但是负面口碑信息不仅仅是带来危害或是对购买决定产生负面影响,对于企业来说,如果能够有效利用,则可针对负面口碑信息来化解危机。张艳丰等(2016)对负面网络口碑信息通过爬虫挖掘进行了模糊预警分析,将网络口碑危机预警流程分为警源监测——信息采集与识别、分析评估——品牌危机模糊推理计算、危机预警——危机的分类与诊断和危机预控——危机的控制与报告四个步骤,提出了利用负面口碑信息化解的有效解决办法。

(3) 信息的有用性、可信度的影响

有用性是网络口碑信息研究中非常重要的一个方面,被看作网络口碑起作用的重要中介变量之一。学者多以技术接受模型或信息采纳模型为建模依据,来证明网络口碑的可信度、可理解度等会影响人们对网络口碑信息有用性的理解,从而影响人们的购买意愿(Cheung,2014)。Racherla和Friske(2012)则认为评论者特征(如身份披露、专业性、声誉)和评论特征(评论详尽性和评论偏向)都能影响消费者对评论的感知有用性。

可信度也是口碑信息采纳从而影响人们购买的重要因素之一。在互联网的环境下，消费者搜寻信息和发布信息的方式发生了改变，网络为他们获得和交换信息提供了一个新的平台，口碑发布者通常在网络消费者评论平台在线论坛、新闻组、电子邮件、聊天室等平台上分享和交换产品品牌信息，由于口碑突破了传统面对面的传播，使得受传双方从未谋面更谈不上熟悉，这就造成了消费者对此类评论可信性的担忧和识别上的困难。因此，Park et al.（2007）认为网络评论的可信度低于传统的口碑信息。

网络口碑的传播方式不同于传统口碑传受双方面对面的口耳相传，其信息的传播者往往都是匿名的，并以文字、图片等形式传播，因此口碑信息的来源很难识别；即使明确了口碑信息的来源，由于网络口碑来自匿名的个体并且是以文本的形式进行传播，消费者确定网络口碑的可信度仍然是很困难的（Park 和 Lee，2009）。研究结果发现消费者除了觉得网络口碑对其有用，会愿意接受该网络口碑外，若消费者觉得网络口碑让其觉得可信则更强化其接受网络口碑之意愿（Chen，2011）。另外由于信息的不对称性以及各种风险的存在，网络口碑的可信性问题就显得尤为重要。

由于可信度的重要性，对于哪些因素会增加网络口碑信息的可信度也就自然成了研究者们关注的重点了。Chih et al.（2013）等以"知情意"的认知模型为基础，从平台的角度研究发现网站声誉、网络口碑信息来源可信度是消费者口碑信息可信度感知的重要前因变量，网站声誉高、信息来源可靠，消费者就会觉得网络口碑信息是可信的，从而对网络口碑传播的网站以及所提及的产品都会产生积极的态度，在行为上也随之发生变化。Dr. Bettina Lis（2013）也着重考察了网络口碑可信度的影响因素。根据双边理论进行实证研究发现，专家、可信赖性以及总体评价是影响网络口碑可信度的关键因素。马来西亚学者 Chek 和 Yin Ho（2016）在研究服务质量对消费者网上电子产品购买意向的影响时，也发现可信赖性和信任在影响消费者在线购买电子产品意愿时起着重要的中介影响作用。

我国学者丁学君（2012）从口碑来源可信度、传播渠道可信度以及信息内容可信度三个维度构建了网络环境下口碑信息可信度的影响因素模型，通过实证研究发现，传播者专业性、网站权威性、网站忠诚度、网站类型、商家信誉度、口碑类型以及口碑方向等均显著影响网络口碑可信度，但口碑信息发布者与评论者关系强度及口碑信息的长度这两者则对网络口碑可信度无显著影响。

2.2.4.3 输出：网络口碑传播效应研究

IPO的输出部分的研究主要是针对网络口碑传播效应进行的，这种口碑传播效应（power of word of mouth or wom impact）主要是指口碑对消费者行为的各个方面的影响，它是指口碑改变消费者态度与行为的能力。这些影响主要包括口碑对消费者的购买行为及意愿、品牌选择和转换意愿以及品牌认知、评价等，而这种影响力的大小又受到许多因素的影响，并通过不同的途径产生作用。

由于口碑消费者购买意愿的作用受到许多因素的影响，因此在这个方面存在大量的研究。Cheung和Thadani（2012）对2000年到2010年期间一些重要期刊杂志上对网络口碑效应研究的文章进行再分析后发现，一半的文章都是从市场层面即产品销售来看网络口碑效果，另一半则是从个体层面看网络口碑对个体的影响。

实验心理学家霍夫兰提出的劝服传播框架可以用来分析口碑传播效应。劝服是指在面临说服性信息时，个体态度发生转变并影响决策行为的一种现象。劝服传播涉及三个影响因素，即口碑的传播者因素、口碑信息因素和口碑的接受者因素。其中口碑传播者的影响因素又与来源者的专业性、可靠性和亲和性、可信度以及身份地位等有关；口碑信息的影响因素又包括信息环境、信息质量、呈现方式和与接受者关联程度等；口碑接受者因素又与接受者本身已有的知识和观念、个人动机、涉入程度、可说服性以及人格特征等相关联。

（1）网络口碑对消费者行为的影响

口碑存在的重要意义之一就是通过产品和服务的信息，引起消费者对产品或服务的认知、态度和行为的变化，但是口碑如何对消费者起作用就需要进一步探明，而网络时代消费者交流的便利性和网络传播渠道的增多为网络口碑的传播提供了基础。关于这一部分的研究在现有网络口碑的研究中比重最大，多通过分析传者受者的背景、传者受者的关系强度，发现对口碑对消费者的消费意愿、态度和消费行为产生影响。

唐雪梅、赖胜强等（2011）在分析网络口碑之所以能表现出强大的影响力时，指出了网络口碑信息的再传播，他们认为"网络口碑之所以能表现出强大的影响力，一个重要的原因就在于网络口碑信息能够不断被他人转帖、转发，使得信息被几何数量级地传播出去，产生涟漪效应"。

张玥（2011）从信息传播和人际网络两个视角对网络口碑效应进行了理论探讨。一方面，从用户跟随、跟从效应的角度对网络环境中的口碑效应对消费者效仿行为产生影响的各个要素进行研究；另一方面，从网络反馈效应的角度，探讨企业如何从消费者反馈中提取有用的数据和指标，从而对于企业品牌管理和品牌形象建设给予指导。该研究还发现只有在一对一的交流方式中，关系强度才对口碑推荐和接受存在显著影响，而一对多的广播式交流方式会使关系强度的影响力明显减弱，同时当人们通过广播方式传递评价型口碑信息时，"强关系"好友和"弱关系"好友对于口碑效应的影响力上没有任何区别。这从传播方式的角度完善了过往研究中对于关系强度影响力的结论。

程秀芳（2011）利用社会网络分析方法研究虚拟社区网络结构对于网络口碑传播的影响，验证了消费者对于虚拟社区内成员的专业知识、经验丰富程度的感知，显著地影响口碑信息感知可信度的假设。消费者在面对那些自身无法解决的难题时，倾向于向专家咨询意见是相当常见的，在这一点上，在线环境与传统环境相一致；另外在虚拟社区环境中，来自强连接的口碑对消费者决策行为影响很大，但弱连接的口碑对于消费者也有一定的影响力。

张燕（2013）将计算机理论中的 TAM 模型运用于消费者购买决策，综合构建了网络口碑对消费者购买决策的影响模型，并从消费者对信息的感知有用性和感知易用性两个途径来研究网络口碑对消费者购买决策的影响，提炼出影响网络口碑传播效果的因素（包括网站可信度、网络口碑发送者的资信度、网络口碑的质量、网络口碑的数量、网络口碑的效价、网络口碑接收者的专业能力、网络口碑接收者的产品涉入度），发现网站可信度、发送者的资信度、网络口碑的质量、网络口碑的数量、网络口碑的效价对感知有用性有显著的正向作用。

刘萍（2015）认为实际的网络口碑的影响机制比较复杂，存在自变量和调节变量之间或者调节变量和中介变量之间的交互作用影响。通过实证研究发现，网络口碑可以直接刺激消费者的行动意愿，但同时也有部分影响经由感知价值的中介作用实现，正面的网络口碑如果能匹配较高的客户感知价值，消费者的行动意愿通常会更高。

（2）关于网络口碑对企业（品牌、声誉）的影响研究

任晓丽（2012）认为企业的品牌资产等无形资产更为重要，最为重要的阶段就是品牌塑造与传播推广阶段，网络口碑传播惊人的传播速度、巨大的传播效应等特性使其成为品牌传播的重要法宝。

何晓兵和孙先艳（2014）则认为网络口碑在企业竞争和发展中具有情报价值，认为网络口碑是企业竞争情报的主要来源之一，对其进行研究、监测和控制是企业竞争情报工作的重要内容。由于正面口碑传播可以推动企业的产品销售和企业发展，而负面口碑的传播会导致企业的危机，因

此，企业应在监测的基础上主动介入口碑传播活动，进行积极的控制和引导，为企业营造积极的网络口碑环境。

2.3 关于"网络口碑"研究现状的评价

以上从 IPO 的视角结合中外相关文献对网络口碑进行了较为全面的综述。可知网络口碑因其管理应用的重要性和学术前景的广阔性而受到学界广泛关注。涉及的学科包括信息系统、市场营销、行为科学、计算机科学等。涉及的理论也比较宽泛，有以信息处理的双加工理论、人际关系理论以及信息来源可信性理论等来阐述网络口碑传播的机制和路径。社会学中的社会资本、社会结构、社会临场感以及自我选择偏见等，还有心理学中的归因理论等不一而足。

从总体上看，国外的网络口碑研究范围覆盖广泛，包括传播的各个方面。从网络口碑的界定与特点，到传播者分享网络口碑的动机和接收者接收网络口碑信息的动机研究，以及网络口碑传播对消费者行为以及对企业等的影响，等等。这些研究基本上是基于某一特定的理论，选取某一特定平台的网络口碑，从而构建研究的理论模型，然后通过实证的方法（实验法、问卷调查法等）来加以验证。这种研究路径不仅有理论做支撑，而且通过数据来说明变量间的关系，其强、弱关系及影响路径都非常清晰。这基本上已成为国外研究消费者行为、网络口碑、营销等相关领域内的一种惯常的研究思路。

国外关于口碑（网络口碑）的研究呈现出如下特点：

微观层面研究比较多：国外的网络口碑研究基本上都比较重视微观层

面的研究,考察网络口碑的成因及影响效果等,重视过程和机制的研究,对于宏观上的影响效果及影响机制问题关注较少。这与所选用的实证方法尤其是实验方法有一定的关系。实验法是在控制了许多其他变量的情况下进行的,自然就很难对其他变量的影响进行测量(Park 和 Lee, 2008)。

社会心理学方面的理论应用逐渐增多:国外关于网络口碑方面的研究多采用社会心理学方面的理论,近年来社会学方面的理论如社会资本理论等逐渐被引用,呈现出多学科交叉融合的趋势,本研究也正是在这个大趋势下,试图结合消费者行为学、社会学、品牌学、传播学等方面的相关理论对网络口碑进行研究。

实验法运用较多:实验法易于操作的特点被广泛运用于对口碑的研究中,但是实验法也有其自身的不足,它很难发现五个变量之间的关系,以及变量与变量之间的相互影响程度和路径(Park 和 Lee, 2008)。而网络口碑因为是以书写的形式出现,便于保存和研究,因此,基于网络的调查方法也被运用于网络口碑的研究中。调查法目前仍然是研究网络口碑最受欢迎的方法(Godes 和 Mayzlin, 2004)。

从以上关于网络口碑的文献综述来看,近年来我国对网络口碑的研究也日益增多,产生了一批较为丰富的研究成果,表现出如下特点:

其一,传播学学科用实证方法研究网络口碑的研究逐渐增加。目前国内逐渐重视用实证的方法来对网络口碑进行研究,尤其是管理学等学科,而在2011年以前传播学用实证方法来研究网络口碑传播活动的非常少,现在新闻传播学大类关于此话题的研究尤其是实证研究逐渐增多,本研究也顺应了此趋势。

其二,研究视野逐渐扩大。无论国内还是国外的研究视野,最开始都局限在心理学、社会心理学等领域,随着学科交叉渗透的趋势越来越明显,越来越多的学者融合各个学科理论来进行研究,本研究也综合传播学、社会学、品牌学等方面的相关理论来对网络口碑进行研究，以进一步扩大网络口碑的研究视野。

虽然国内关于网络口碑的研究成果日益丰富，但仍有一定的局限性。首先，在选取网络口碑的形式上，由于研究的便利性，基本上是选取在线评论等网络口碑形式。对于用户群体众多的社交媒体如微信、微博等关注非常有限。随着这些社交媒体兼具了购物与社交的功能，它们已成为网络口碑传播的重要平台；其次，在产品选择上，大多以书、电影、食品等一些体验式产品为例，不同的产品类别以及消费者与品牌原有的关系是否会影响到网络口碑的效果这些尚无专门研究。另外，从对国内外研究的综述中也可以看出，有些研究存在结论互相矛盾的问题。一方面，可能是影响口碑效应的因素在网络环境中并不会产生作用；另一方面，有些研究是通过根据某一特定理论模型用实验方法来考察少量的几个变量，各种影响研究相互孤立，变量间的相互关系很难被揭示，这样也不利于弄清楚影响背后的机制，更不能完整地揭示口碑对消费者的影响机制。本研究正是基于前人的研究基础，将网络口碑置于信任的社会大环境中，力图通过结构方程模型来构建网络口碑对消费者影响的整合性模型，以进一步揭示网络口碑的作用机制。

第 3 章 信任及信任传递相关研究

在上一章对网络口碑等相关文献进行了综述后,由于网络口碑与信任有着紧密联系,且本研究也主要是基于信任对网络口碑进行研究,因此本章主要就信任以及信任传递等相关研究进行梳理。为后面的模型建立和假设提出等提供理论依据。

无论东方还是西方,信任研究都由来已久。早在 20 世纪初,社会学家西美尔(Simmel,1990,1903)就对信任问题进行了研究。但当时信任这个主题只是依附在其他课题中当作其中一个因素被阐述而已,并没有被作为核心概念来进行研究。近几十年来,伴随着信息技术的高速发展、经济全球化等现代进程,信任成为社会科学界的一个热门话题,各个社会科学领域如社会学、心理学、经济学、传播学等都有涉猎,不同的学科对信任有着不同角度的界定。在电子商务中,信任被认为是成功进行在线销售的关键因素。如果没有基本的信任,消费者不会透露他们的个人信息比如银行卡信息等。因此,信任被定义为这样一种信念,那就是在线商不会伤害消费者并且足以保证在线交易的安全。如果信任被侵犯被违背,则会从认知层面和情感层面对消费者的信任产生影响,进而影响他们的行为。

在网络口碑接收和网络购买行为过程中,信任发挥着重要作用。我们无意识地、随时地将自己的信任付诸他人或电商、支付平台等产生信任。

3.1 不同学科对信任的定义

《牛津英语词典》(第二版)中"turst"有如下含义：①对某人、某物之品质或属性，或者对某一陈述之真实性的信心。②对某事物的怀有自信的期待。③义务、忠诚和可靠性。④对于一个买者拿现货而将来付钱的能力和意向的信心。⑤对寄托某人具有信心的状况，或被托付某事物的状况。⑥（法律）将财产的合法所有权信托给某人，由他去为了另一个人的利益掌握和使用这笔财产。⑦商业托拉斯即商业信托。

不同学科的学者对信任的界定或多或少都与这些描述相近。对信任进行较为系统研究的是德国学者卢曼。他认为在最广泛的含义上，信任指的是对某人期望的信心，并且是社会生活的基本事实（卢曼，2005）。卢曼把信任说成是社会生活的基本事实，他说如果没有信任，我们甚至可能会在早晨时卧床不起。信任是我们人类借以过日常生活的视域的必要部分。

但正因为信任是日常生活的一部分，它也就变得像"阳光和空气"一样理所当然地存在而被忽视了。然而在很长一段时间的沉寂后，对信任的研究又逐渐增多起来。尤其是20世纪70年代之后，信任研究成为西方社会科学界的热门话题。表3-1列出了不同学科对信任的定义。

表 3 – 1　　　　　　　　　不同学科对信任的界定

学科	代表定义	核心描述
社会心理学	Deutsch（1958）：面临不确定事件可能会导致预期的损失大于预期的收益时，所作的非理性的行为选择。 Rotter（1980）：信任为个体或者群体持有的对另外一个个体或者群体的言语、承诺、口头或书面陈述的可靠性的一种期望。 Cook 和 wall（1980）：信任就是对他人的言行有信心，并把他人的言行归因于良好的倾向。 Holmes 和 Rempel（1989）：人们心中的一种积极的期望，认为现在和将来都可以依靠对方来关心自己，对方对自己的需要会负起责任。 Rempel，Holmes 和 Zanna（1989）：信任可看成是对伙伴的情感新归因，认为对方是可靠的、可依赖的，并考虑到预期的回报。 Wrightsman（1992）：定义信任为个体所有的一种构成其个人特质之一部分的信念，认为一般人都是有诚意、善良及信任别人的。 Sabel（1993）：信任是交往双方共同持有的，对于双方都不会利用对方之弱点的信心。	1. 在不确定或者有风险的情况下，个体的期望、信念、非理性选择行为。 2. 信任的内容包括：语言、承诺、陈述；诚意、善良；能做期望做的事。

续 表

学科	代表定义	核心描述
社会学	Luhmann（1979）：信任是对风险的外部条件所作的纯粹的内心估价，是简化社会复杂性的机制。 Barber（1983）：信任是社会行动者在社会交往中彼此给予的预期。 Lewis 和 Weigert（1985）：将人际信任理解为人际关系中的理性计算和情感关联的人际态度。 Zuker（1986）：作为预期的信任，包括基于过程的信任，基于行动者的社会文化特性的信任，基于制度的信任。 Hosmer（1995）：信任是一种非理性选择行为，包括四个层次的内涵，即个人预期、人际关系、经济交易和社会结构信任。 Coleman（1999）：将信任理解为社会资本的重要形式。 Fukuyama（2001）：所谓信任，是在一个社团中成员对彼此常态、诚实、合作行为的期待。	1. 在有风险或多样选择的情况下，个体做出的内心估价、对彼此的预期、一种人际态度。 2. 信任的内容：能胜任角色；能履行义务、责任。 3. 社会资本的重要形式与建立基础。
经济学	沿用了社会学中普遍采用的预期的定义。从经济学"理性人"原则出发，认为信任是人们为了降低交易成本、提高经济效益的一种"理性计算"。 Arrow（1951）：信任就是经济交换的润滑剂。 Sellerberg（1982）：在城市中，信任很少基于人际熟识。城市居民信任制度而不是个人，他们对法律和行政管理表现出信心。 Hawes，Mast 和 Swan（1989）：信任是在有风险的情境中，依赖于来自另外的人关于不确定的环境状态和结果的信息。	1. 对存在的风险行为所做的预期。 2. 交换双方减少交易成本、规避风险。 3. 依靠第三方建立信任。

续 表

学科	代表定义	核心描述
管理学	Schurr and Ozanne（1985）：信任就是对他人的言辞或承诺是可靠的，他人在交换关系中会履行其职责和义务的一种信念。 Crosby，Evans 和 Cowles（1990）：信任是消费者对销售人员会按有利于顾客的长期利益的方式行事的信念。 Morgan 和 Hunt（1994）：信任是指合作的一方对另一方的可靠性和诚实度有足够的信心。 Ganesan（1994）：信任是依赖于自己相信的交易伙伴的意愿。 Lewicki 和 Bunker（1995）：信任是一个人在风险情境中，对他人的动机持有积极预期的一种状态。 Doney 和 Cannon（1997）：信任是消费者对销售人员的可信性及其善意的感知。 Bhattacharya，Devinney 和 Pillutla（1998）：信任是在面对不确定性的互动中，基于对其他方行为的预料，而对结果产生的积极的期望。 McKnight，Cummings 和 Chervany（1998）：信任意味着相信并愿意依赖另一方。 Das 和 Teng（1998）：信任是在存在风险的交易情境中，信任者对被信任者的善意和可靠性持有积极态度的程度。 Rousseau et al.（1998）：信任是一种基于对他人的倾向和行为的积极预期而愿意接受攻击性的一种心理状态。	1. 存在于互动的环境中，对被信任者的善意和可靠性持有积极态度的程度。 2. 未知情境性，积极期望。

续 表

学科	代表定义	核心描述
新闻学	Pearce（1974）：信任是基于对他人的知识、能力和与我们亲近的意愿的感知，而认为他人不会伤害我们的一种假设。 Zaltman 和 Moorman（1998）：信任是人与人之间或组织之间能够彼此预测对方的行为，能够依赖于对方，并且相信对方会按所响应的方式行动而不顾未来的不确定性。	1. 跟心理学相似，对他人行为的善意信任。 2. 信念、期望、美好假设。

以上定义中最基本的属于三类，即社会心理学的观点、社会学观点以及管理与经济学的观点（Lewieki 和 Bunker，1995），其他则大多是以这些观点为基础结合本学科研究特性的延伸。

社会心理学在人际和群体水平上详细探察了信任问题，社会心理学家把信任定义为关于交易伙伴行为的一种预期，尤其是情景因素（contexual factors）如何对信任的发展和维持起到加强或阻碍的作用。一个人对某件事的发生具有信心是指他预期这件事会发生，并且根据这一预期做出相应行动，虽然他明白倘若此事并未如预期般地出现，此行为所可能带给他的坏处比此事如期出现所可能带来的好处要大（Deutsch，1958），也就是个体面临不可预料事件时，对预期的损失大于预期的得益所做的非理性的选择行为（郑也夫，2001）。

信任也是一种个人或群体持有的一般性的期望，相信其他个人或群体的承诺，无论是口头的还是书面的都是可以靠得住的（Rotter，1980）。这是一种积极的期望，认为现在和将来都可以依靠对方来关心自己，对方对自己的需要会负起责任（Holmes 和 Rempel，1989）。这种期望甚至是一种信念，是个体特有的对他人的诚意、善良以及可信性的一种普遍可靠的信念，是信任方对被信任方的能力、诚实和善意等特征的积极信念（Morgan and Hunt, 1994；Mc Knight et al., 1998；Mc Allister, 1995）。一般人都是善良、有诚意的，因而坚信他方将来的行动会是有利的、讨人喜欢的，或者至少是不会损害自己利益的（Wrightsman, L., 1974；Robinson, 1996）。

Govier（1997）也认为信任基本上是一种基于信念和感情并暗示着某些期望的态度。信任具有下列特征：其一，和善而无害的期望，基于对被信任方动机和能力的信念的行为；其二，对他方诚实性的归因或假定，认为被信任方是好人的感觉；其三，依赖于被信任方的意愿，对风险和弱点的接受；其四，对被信任方的行为的善意理解。

如果说社会心理学从人格特征和群体层面出发探讨信任，那么社会学家则从功能层面来对之加以界定。信任是社会中最重要的综合力量之一，是一个社会复杂性的简化机制，甚至是社会资本建立的基础。在一个社团中，信任就是成员对彼此诚实合作行为的期待，因为社团成员共同拥有规范且个体隶属于社团。

20世纪80年代，我国社会学家郑也夫教授的《信任论》是我国学者研究信任问题的第一部成熟之作。他在书中从现代生物学视角来研究信任，认为信任是一种态度，相信某人的行为或周围的秩序符合自己的愿望，并提出信任是从亲属逐渐向熟人和陌生人扩展的，信任程度也逐渐弱化。

在经济领域中，对信任的强调最早可以追溯到亚当·斯密。经济活动是基于社会习惯和道德之上，如果离开这些，人们之间的交易活动就会受到重大的影响。Arrow（1972）更是把经济落后都归因于相互信任的缺失，在市场经济中，信任是所有交易的前提。信任是经济交换的润滑剂，缺少相互信任是世界上许多地区经济落后的主要原因（彭泗清、杨中芳，1995）。

经济学家们多从经济学"理性人"原则出发，认为信任是人们为了降低交易成本、提高经济效益的一种"理性计算"；是个体面临预期损失大于预期得益之不可预料事件时所做出的一种非理性选择行为，包括四个层次的内涵，即个人预期、人际关系、经济交易和社会结构信任（Hosmer，1995）。在管理学中，信任更多地与风险和不确定性相结合。信任是一个人在风险情境中，对他人的动机持有积极预期的一种状态。这种预期可能是基于对他人的惩罚而得到的报酬（基于计算的信任）；他人行为的可预见性（基于知识的信任）；或者他人欲望和倾向的完全内化（基于身份的信任）（Lewicki 和 Bunker，1995；Das 和 Teng，1998）。是一方在有能力监控或控制另一方的情况下，宁愿放弃这种能力而使自己处于暴露弱点、利益有可能受到对方损害的状态，强调的是信任方主动暴露自己的弱点，而甘愿承担遭受损失的风险的态度（Mayer et al.，1995）。在违背信任的成本大于保持信任的利益的情况下，即使不能控制对方的行为，一方也会冒着交易伙伴的机会主义行为风险而暴露自己的弱点（Zand，1972）。

除了以上学科对信任的界定外，其他学科对信任也给予了相当的重视。营销学从消费者角度出发，认为消费者相信销售人员会按有利于顾客的长期利益的方式行事（Crosby et al.，1990），销售人员的言辞或承诺是可靠的、可信的并且充满善意的（Doney 和 Cannon，1997），在交换关系中会履行其职责和义务（Schurr 和 Ozanne，1985）。

广告学和传播学中对信任的研究成果不及上述其他学科丰富，更多的是引用以上定义中的某一种，大同小异。Zaltman 和 Moorman（1998）认为信任是人与人之间或组织之间能够彼此预测对方的行为，能够依赖于对方，并且相信对方会按所响应的方式行动而不顾未来的不确定性。是基于对他人的知识、能力和与我们亲近的意愿的感知，而认为他人不会伤害我们的一种假设（Pearce，1974）。

从以上不同学科学者对信任的概念定义中可以看出，各自学科更多的是从自身学科特点来对信任加以理解，故并未形成完成一致的认识，因而要对上述定义进行分类和比较也存在着一定的难度。但是，综合上述定义来看，我们仍可对信任概念的内涵做出如下概括：

1. 信任总是涉及信任方和被信任方的双边关系；
2. 信任与信任双方过去的表现和对未来行为的预期相联系；
3. 信任与风险性、不确定性和相互依赖性有关，信任往往是一种非机会主义的观点；
4. 信任往往表现着信任方对被信任方多种特征的积极信念。

消费者从接收网络口碑信息到信息采纳产生消费行为的过程存在着一定的风险性与不确定性，为了降低风险会接触网络口碑信息，但是采纳却需要消费者能够充分地相信传播方是值得被信任的。

3.2 信任的分类及测量维度

以上从不同学科梳理了各学者对信任的界定，虽然信任是较抽象的概念，但人们也试着将它们分成不同的类型，对于如何测量更是做了各种尝试。

3.2.1 信任的分类

Zucker（1986）基于特征、过程和制度提出的三种信任得到了最广泛认同。分别是基于个体特征的信任也称为人际信任，是基于各种人际关系如血缘、亲戚等各种关系而产生的，以个人因素和私人关系为基础；由社会相似性产生信任，即根据他人与自己在家庭背景、种族、价值观念等方面的相似性多少来决定是否给予信任。一般来说，相似性越多，信任度越高。

除了这种基于相似性人际关系建立的信任外，人们在彼此相互交往互动的过程中，随着双方不断交换信息而慢慢产生信任，这是一种理性的认知过程，是基于过程的信任，可通过外部的信息来建立，有用的知识和正当的理由是建立此信任的基础，适用于企业与企业、消费者与企业之间。在电商交易初期，由于双方交换的信息较少，信任程度低，而网络口碑提供了商家可能未提供的信息，减少了信息的不对称，从而慢慢积累信任。在此过程中，声誉等在信任建立中起着重要作用，声誉好的人能得到信任。

在人际关系与交往过程之外，人与人之间的信任还依赖于制度的约束和规范。基于制度的信任就是在没有熟悉和类似团体的非个人的经济环境中建立起来的信任。制度信任与第三方平台和一些契约有关，一方面通过社交圈的成员关系或第三方保证来形成；另一方面通过中间机制如保险和法律规范等产生。

Lewis 和 Wiegert（1985）认为理性（rationality）和情感（emotionality）是人际信任的两个重要方面，两者的不同组合可以形成不同类型的信任，其中理性认知信任（Cognitive Trust）指基于对他人的诚信度的理性考察而产生的信任，而情感信任（Aeffctive Trurst）是基于强烈的情感联系而产生的信任。理性认知信任的选择是基于有构成值得信任的恰当理由。例如，对组织环境中的信任衡量的中心元素，能力（Competence）和责任（Responsibility）；至于以情感为基础的信任则包括了人与人之间的情感结合（Emotional Bond），人们是将情感投入信任关系中，表达对伙伴的真诚关心和关怀，以及相信此项关系的善意和情感的交流。

麦卡利斯特（McAllister，1995）更进一步明确了认知信任和情感信任。他认为认知信任主要指被信任者所拥有的技术、人际关系和完成任务的专业技能，在专业领域里拥有足够的技术，意味着其在该领域具有较高的信任程度；情感信任包括善意，即被信任者排除自利动机，对信任者做出利他而不求回报的做法。认知型信任促进情感型信任。在社会交往中，情感型信任是认知型信任的升华。情感对于个体行为产生巨大影响，但影响力越大的因素越不易形成，人们往往倾向于将所有未知风险降至最低，以避免对自己造成伤害。

采用认知信任和情感信任划分方法的还有 Corritore（2003）等学者，尤其是用于在线信任上。认知信任依赖于对他人的充分了解和值得信赖证据的掌握，觉得对方的行为是可预测的，这是认知信任的基础；情感信任则建立在人们之间相当长时间频繁发生关系来建立和深化，它依赖于良好的沟通和对误解的排除。

从个体特征出发的两分法还包括信任倾向和信任信念两种。前者是指某人在给定的情景下愿意依赖于其他人；后者指一个人相信他人是善意的、有能力的、诚实的，并且在一定的情景下是可预测的（McKnight et al.，1998）。

卢曼（2005）则从个体与社会的关系角度，将信任划分成人格信任和系统信任。人格信任是以被信任者个人特性是否具有可信度为基础。建立人格信任的第一个基本前提条件是人的行动通常被设定为由个人决定的。这与 Zucker 的划分方法相似，后来主要是指个体所具有的信任倾向。而系统信任的基础通常是建立在社会各种系统（如司法、政治等）的沟通媒介如货币等能够不被滥用，与制度信任相类似。

人际信任是建立在对日常世界的熟悉的基础上，但是当社会关系更加复杂、熟悉程度不再存在时，人际信任就不足以解释行为了，而要用系统信任来加以解释。系统信任的抵抗力更强，不受个体的影响，但也更难以控制。

关于交易中的信任引用得最多的要数Shapiro（1922）等人的观点了，他们将信任分为威慑的信任、知识的信任以及共识的信任。基于威慑的信任是指一方考虑到对方担心受到惩罚而会按照许诺行事，因此对方是可以信任的，这种信任也是基于制度的信任。知识的信任建立在一方对另一方的了解之上，使得信任者能够了解和预测被信任者的行为，了解程度越高，信任程度也就越高。基于共识的信任是指交易双方具有共同的目标和价值，随着时间的推移，任何一方都会扮演另一方的角色或作为另一方的代理，设身处地地为对方着想。

无论对营销人员还是消费者来说信任都至关重要。信任能帮助消费者克服风险意识，消除不安全感从而从事与信任相关的一些行为，比如愿意向商家分享个人信息，做出购买决定等。尤其是当消费者面对不熟悉的商家时，信任就显得更为重要。从以上关于信任的三分法或两分法的类别来看，基本上可看作对两方面的信任，一是对相关方的信任，一是外部信任即制度或系统等的信任。

而在电子商务中的信任，更多的是指消费者面对电商时的初始信任（initial trust）。初始信息是指在和陌生的被信任者之间，在缺少可信的信息、彼此之间也无情感纽带联结的情况下所表现出来的信任。

但是所有这些信任之间彼此独立，尤其是生人信任、熟人信任以及家人信任过于独立，没有注意到三者的连续性和交织性（韩振华，2010）。这涉及本研究的另一个重要概念即信任传递，将在后面做专门探讨。

3.2.2 信任的测量维度

上述关于信任的分类是人们对信任进行测量的基础,也因此发展出了对信任的各种测量维度。

实证研究中,对信任通常有两种概念化和测量的方式,少量的研究把信任作为一个一维的概念,测量对被信任方的总的或者说一般化的信任;大量的研究则把信任处理成一个多维度的概念。其中,Selnes(2000)认为构成信任的两种主要特性形式分别是可信赖性与仁爱,其中可信赖性指公司恪守明示承诺与暗示承诺的表现;仁爱指以互惠双方的方式行为的自愿主动性。Gyeskens et al.(1998)在研究企业信任驱动要素中,对诚信与仁爱做了明确的辨析,主张诚信是指公司可信赖、遵守诺言、履行社会义务与真挚,但这和行为者履行承诺的能力无关,而是指其履行承诺的意愿。因此,信任可以划分为三个维度:可信赖性、诚信与仁爱。前两个维度表明公司履行明示承诺的可能性,而最后的维度指不考虑承诺时,公司以合作的方式进行的行为的可能性。Singh 和 Sirdeshmukh(2000)认为能力和仁爱是构成信任的两个不同概念,能力包括通过可靠和诚实的方式履行承诺,而仁爱指产品和服务提供者将消费者利益置于自身利益之前。

而目前应用最广泛的要数 Mcknight(2002)等学者关于信任测量维度的研究了。他们在合理行为理论(Theory of Reasoned Action 即 TRA)的理论基础上,假定信念决定态度从而影响行为。由此假定信任信念导致信任意图(信任商家),进而导致与信任相关的行为。

他们发现在已有信息系统研究中常用的信任维度有 15 类,于是将这 15 类进行聚类分析,结果表明这些维度可以概括为友善、能力和正直三类,因此将这三类信任定义为在线信任的主要维度。能力因子是指消费者相信网站有能力提供安全、便捷、有价值的交易,如相信网站提供的信息全面、交易方式安全等；正直因子是指消费者相信网站在提供交互活动中有道德的准则和专业化的标准，如相信网站提供的商品或服务与实际相符，相信网站很好地保护消费者的隐私信息等；友善因子是指相信网站以消费者利益为导向，而不是完全以经济利益为导向，关心并帮助消费者，如网站客服人员服务热情周到、网站的操作页面友好等。

但是此研究只测量了信任意图，没有直接测量对行为的影响，也没有在其他网站环境如购物类网站中进行检验。

3.3 信任的前因后果

现有的信任研究从两大角度来分析组织或个人之间如何能够建立信任以及信任能带来什么样的结果。即前因研究和后果或机制研究。前因研究是研究者在各自不同的研究背景下探讨并验证影响信任的具体变量（Anderson 和 Narus，1990；Mayer et al.，1995 等），后果或机制研究则是基于某一具体理论模型讨论信任产生的条件以及所带来的影响（McKnight et al.，1998；Rousseau et al.，1998）。

3.3.1 纷繁复杂的前因研究

信任的前因性研究主要是探讨并验证影响相互关系中的信任的因素。信任是由什么因素决定的，这是很多学者尤为关注的问题。

由于信任定义的混乱，被识别出来的信任前因也十分庞杂，同时又由于各个研究的目的和重点不一样，因而影响信任的因素也不相同。

3.3.1.1 基于内部特征的前因变量

基于内部特征主要是从相关方的特点出发,来探讨影响信任的因素。Mayer et al. (1995) 在总结了1953—1993年间不同学科研究信任前因的文献后,从双方特征层面构建了人际信任模型,如图3-1所示。此模型表明信任产生的原因主要是两个方面,一方面是信任者的特点,即信任者的内在倾向性,内在倾向性越强,信任对方的可能性就越大;另一方面是被信任者的特征,即为信任者所感知的值得信任的因素,分别是能力、善良和正直。在感受到一定的风险后,这种风险行为就会带来一系列的结果,从而进一步对被信任者产生影响。

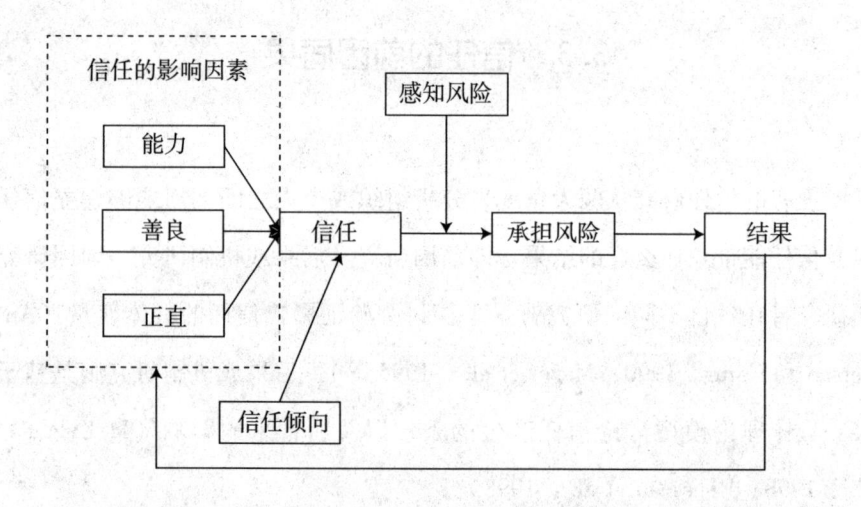

图3-1 Mayer, Davis and Schoorman (1995) 的信任模型图

信任倾向(Trust Propensity)是指个体在人际交往中表现出的愿意信赖他人的一般性倾向或程度。在电子商务信任研究中信任倾向也被看作一个非常重要的个体特征。Ridings et al. (2002) 通过实证研究证实了在虚拟社区中信任倾向是信任重要的影响因素。

3.3.1.2 基于对象的前因研究

除了从信任主客体特征出发研究信任的前因变量外,从所要信任的对象出发来探讨信任前因变量也是较常见的做法。

在线信任是消费者在线购物中重要的作用因素（Lee and Turban，2001）。而消费者信任在线购买则取决于对网店是否信任、对作为购买中介的互联网是否信任等。另外其他的环境因素如公司规模、人口变量等都会影响在线信任。而个体信任倾向在其中成了一个重要的调节变量。

我国学者翟学伟与薛天山（2014）对虚拟社区中的信任也进行了模型的构建，其中信任的原因包括三个方面的因素，即信任者、第三方以及其他因素，详见表3-2。

表3-2　　　　　　　　　虚拟社区信任模型的构成

模型的组成部分	包含的因素
虚拟社区信任的原因	信任者：信任倾向、享受、感知的响应 第三方：数字证书、社区责任系统 其他因素：线下活动、虚拟社区来源、其他成员倾吐个人信息、领导者激情
虚拟社区信任	对其他成员能力、仁慈心或正直的信任
虚拟社区信任的结果	获取、给予信息的愿望、成员感、影响力、沉浸的结果感

资料来源：翟学伟、薛天山：《社会信任：理论及其应用》，中国人民大学出版社2014年版，第204页。

纪淑娴（2010）在对电子商务中的信任进行研究时也指出除了人际信任外，还需要通过制度即第三方认证以及契约的形式。尤其是网络社会，从熟人社会走向陌生社会，依赖于第三方的系统信任就显得更加重要。

3.3.1.3 基于个体感知的前因研究

Filieri et al.（2015）从个体感知层面来探讨信任的影响因素，认为来源可信性、信息质量以及可感知的网站质量、用户满意度以及用户专业性都会影响个体对网站的信任，从而影响消费者的推荐采纳以及口碑。

消费者如果能够感知到企业的透明度很高，并且勇于承担社会责任，则会影响到他们对企业的信任，从而影响他们进行口碑传播以及购买行为。消费者感知到的风险程度也会影响到他们对企业的信任程度，从而影响到他们最终的购买行为（Hong 和 Cha，2013）。

从以上研究我们可以看出，被研究者们识别出的信任前因可谓是五花八门，但被研究者研究得比较多的信任前因是受信方内在特征的诚实、能力和善意等。

信任前因研究中的这种情况，一方面说明信任本身是一个内涵十分丰富的概念；另一方面说明影响信任的因素确实很多，对于信任本身及其前因的区别尚未达成一致。而在网络口碑研究中，由于信息传受的双方并非都是基于熟人的关系，因而信任在其发挥作用的过程中就起着非常重要的作用。

3.3.2 信任对在线购买意愿的影响

信任是市场交换活动得以实现的核心机制（周怡，2013）。信任在市场交换活动中起着重要作用，它能否对消费者产生购买行为意愿也成为众多学者所积极探讨的一个重要方面。

在信息影响和规范影响的基础上，Awad 和 Ragowsky（2008）以技术接受模型为理论基础，研究了口碑质量通过在线信任影响在线购物的意愿。在此研究模型中，作者尤为关注的是网络口碑质量对在线信任的影响，以及口碑质量通过信任来对消费者的在线购买意愿产生影响。

Dabholkar 和 Sheng（2012）的"参与—对推荐代理的满意和信任推荐代理—购买意愿"研究模型也证实了信任的重要中介作用。消费者因信任推荐网站从而信任推荐的在线产品后，在消费者推荐代理的活动中参与得越多，就会对这样的活动越满意，也就越发信任推荐代理，从而信任推荐的在线产品，产生购买的意愿也就越强烈。在此过程中，感知到的财务风险的程度不一样，这种影响大小也不一样。

Hongt 和 Cha（2013）更进一步证实了信任的中介作用。实证结果表明，感知风险会影响到消费者的购买行为，同时也会通过信任这一中介而对消费者的购买行为产生间接的影响。该文主要考察感知风险—信任—购买意向之间的关系，着重考察了六种感知风险，但对于信任并没有系统考察。

除了对购买行为意向产生重要影响外，信任也是影响人们进行信息分享的重要因素，在线社区中的信任能激励社区成员进行分享（Ridings et al.，2002）。信任也是人们发布口碑、获取口碑和传播口碑信息的重要中介变量。Yeh 和 Choi（2011）实证研究结果表明：品牌认同影响品牌忠诚度，同时也影响社区认同，社区认同又影响认知信任和情感信任，从而进行口碑信息传播。

3.4 信任传递及其影响因素

在对信任及其相关的测量方式进行了综述后，接下来探讨本研究中与信任紧密相关的另一个重要概念即信任传递。在基于信任的基础之上，才能成功完成信任传递过程。

3.4.1 信任传递的界定

在日常生活中我们都有这样的经验,我们由于信任自己的一个好朋友,从而也会信任他推荐的人或产品,尽管有可能对此人或物还一无所知。对于企业也同样如此,当一个并不熟悉的企业是某个著名企业的合作伙伴时,我们对该企业的信任度也会大大地提高。这样一种认知过程被称为信任传递,即当信任主体根据对信任对象相关的一些其他信息,而非直接根据信任对象本身据有的信息来做出初始判断(Kather,2003)。也就是人们信任一个不熟悉的人或物可经由信任与此相关的某个熟悉的人或物(Zhang et al.,2014)。

我国学者林家宝、卢耀斌和章淑婷(2010)将"信任传递"定义为已形成的可以维持的信任在可信实体与未知实体间、熟悉环境与陌生环境间发生转移,这种通过潜在认知实现的信任建立过程称为信任传递,又称为信任转移。张辉(2011)的观点则是将信任传递解释为信任建立过程中的一环,是信任从一个信任目标转向其他不熟悉目标的过程。

如果说信任是涉及信任与被信任的双边关系,那么信任传递则除了这两者外,还涉及一个第三方即中介方。胡祥培和尹进(2013)更进一步强调了信任传递的中介特点,他们认为信息传递主体 A 根据感知到的主体 B 对主体 C 的信任,形成 A 与 C 之间间接的信任关系,描述的是信任在多个主体之间传递的过程。也就是说,通过信任传递关系 A 最终相信的是 C 推荐的事物 X,从而形成从信任的发起者 A 到目标事物 X 之间的信任链。

信任传递的概念在线下的环境中已被证实在交易中起着重要作用,而近年来多被用于网络环境中,以增加交易中的信任减少网上购物风险(Dabholkar 和 Sheng,2012)。比如对互联网的信任就是一个慢慢累积的过程。在消费者对网站上提供的信息产生信任之前,必须先建立对该网站的信任。

综上所述，信任传递最为普遍的定义是被认作一种认知过程，是当信任主体根据对信任对象相关的一些其他外围特征而非直接信息，所做出的对对象事物信任的判断过程。

3.4.2 信任传递的影响因素

上面关于信任传递的定义可知，信任传递是一种认知过程，是借由某个信任的对象为中介产生对他者的信任过程。信任传递一般分为两种，一种是平台内的信任（intra-channel trust），还有一种是平台间的信任（inter-channel trust）。例如因信任某网站的企业，连带地会信任该网站上链接的其他企业，这种情况被称为平台内的信任。而因为信任线下的某企业进而信任其线上网店，这是一种平台间的信任（Yang et al., 2015）。两种信任传递都体现了中介的特质。

哪些因素会促使这种认知过程发生呢？一般认为这个过程的发生源于两个方面，即参考主体和参考对象（张喜征等，2006；杨宗辉，2009）。

首先对参考信任主体的信任可导致信任传递过程的发生。这些信任主体如果本身是比较权威的或是知名度比较高、形象比较好的，或是受到新闻媒体报道和权威评估机构评估鉴定的，则更容易导致信任传递过程发生。

其次在电子商务中，第三方网络信任是促使信任传递过程产生的一种重要方式。主要包括对网络商店的信任标签授权和传播网络商店行为的评价。由于网络信任评价机构作为第三方本身都具有较高的可信度，所以他们对网络商店的评价将会很大程度上影响消费者对网络商店信任的建立。中介信任传递模式包括第三方认证，如许可证、执照、法律和法规等。Kim（2015）等学者在考察了网络市场的环境中，中间商及其卖家之间的双向性的信任转移问题后发现,买方对卖方的信任更多的也是来自他们对第三方即中介的信任。

Chen(2015)等学者以中国的C2C门户网站淘宝网为例,实证研究发现消费者因信任平台从而对卖家产生信任,也因而产生购买行为。在此过程中,消费者将对淘宝平台的信任传递到对卖家的信任上去,并且如果消费者觉得该电子商务机制越完善越有效,这种信任传递越有效;同样如果觉得卖方网站质量越高,那么购买意愿也就越强,且信任传递对购买行为也有正向的影响。

以上是参考信任主体的影响,而参考信任对象的传递源是与信任对象相关的合作伙伴、供应商和投资人等。

关于信任传递的测量基本上是根据研究需要来确定的,本研究中对信任传递的测量主要是根据后面的扎根理论获得的,这里就不再赘述。

第 4 章　理论框架与扎根理论辅助研究

本研究中研究变量的选取和概念模型的建立主要立足于前人研究的理论或模型框架以及本研究通过扎根理论进行的辅助研究。这些理论或模型主要包括说服理论、计划行为理论、信息采纳模型、理性行为理论和技术接受模型等。扎根辅助研究主要是从有关本研究主题即网络口碑效果的访谈资料中，从大量事实中抽取一般性的结构过程，进行理论推演。最后综合两方面形成本研究所需的理论模型。因此，本章主要包括两大部分内容：理论模型的介绍以及扎根理论的辅助研究。最后对本研究中所主要用到的结构方程模型进行了简单介绍，为后面进行结构方程模型分析提供依据。

4.1　相关理论或模型分析

本研究主要是通过建立概念模型利用问卷调查来实证研究网络口碑效应的影响因素及作用机制。而概念模型又是建立在理论基础上，因此下文主要探讨关于信息的说服理论、信息的接受与处理的相关理论等，前者是从与信息本身相关的因素出发来考察信息对受众的影响,后者是从受众的角度来看他们对信息的接受与处理。这两个方面均与效果有关,因而主要从这两个方面看相关理论在网络口碑效果研究中的运用。

4.1.1 信息的说服效果相关理论

口碑传播是一种人际传播行为,而网络口碑传播就是借助于互联网而进行的一种人际传播活动。研究网络口碑对消费者的影响,是属于传播效果研究的范畴,按照耶鲁说服模型,信源、信息和接收者是信息影响效果中主要的三大组成要素,将影响人们对信息的注意、理解和接受,最终影响他们的观点、认知和行为(Cheung, Luo et al., 2009)。

早在两次世界大战期间,美国心理学家霍夫兰等就开始用实验的方法来研究传播效果尤其是说服问题,旨在发现为什么信息能改变态度,以及哪些因素能令信息更加具有说服力。早期的说服模型即霍夫兰/耶鲁模型专注于接受者的学习(learning)过程,强调个体学习的重要性,个体从信息中学习得越多,记得的观点越多,就越容易被说服,反之则不容易被说服。

在后来的研究中,霍夫兰等学者结合传播过程的五要素,通过改变与传播者、信息内容、传播渠道和听众有关的各种因素来研究说服效果。在传播者方面可信性是影响说服效果的一个重要方面。在网络口碑传播过程中,由于传者匿名的特点,其来源相对于传统口碑来说可信性有否就是一大问题。

在霍夫兰/耶鲁模型基础上发展而来的认知反应方法(cognitive response approach)理论强调个体的思维活动反应在说服过程中的重要作用,是说服过程中的积极参与者,只有当个体有同意信息内容的想法(thoughts)时,才容易被说服(Perloff, 2003)。而每一则信息内容包含两个重要方面，即价值和重要性。前者是指接收者对信息中提到的事物的评价（好还是不好）；后者是指信息接收者所感知到的该事物对于接收者来说的重要程度。如果个体认为口碑信息中提及的产品特点对他来说是有价值的，而且是重要的，那么就容易被说服，从而有可能生发购买意愿。

在认知反应模型基础上发展出两个不同的分支，一个是由 Chaiken（1980）提出来的启发式系统模型（Heuristic and Systemic Model，HSM），另一个是由 Petty 和 Cacioppo 1986 年提出来的精细加工可能性模型（Elaboration Likelihood Model，ELM）。在网络口碑效果研究中，人类信息处理的双边过程理论比如精细可能性模型 ELM 以及模糊系统模型是最常见的理论基础（Cheung 和 Thadani，2012）。ELM 采用双重路径理论（Dual-Process Theory）解释了态度改变是基于不同的信息处理努力程度。双重路径即在说服过程中有两条途径，一条是中心途径，一条是外围途径。当人们在某种动机的引导下，并且有能力全面系统地对某个问题进行思考的时候，他们更多地使用中心途径，也就是更关注论据。论据越有力，就越可能被说服。但有时论据的有力与否并不重要。即当人们完全不可能在某种动机的引导下去仔细地思考的时候，此时就会使用说服的外围途径，也就是去关注那些可能令人不假思索就接受的外部线索。

近年来，ELM 精细可能性模型在网络口碑研究中被广泛采用。通常信息质量与信息的两面性或价通常被当作重要的中心路线，而来源可信度、信息的一致性以及信息评级等被看作典型的外围路线。

而不同的产品类别、涉入度等都可能作为外围途径去影响信息说服效果的大小。如消费者面对高涉入度产品时，会动用更多的思考和努力去处理说服信息。低涉入者不会被评论内容所影响，而只会受一些非评论内容影响（外围影响）。高涉入度消费者可能认为产品信息比推荐信息更重要，因为他们更愿意精细加工处理核心信息以获得更多的产品信息，而不仅仅看它们是否受欢迎（Park 和 Lee，2008）。

消费者对待不同的涉入度产品时处理信息的方式是不一样的。按照 ELM 模型，对一个事物的高涉入往往引起接收者更广泛的问题处理过程。接收者会更多地使用中心途径，甚至倾向于用更多的属性来评价一个品牌（希夫曼，2007）。

4.1.2 消费者信息处理和反应的相关模型及理论

有许多信息处理和反应模式用来解释消费者如何处理与产品有关的信息。比如期望价值理论、技术接受模型与信息采纳模型等。

4.1.2.1 期望价值理论

期望价值理论是在多属性的态度模型基础上发展起来的。多属性的态度模型认为任何商品都存在着多种商品属性。A_o 可用公式表达即为：$A_o = \sum_{i=1}^{n} b_i e_i$，$A_o$ 的意思是人们对产品或者服务这一客体的态度，还包括对企业形象或品牌形象的态度；n 表示该商品的主要属性数；b_i 表示消费者对属性 i 存在可能性的认知，也可指消费者对此重要属性存在与否的信念强度；e_i 表示消费者对属性 i 的评价反应和态度。此公式表明如果消费者对该商品的属性 i 的主观评价越高，对待某行为的态度就越积极；另一方面表明间接地增加消费者对属性特征的信任度，也能促进消费者对信息中的商品形成积极的态度。

消费者将某属性与某品牌联系起来进行评价即产生了期望价值（Fishbein 和 Ajzen，1975）。期望价值理论是考察消费者如何整合产品信息方面用到的最多的理论。该模型假定消费者的行为是理性行为，消费者会仔细考虑所接触到的信息内容。如果消费者在一定程度上能够接受该信息，那么这样的说服性传播就会获得成功。

在期望价值模型中，信息处理的最初反应是认知期望，即该品牌是与信息中提到的属性是相关相符的。最初，学者将这种期望用两个方面来衡量，一个是信念强度，一个是信念信心。信念强度是指消费者认为将该品牌与该属性联系在一起的主观可能性，而信念信心是指消费者在多大程度上认为这种估计是正确的。消费者接下来就是评价与品牌相连的属性的好坏问题，从而产生期望价值，所有的这些信念强度、信念信心、期望价值综合起来就会形成对品牌的一个整体的认知评价。在此模型中，品牌态度可以近似地等同于认知评价。

该理论指明了在消费者的信息反应过程中哪些变量是很重要的。但是当消费者面临不同的信息来源时，则需要用不同的整合模型来加以解释。Anderson（1965，1971）提出了一系列的模式来解释人们如何综合不同的信息来形成对品牌的评价，在这些模式中，每一则信息会被赋予权重以反映其相对重要性。

4.1.2.2 技术接受模型

技术接受模型（TAM）就是采纳了 Fishbein 和 Ajzen 的心理学的态度范式。在 Fishbein 的范式中，认为对待某一行为的态度与某一具体行为的联系更为紧密，因此，在技术接受模型中，尤为注重使用者对待新的信息系统的态度。

如果说期望价值理论是基于他人的自我陈述，以测量他人对某商品的总的态度，那么 TAM 则是以统计的方法来反映消费者的品牌态度和评价。统计估计比自我陈述更能反映出他人评价某商品的认知图景（Davis，1993）。

TAM 关注的是在计算机使用情景中，个体特定的信念如何发挥作用。Davis（1993）提出的技术接受模型，有助于洞察系统特征如何影响使用者的态度和使用。感知有用性和感知易用性被认为是重要的接受新技术的标准。感知有用性是个体相信使用某特定系统能提升他工作效率的程度。感知易用性是个体认为使用特定系统动用脑力和体力的程度。感知易用性假定对感知有用性有显著影响。

消费者个体感知是技术接受模型中最重要的部分。在本研究中，消费者感知尤其是对口碑的信任感知、对口碑中提及的产品价值感知等都是考察的重点。而消费者感知价值主要是在购买之前，消费者通过接触某商品的网络口碑之后所产生的对该品牌价值的认知判断。根据 Fishbein 的多属性态度和期望价值理论可知，消费者将整体的价值归因于特定的品牌产品，而这些产品是以产品的内外属性为基础的。又由于这些内外属性消费者无法体验得到，仅仅依赖于消费者从网络口碑信息描述中感知得到，因而感知的品牌内外属性特点直接影响到消费者的感知价值。

属性是一种能够突显产品或服务的描述性特征，属于消费者购买与消费中所隐含的成分。Keller（1993）依据属性与产品或服务绩效的联结程度将之区分为产品相关属性与非产品相关属性。

产品相关属性与产品的实体组成与服务要求有直接关系。对于消费者而言，产品相关属性是品牌必要的组成，可依照产品的基本组成与特性来区隔分类，为消费者的需要提供可触及的利益。这些属性在预告决定的标准上是可衡量且可证实的，也可作为品质的衡量。消费者使用此属性以塑造对品质的知觉，同时在此过程中产生对品牌的评价，并进而做出购买决策。

非产品相关属性指的是与购买或消费有关的产品服务的外部面向。Keller（1998）认为非产品相关属性包括价格、使用者与使用情境、品牌个性等。

4.1.2.3 信息采纳模型

信息采纳模型（Information Adoption Model，IAM），是技术接受模型和

精细可能性加工模型的整合。

信息采纳模型能够有效解释用户如何在网络环境中处理信息传播的问题，也能够帮助我们全面理解用户如何处理网络口碑信息（Sussman 和 Siegal，2003），如图 4-1 所示。

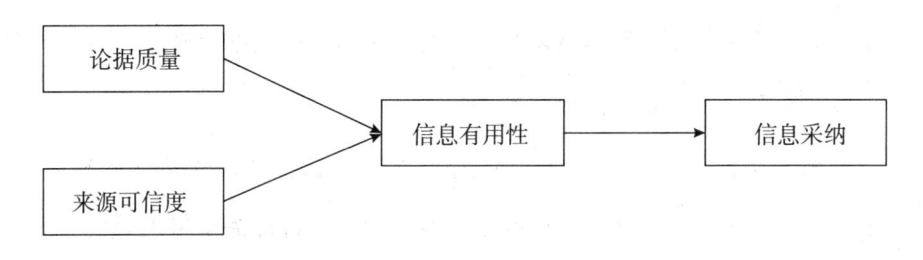

图 4-1 信息采纳模型（Sussman 和 Siegal，2003）

中国台湾学者 Chen et al.（2011）以信息采纳模型为基础，通过在线调查的方式调查了网络口碑的信息采纳情况。发现中心途径即论点品质以及外围途径即来源可信度被证实对消费者的网络口碑信息采纳有直接影响。如图 4-2 所示。

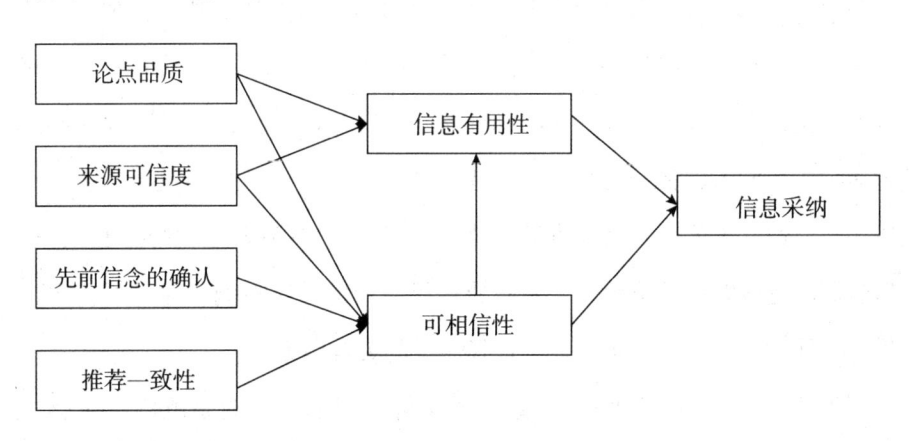

图 4-2 网络口碑的信息采纳（Chen et al.，2011）

在前人研究的理论模型基础上，Cheung 和 Thadani（2012）考察了网络口碑的影响，并从刺激物/传播者、接受者以及反应几个方面提出了整合模型，为我们进一步研究网络口碑的效应提供了较为系统化的思路。

4.1.3 感知价值理论及前因后果探析

从上文可知，在消费者信息处理方面，个体感知在接受信息方面起着重要作用，本文接下来对与本研究相关的个体感知价值进行阐述。

4.1.3.1 价值与顾客感知价值

价值，在各个领域都是比较热门的一个话题，其定义也非常繁多。"凝结在商品中的一般的、无差异的人类劳动，通过商品交换的量的比例即交换价值表现出来"是《辞海》对价值的界定，这个定义缺乏广泛的实用性。《中国大百科全书·哲学卷》对价值的解释为："价值的一般本质在于：它是现实的人同满足其某种需要的客体的属性之间的一种关系。"

在不同的学科领域，价值有它特定的意义。从营销意义上说，价值就是在获得拥有使用的总体成本最低的情况下顾客要求的满意与满足。对于市场消费领域来说，同样一个事物，对不同的消费者来说其价值是不一样的。因此，早在20世纪80年代末，Zeithaml（1988）等人就提出了"顾客感知价值"（customer perceived value）的概念，他们认为"顾客并不是因为满意才购买，他们往往要对可选产品（或品牌）的价值进行比较，最终选择他们认为能为自己提供最大价值的产品（或品牌）"。由此可见，这里强调的是顾客的价值感知，是对他们得与失的一种权衡，这种权衡比较后所感知到的价值才是决定他们选择购买的关键因素。

因此，Zaithaml（1988）给顾客感知价值下的定义就是顾客在对感知"利得"与其所付出的成本即"利失"进行权衡的基础上，对产品效用的整体评价。此定义包含四个方面的含义：其一，价值就是低廉的价格，即表明在价值感受中所要付出的货币是最重要的；其二，价值就是顾客想从商品中所获取的东西，即把从商品或服务中所得到的利益看作最重要的价值因素；其三，价值就是顾客付钱买回的质量，即"付出的金钱"与获得的"质量"之间的权衡；其四，价值就是用付出的全部所能得到的全部，如付出的时间、金钱、努力等后所得到的利益。

Zaithaml（1988）的这一定义目前在国内外受到普遍认同。另外有代表性的定义是 Woodruff（1997）所提出的，他认为顾客价值是顾客对特定使用情景下有助于或有碍于实现自己目标和目的的产品属性的实效以及使用的结果所感知的偏好与评价。这个定义更强调顾客在使用后对商品价值的感知，但是忽视了使用前这种感知价值。

关于"感知价值"的维度，不同的学者有不同的划分方法。主要有以下几种：两分法：即从"利得"和"利失"角度划分。这种划分以 Zaithaml（1988）为代表，他认为顾客感知价值中感知所得成分既来自显著的内部特性，又得益于外部特性和其他相关的高层次的抽象概念。如许多顾客既将产品和服务的质量作为价值收益中的主要部分，总体上又对诸如包装、颜色等外部特性和产品或企业的信誉、便利、形象等更高层次的抽象的利益十分关注。还有的从购物目标进行划分，分为实用和享乐两个方面。

三分法：Holbrook（1999）将顾客价值分为利益价值、体验性价值、象征性价值。其中，利益价值指满足消费者对产品或服务本身的功能或效用上的需求，使消费者感受到提高了利益或降低了成本的效用；体验性价值指给消费者提供了正面的感官情绪方面的服务，使消费者感受到提高了利益或降低了成本的效用；象征性价值指提升消费者自我形象、角色地位、群体归属和自我区别意识，使消费者感受到提高了利益或降低了成本的效用。

四分法：以 Sweeney 和 Soutar（1998，2001）为代表。他们首先通过焦点小组的方法来发展最初的测量项目。六个焦点小组成员分别针对不同的产品或品牌谈论他们认为最重要的价值。比如他们为什么会认为某一特定品牌是有价值的，或为什么某一类产品是有价值的。最后将所有被试提到的项目汇总后发现很多问题是可以归到某一类的。在归成几大类后就构成了最初的问卷。最后经过问卷调查后进行探索性因子分析，对提取的四个因子分别命名为情感价值、社会价值、质量价值、价格价值。情感价值是指由产品所带来的情感或个人喜好方面的效用。社会价值则是指产品所能提升个人社会自我概念的效用。功能价值包括两个方面，一是就产品质量而言，二是就价格而言，物有所值。

五分法：有学者提出感知价值包括五个方面：社会的、情感的、功能的、认知的和环境价值，其中功能价值被认为是影响消费者选择的关键因素。但是，对于不同的产品，不同的决策层面比如购买或不购买、购买哪一种品牌，功能价值、社会价值和情感价值所起的作用是不一样的。

以上无论是哪一种划分，都体现了消费者所感知的商品功效的重要性，也反映出顾客感知价值形成的两个阶段：顾客首先通过不同的价值内容如质量、价格和情感反应等来对感知价值进行衡量；其次通过对总体得失进行评价得到对价值的最终感知结果。

4.1.3.2 感知价值前因后果研究

感知价值维度的划分不仅仅是帮助我们明晰了顾客所感知的价值内容，也有利于我们推演顾客感知价值的成因。目前的研究大多都是从顾客感知质量、顾客感知价格等方面来寻求顾客感知价值的前因，将产品质量作为利得因素，将价格作为利失因素，认为这两个方面影响顾客的感知价值。但是却忽视了象征意义比如顾客所感知到的品牌形象与消费者的自我形象一致性等同样也是合乎逻辑的感知价值驱动因素。而且 Zeithaml（1988）很早就明确指出，质量和价格只是评价产品或服务的一部分，而价值以更高层次、更加抽象和概括的概念出现，是顾客在获得与付出的感知基础上对产品效用的整体评估。因此，在形成顾客感知价值的前因方面就不仅仅包括质量和价格，还包括一些其他的更加抽象的或是具有象征意义的因素存在。

Gruen et al. (2006) 对网络口碑的一种特别形式即消费者在线小窍门传播进行了研究，认为这种形式的网络口碑通过影响感知价值进而影响消费者的忠诚意向即重复购买和再传播意向。该文章虽然证实这种特殊形式的网络口碑对消费者的感知价值有影响，且这种感知价值对消费者的再购买意愿有显著影响，但从其解释力可以看出文章并没有充分地揭示消费者感知价值的成因。

由于在谈论价值的时候不可避免会涉及价格、质量等，早在 Zeithaml (1988) 对感知价值进行专门研究之前，Monree 和 Krishnan (1985) 就根据感知价值的概念，提出了价格、感知质量、感知价值以及购买意愿之间的模型，如图 4-3 所示。价格是非常重要的属性联想，是购买流程中重要的一项步骤，有时消费者直接用价格来衡量品牌价值，通过不同品牌价格水平来对产品做出好或坏的区分。质量即品质的好坏会影响人们对产品选择的决策。行销人员通常也会将品质作为诉求点加以强化，从而影响消费者的行为。

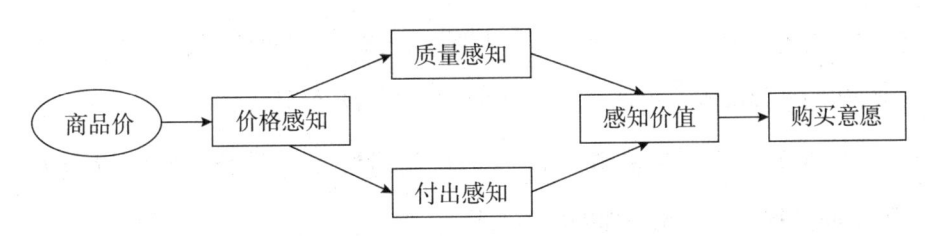

图 4-3 Monree 和 Krishnan (1985) 感知价值与购买意愿之间的模型

消费者直接根据商品的定价来对价格高低进行判断，从而根据感知到的价格来确定商品的质量，最后对商品价值进行评估，当然这种感知价值的形成还通过其付出来获得，然后消费者根据感知到的价值大小决定其是否购买。

顾客感知价值的结果还包括很多方面，比如顾客满意度、顾客重复购买意向和行为等。顾客价值主导论的学者们多倾向于将顾客感知价值作为行为倾向最重要的直接前因。Zeithaml（1988）用一个目的链模型将顾客感知价值的前因后果关系呈现了出来。

此目的链模型显示，消费者感知到的商品的价格会影响到其对质量的感知，而对质量的感知又直接会影响到对价值的感知，从而影响消费者的购买决定。但模型也表明，消费者的感知价值并不仅仅受感知质量的影响，同时还会受到其他更多更高层次的更抽象的因素影响。

Dodds et al.（1991）在此基础上进一步探究了感知质量、价值与购买意愿之间的关系，结果发现对品牌的认知、对商店的认知等都对感知价值有影响。这是对 Zeithaml（1988）不能仅仅用价格、质量来衡量消费者感知价值的建议的验证。

Sheth – Newman – Gross 消费价值模型也是 20 世纪 90 年代专门开发出来用于解释消费者做出购买决策原因的模型。此模型的组成部分较少，着重于评估与消费相关的价值，以解释为什么买或不买某一特定的产品。该模型列出了五种核心的消费价值，即功能价值、社会价值、情感价值、认知价值和条件价值。正是这五种价值导致了消费者的选择行为。

这一模型将社会价值、情感价值等都纳入了模型，可以看作对 Zeithaml（1988）模型中抽象层面的具化。

这种更抽象的因素不在于商品物理质量本身，而是与商品本身以外的一些东西相联系。比如商品所表现出来的品牌形象以及与商品名有关的寓意等，而这些东西与消费者之间有一座共同的桥，这座桥就是品牌形象与消费者自身形象的一致性，如果两者形象能很好地契合，则消费者购买的可能性会更大。

在广告效果研究中,这种一致性的研究是重要的研究内容。"消费者的自我形象与感知的品牌形象一致性是影响广告效果的一个重要因素。"(Mehta,1999)在前面的文献综述部分可知,网络口碑的正、负面信息都对消费者行为有着重要影响,而这种影响在于消费者从信息中所获得的对商品价值的感知。这种感知不仅来源于信息中由使用过该产品的消费者所指出的物超所值或是价廉物美之类关于价格和质量的表述,也在于信息中所透露出的关于使用者的生活方式,使用者的形象与产品品牌的契合等信息。因此,本研究在假定感知价格和感知质量是重要的影响因素之外,将这种消费者从口碑信息中所获得的一致性的感知作为重要的影响因素来加以研究。这也是与 Zeithaml(1988)模型中抽象层次的影响因素相契合的。

4.1.3.3 本研究中的感知价值的前因变量

本研究在前人关于感知价值前因变量的研究基础上,进一步从抽象层次的影响因素中探究其前因变量,将网络口碑信息接收者从口碑信息中所感知的产品形象与自我一致性作为重要的变量加以考量。

对一致性的研究首先要追溯到对"自我概念"的研究上。"自我一致性"(self-congruity)反映的是自我概念与产品形象相匹配的程度。它是在对自我概念的研究过程中逐渐发展起来的一个理论。自我概念(self-concept)公认的定义为"个体把自己看作客体的整体看法和感觉"(Rosenberg,1979),也就是"我是谁",把自己看作一个什么样的人。作为一个心理学概念,早在20世纪50年代自我概念就被用来研究消费者行为。

先驱者 Levy(1959)认为消费者的行为在很大程度上会受到商品中蕴含的象征意义的影响。20世纪80年代后,基于 Levy 的自我概念与产品形象一致性的讨论，Sirgy（1981）提出了著名的自我形象/产品形象一致性（self-image and product-image congruity）理论。自我一致性将消费者自我概念中的有关心理构念和购买产品的象征意义联系起来，消费者更加偏好那些跟自我形象一致或者相似的象征意义的产品或品牌。Belk 等（1982）通过实证研究也表明，个人选择产品时偏好于那些能够匹配自我概念的品牌，因为他们认为这种购买是自我展示的一种方式。"人们如何看待他们自身显著影响他们对待商业内容的反应，也会影响到他们对广告中所提到的产品的看法。"（Mehta，1999）

网络口碑很多是消费者自我经历的一种展示，并且多是和品牌与产品相关的一些真实故事，反映的是消费者自身的一种生活方式。生活方式是消费者对怎样花费时间和金钱的态度及所做的消费抉择的形式。接收者更愿意接受那种有着与自己相同生活方式的人提供的信息，如果这些信息中所提到的产品或品牌与他们感觉到的自我形象或期望的自我形象一致的话，他们则会表现出对产品的偏好或一定的购买意向（Zinkhan，1991），有着相同生活方式的消费者会有相似的消费行为。

4.2 扎根理论方法的辅助研究

本课题是研究信任视域下的网络口碑效果研究，尽管问卷调查和实验法等定量研究对于确定效果是非常有用的，但是在帮助我们确定模型和测量指标，基于访谈的定性研究方法却是不可或缺的。它不仅可以作为定量研究的前提，而且相对于定量研究能够更深入地探求消费者的认知和观点。本研究主要运用扎根理论方法来进行辅助研究。

虽然对网络口碑研究的成果非常丰富，但是更多的是基于电商网站中的顾客评价的网络口碑来源，对于微信、微博等社交媒体中的口碑效果研究甚少，且不同于顾客评价，其网络口碑的采纳与效果的影响可能会更多元化，这就需要对经验材料进行定性的研究。而扎根理论正是基于大量的经验资料，在分析比较中建立理论，从而帮助我指导并修正本研究中的概念模型。

本扎根理论研究的资料收集采取访谈的形式获得，此前进行了访谈提纲的设计，访谈提纲是根据前面的文献综述及有关研究主题的需要设计而成，主要基于微信、微博用户接收网络口碑行为来进行设计。详见附录1.1访谈提纲。

4.2.1　扎根理论方法简介

扎根理论最早是由 Barney Glaser 和 Anselm Strauss 两位学者在 1967 年提出的质性研究方法，社会学家们用它来从经验资料中发现并建立理论。扎根理论是比较分析的一般方法，通过不断地比较分析来发现经验事实中的相似和不同之处，从而确立理论概念的普适性和边界（Jeff S. Johnson, 2015）。和一些定量研究方法一样，扎根理论也有具体可操作的研究流程，一般都沿用 Pandit（1996）的做法，如图 4-4 所示。

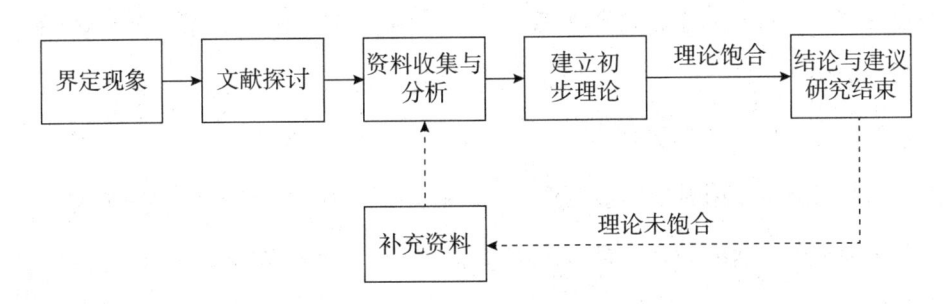

图 4-4　扎根理论的研究流程

从图 4-4 中可看出,扎根研究过程建立在对现象进行界定、对相关文献进行探讨的基础上,对收集到的资料不断地分析比较,以找出资料的范畴和类别、识别出概念间的关系和联系,从而建立理论或模型。资料收集和分析是同步进行的,当收集到的资料延伸出新的概念时就要继续再收集资料,直至再无新的概念产生,即达到理论饱和时,资料收集与分析的过程才算结束。扎根理论区别于其他研究方法的标准在于其不断地分析比较、理论采样和是否具有理论敏感性。

扎根理论中最重要的就是对资料进行不断比较分析的过程。目前惯常采用的是 Strauss 和 Corbin(1990,1998)的三步编码法:

1. 开放编码(OpenCoding),即研究者从大量的经验现象中抽取有意义的访谈材料,这些材料是一些文字碎片的组合,经过初步分析后对这些资料进行贴标签,用(ax)加以标注,为下一步确立初步概念化(用 axx)做准备,在这一阶段,需要边收集繁杂的资料边加以标签化、概念化,对于不满意的可以继续收集。直至提出概念(用 Ax 标注),这是概念化的阶段。然后再对已经得出的概念继续提炼和归类,逐一得出不同范畴(用 AAx 标注)。到这一阶段,分析重点就从研究原始资料数据转为考察这些概念以及范畴间的各种关系和联结。为下一步的编码做准备。

2. 主轴编码(AxialCoding),即发现和建立类属之间的各种联系,揭示各部分之间的关系,这些关系可以是因果关系、相似关系、结构关系等。主轴性编码阶段还未形成完整的理论模型,只是对分解的资料重新整合,将各个类属加以联结,形成一个个主类属和副类属。将类属联结起来通常采用典型模型工具,从而进一步挖掘类属含义。这一典型模型包括现象、动因条件、情境、中介条件、行动策略以及结果(赵佳英,2013)。

3. 选择性编码:选择性编码是将所有的包含具体描述性细节且需要进

一步解释的类别整合到一个核心范畴中的过程（Johnson，2015）。选择性编码较主轴编码而言，是个更抽象更高的分析层次，要求能够识别出统领其他所有类性的核心类属，并建立典型模型将核心类属与其他类属相联结，并用所有资料验证这些联结关系，最后用故事线的形式来描述整体资料涉及的现象和事件。

4.2.2 扎根理论的运用与分析

本研究以微信、微博中的口碑为研究对象，探讨网络口碑效果的影响因素。通过目的抽样，选取了25个样本进行半结构式的访谈，后结合理论抽样的原则，补充访谈了8个样本。通过开放编码、主轴编码以及选择编码等方式，发现变量间的关系并以因果关系脉络建立变量间的相互关系，最终将所有变量联系在一起构建出微信、微博中的口碑信息的作用机制与影响因素理论模型。

目的抽样：因为本研究主要是研究微信、微博中的口碑效果，因此访谈对象仅限于因接触了微信（群、朋友圈和公众号等）以及微博上人们推荐的产品信息而产生购买行为的消费者。在访谈前首先需要询问，如果不是，则中止访谈。如果是，则需要让受访对象详细描述最近一次或是印象最深的一次口碑推荐购买经历，然后再结合访谈提纲对访谈者未提及的方面再加以补充提问。在资料整理时如发现有意思的话题或是有疑问的地方都会及时追问，最终收集了许多有价值的、细节描写非常清楚的信息。同时，本研究在样本选择上尽量覆盖到不同的人口统计变量，以保证样本的差异性和资料的完整性与客观性。最终接受访谈的人数是33人，其中包括23名女性和10名男性，其中有8位是通过微博平台的口碑来源产生购买行为的。关于样本信息见表4-1。

表4-1 被访样本信息

编号	性别	年龄	教育程度	职业	渠道	产品	推荐关系	品牌关系	信任程度
1秘	女	52	本科	公务员	微信	药	熟人		中等
2章	男	24	研究生	学生	微信	护肤品	熟人	合作伙伴	中偏低
3章	男	20	本科	学生	微博	游戏点卡	陌生人		
4冯	女	24	研究生	媒介专员	微信代购	护肤品	熟人介绍	熟人	高
5陈	男	27	本科	工程师	微信	奶粉	堂哥	家人	低
6张	女	26	本科	票务操作	微博	美食	陌生人	合作伙伴	一般
7王	女	26	大专	全职妈妈	微信	护肤品	姐	熟人与朋友之间	不相信
8杨	女	24	大专	电商职员	微博	护肤品	美妆博主	合作	低
9许	男	25	本科	地产策划	朋友圈	美食	朋友	合作	低
10方	女	23	大专	人事专员	朋友圈	护肤品	亲姐	陌生人	一般
11李	女	23	硕士	学生	微信	护肤品	朋友	合作	低
12林	女	26	本科	教师	朋友圈	护肤品	朋友	陌生人	中等
13李	女	43		全职妈妈	微博	驱蚊水	美妆博主	好朋友	低
14邓	男	25	本科	私企员工	微博	日用品	不熟	合作	中
15陈	男	26	本科	公务员	公众号	小米	陌生人	熟人关系	一般
16李	男	28	本科	公务员	朋友圈	日用品	朋友	好朋友	条件
17王	男	26	研究生	学生	朋友圈	茶叶	一般朋友	陌生人	低

续　表

编号	性别	年龄	教育程度	职业	渠道	产品	推荐关系	品牌关系	信任程度
18 王	男	24	研究生	学生	微博	护肤品	美妆博主	熟人关系	高
19 魏	女	25	本科	招商经理	公众号	护肤品	陌生人	熟人	中等
20 张	女	23	研究生	学生	信代购	护肤品	朋友	合作	高
21 刘	女	23	硕士	待业	微信	护肤品	室友	熟人	中
22 魏	女	24	本科	白领	微公	护肤品	陌生人	合作	条件
23 聂	女	24	本科	HR	微信	零食	网友	熟人	条件
24 周	女	24	本科	实验室	微信	护肤品	不熟	合作	高
25 张	女	21	本科	学生	微博	护肤品	大V	合作	条件
26 李	女	40	本科	家庭妇女	微信	食品	前同事	好朋友	低
27 喻	女	23	研究生	学生	微博	护肤品	陌生人	好朋友	条件
28 冯	女	34	研究生	事业单位	微信	书	熟人	朋友	低
29 彭	女	43	中专	会计	微信	包	熟人	朋友	一般
30 严	女	32	大专	文员	微信	衣服	熟人	合作	一般
31 李	女	25	本科	公司职员	朋友圈	护肤品	熟人	陌生人	条件
32 刘	女	47	高中	药品销售	微信群	护肤品	亲姐	合作	高
33 杜	男	22	本科	学生	微信	洗发水	好朋友	好朋友	条件

在资料整合和整理的过程中，尽量保证资料真实准确地反映样本状况。访谈提纲和部分典型的访谈个案记录等信息详见附录1.1和附录1.2。

扎根理论译码分析阶段是资料收集后的重要工作，也是扎根理论方法的重点和核心部分。按照上述的三步法加以一一分析如下。

4.2.2.1 开放性编码：标签化、概念化和范畴化

开放性编码的第一步是贴标签，即根据个案的访谈资料，对涉及网络口碑对消费者购买影响的句子进行贴标签，为概念化工作打下基础，同时也方便返回查找访谈个案的具体位置。

本文是对"消费者因接受网络口碑信息而产生购买行为"的访谈资料进行分析，有些访谈所谈故事性较强，所以选取关键词或句子进行编码，从而贴出初始标签。在贴标签过程中，还是以客观访谈资料为基础，摒弃自己的主观意见，以保证不漏掉有价值的信息。

标签化编码规则，是按照通行的做法，将访谈样本以数字1，2，3……进行编号，然后用小写字母a加数字的方式对每个标签贴上标签号，如a1，a2，a3……。一个样本标注完时，在该样本访谈资料上注明标签号的起止号码，便于查找验证。

开放性编码的第二步是概念化和范畴化。概念化是将标签进行分类整合的过程。概念和范畴的命名有多重来源，有的来自访谈者资料，有的来自文献资料，有的是课题组研究讨论的结果，但都尽量保证反映资料的本质。在对新的访谈资料进行编码时，不断与之前的概念进行比较，以修正和完善概念。在标签化的基础上，分别对各个访谈资料进行概念化操作。首先依据第一个个案的概念化结果建立概念模板，第二个个案概念化时与该模板对照，修正和补充概念后形成新的概念化模板，第三个个案再与新模板相对照再进行概念化，以此类推，最后将所有概念整合成一个模板，对相同或相似的概念加以合并，然后用大写字母A加上数字进行标号。随着对访谈资料分析的越来越深入，新的概念越来越少，只是在添加新的维度等，这时进行了饱和度的检验，本研究一共到第15个模板时才达到饱和度。模板示例见附录1.3。

范畴化是在概念化模板基础上形成的，是对访谈内容的进一步浓缩，是针对所得的所有概念进行的，将相似的概念进行归类，并合并类似的性质和维度。范畴化的编号为AA并加上数字。

为了说明标签化和概念化编码的具体操作，我们选取了部分访谈资料，来介绍概念化的具体操作，见表4-2。

表4-2　　　　　访谈资料记录的开放性编码分析举例

访谈资料收集及整理（a）	概念化（A）	范畴化
…… 因为自己家里老人有腰伤（a2 健康需求），也是主动问了微信里的一些朋友，我之前也上网查了一些资料（a3 主动查找），主要是结合这些所有的意见，当然最主要的还是朋友的意见（a4 信任朋友），因为我本人并不是很相信网络上的不认识的人的意见（a5 信任倾向），特别是我身边的一些朋友他们其实都有遇到过和我一样的问题，都是爸妈或者亲戚腿脚不好（a6 相同经历）等于说是过来人，有经验（a7 传播者有经验），然后一看又是香港那边的（a8 产地）我觉得如果你给我推荐什么国内的药，或者说是内服的药我觉得可能毕竟是药品，风险还是比较大的（a9）。但是一个是香港的药，第二个是本来就是外用的……熟人再一推荐……就有这个尝试的意愿在里面（a12 结果：购买意愿）。 …… 顺便还可以增进一下朋友情谊之类（a17 消费需求：情感需要）的。 …… 可以说是最开始相信朋友，然后再到相信产品。（a46） …… 共123个标签	A2：健康需求：a2、a19、a96 …… A12：购买意愿：a12、a18 …… 共52个概念	…… AA2 需求：A2、A17…… AA5 主动查找：A3、A46 …… AA8 传播者可信赖性：A6、A7、A31 …… 共22个范畴

资料来源：笔者根据访谈资料整理而来。（注：资料的开放性译码等涉及大量的分析表格，为了说明研究过程和节省空间，文中只截取了部分表格，以此为例证。）

在对记录的访谈资料进行开放式编码后,最终从资料中抽取出52个概念和22个范畴,然后将这22个范畴再合并、缩小化,分出各自的性质与维度,最后精简化为12个范畴。这12个范畴分别为口碑信息来源、需求、关系强度、品牌关系、信任倾向、信任传递、传播者可信赖性、产品类别、感知价值、论据质量一致性、感知风险、网络口碑效应,见表4-3(22个范畴见附录1.4)。

表4-3　　　　　　开放性编码形成的范畴、性质及其维度

编号	概念化	范畴化	范畴的性质	范畴的维度	包含的概念
1	口碑信息来源	口碑信息来源	平台	微信、公众号、微博	(A1、A30、A52)
2	问题确认、需求	需求	接触口碑动因	不满意、出现问题、不知道购买品牌、自己尝试失败。需求:健康、安全、信息、情感。	(A19、A38、A42、A2、A16、A17、A51)
3	与口碑传播者关系	关系强度	接受双方的关系	强:朋友、家人、亲戚、熟人、熟人的朋友、参照群体	(A4、A20、A21、A24、A27、A35、A48、A26)
4	与品牌关系	品牌关系	是否知晓品牌	熟悉、陌生、品牌忠实用户	(A27、A48、A41)

续 表

编号	概念化	范畴化	范畴的性质	范畴的维度	包含的概念
5	主动查找多方求证（求证陌生人、多种途径。）整合信息的统一性	一致性	口碑信息是否统一、一致	主动在网上查找信息、求证他人	(A3、A46、A49)
	口碑的量与质、口碑细节描述论据特点	论据质量	网络口碑的量、价与描述	量大、正面口碑细节描述与自己需求相符	(A23、A40)
6	信任倾向	信任倾向	信任状态或程度	不信任、信任、条件信任	(A5、A29、A37)
7	连带信任	信任传递	信任由此及彼	信任知名品牌的其他产品、从信任朋友到信任产品	(A45、A47)
8	专业的、有经验的、知名的、相同经历的	传播者可信赖性	网络口碑传播者是否可信	专业的、有经验的、知名的、相同经历的	(A6、A7、A31)
9	产品类别	产品类别	是否进口是否知名	国产的、进口的（港台的）/知名的、不知名的	(A8、A22、A50)

续 表

编号	概念化	范畴化	范畴的性质	范畴的维度	包含的概念
10	价值 价格 便利 适合	感知价值	产品可能带来的好处	价值感值：好用的、超值的、物超所值的、价廉物美的； 价格便宜、折扣渠道便利：购买便利、取货便利（产品适合）	（A10、A14、A36、A13、A25、A15、A28、A44）
11	风险	感知风险	接受网络口碑可能的风险	质量、产品类型、价格、不熟悉品牌、面子问题引起的售后问题	（A9、A11、A32、A43、A39）
12	购买意愿、满意、超出预期、再推荐	网络口碑效应	接受网络口碑结果	购买意愿、购买满意、超出预期、再推荐	（A12、A18、A33、A34）

下面以访谈中的一个典型个案来进一步说明在开放编码中概念化和范畴化的形成过程。

典型个案3（冯女士）：有段时间因为皮肤出了很大的问题，长痘痘特别严重（需求诊断），被所有人问：你的脸怎么了？本来自己没当回事的，后来发现事情的走向有点不对劲，再后来发现自己好像真的破相了，去医院看过，但是效果不是很好。然后就咨询了我的发小（口碑来源），因为她对护肤品了解得比较多（传播者专业性），刚好她自己也长痘痘（相似经历）。我发小的朋友同学（熟人介绍）出国交换或者留学得比较多，因为他们都是学霸，也不知道为什么学霸出国以后都喜欢关注各种打折信息（价格影响），大概是因为国外的化妆品比国内便宜很多（质优价廉），所以他们购物也比较疯狂，各种品牌的护肤品、包包（国外品牌）可能都安利给我发小了。于是，她给我推荐了理肤泉，是一个法国的品牌（知名品牌），据说比较好用。再然后，她告诉我，她室友还是同学啥的最近要回国，问我带不带，算了一下，比国内真的便宜近一半的价格，于是就加了她（发小）室友的微信。看了她的朋友圈，觉得理肤泉产品口碑很好，很多人都回购了（参照群体的影响）。于是我也剁手了。这是通过微信找人代购，当然，也算不上网购。不过这一次尝到了甜头（购物体验好的，满意的，会促进下一次的购买），确实代购很划算（划算、便宜）。然后在发小的推荐下，微信又加了她一个做美国代购的同学（关系网、弱关系、信任传递）。这位同学在美国待了一年还是半年，这都不重要，重要是加了她以后每天朋友圈各种折扣信息轰炸，看着很动心啊（折扣促销），我发小也经常找她买东西（参照群体、从众）。当然，因为我发小也经常找她代购而且又是高中同学，发小说她非常靠谱，于是就很信任。当然，第一次在美代那里买了什么真心记不太清楚了，不过从那以后，就会在微信上买东西了。除此之外，室友的姑姑（信任传递）在台湾，于是室友就做了代购，卖的大都是台湾的面膜，因为很方便直接在室友那里拿货也不用快递（便利），所以很长一段时间买面膜都在室友那里，不过后来她没有做了。其实感觉，微信熟人代购还是很方便的。但是，坚决不信任微商，就算是熟人做微商也不信任。说实话，用淘宝也是在我妈的带动下开始的。

后来进一步追问后，冯小姐说，她不相信微商却相信代购的原因主要是，找人代购的产品是有品牌的，有明确大厂家生产的，来源是可靠的，这个产品是有保障的，然而微商经营的产品，尤其是美妆保健类的，都是些闻所未闻的牌子，都不知道是哪里生产出来的，而且报价虚高。她说她朋友圈有个微商，卖罗希口红，价位比迪奥的略低，却声称比迪奥、圣罗兰好用得多，她觉得完全是胡说八道，没有一点可信度。只要是涉及健康的，比如美妆保健品等，统统不信微商的产品。即使这些产品是同样品牌同样价格，她也不信，觉得是假货。除非像衣服、包包之类的，或许会购买。

随着案例分析的不断深入，新的概念越来越少，大多只是在原有模板基础上添加新的性质和维度。这时，需要进行案例饱和度的检验。如果案例出现了饱和，即概念出现了饱和，才结束案例的再搜集过程。

4.2.2.2 主轴编码：范畴间关系的建立

在对所有的访谈资料进行开放式编码后，抽取了相关的概念与范畴，接下来就是探索这些独立的范畴间的关系，这种关系的建立也是得出结论、构建模型的基础。将各个独立的范畴加以联结起来的过程就是主轴编码，在此阶段，主要通过典范模型运用来完成。典范模型是将范畴联系起来并进一步挖掘范畴间意义的有效手段，也是扎根理论的重要分析工具。典范模型包含"因果条件—现象—情境—中介策略—行动/互动策略—结果"六个主要方面。典范模型体现了与访谈资料的持续互动，组成了范畴间的紧密关系，帮助我们更加深入理解主范畴之间的关系。

这一部分利用产生某个事件（主范畴）的条件、这个事件发生所依赖的情境（即该范畴性质的具体维度指标）以及在事件情境中行为主体所采取的策略和采用的结果。本研究的主范畴典范模型如图4-5所示。

在此典型模型中，当消费者有需求时，通常最初表现为对问题的认知，即当自身对某一产品缺乏时，或不知道购买什么品牌或是自己尝试购

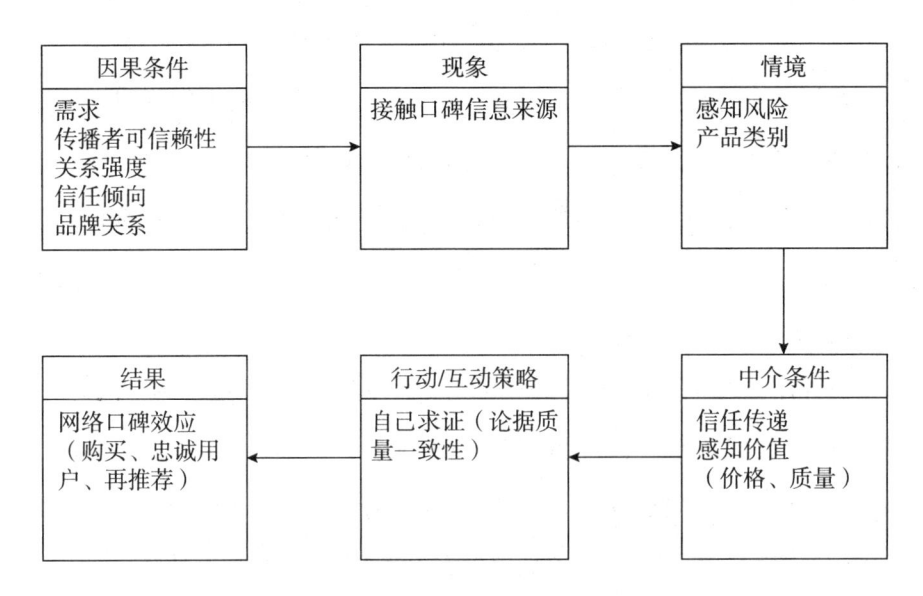

```
┌─────────────┐      ┌─────────────┐      ┌─────────────┐
│  因果条件    │      │    现象     │      │    情境     │
│  需求       │─────▶│接触口碑信息来源│─────▶│  感知风险   │
│  传播者可信赖性│      │             │      │  产品类别   │
│  关系强度    │      │             │      │             │
│  信任倾向    │      │             │      │             │
│  品牌关系    │      │             │      │             │
└─────────────┘      └─────────────┘      └─────────────┘
                                                 │
                                                 ▼
┌─────────────┐      ┌─────────────┐      ┌─────────────┐
│    结果     │      │ 行动/互动策略 │      │  中介条件   │
│ 网络口碑效应 │◀─────│自己求证（论据质│◀─────│  信任传递   │
│（购买、忠诚用│      │ 量一致性）   │      │  感知价值   │
│ 户、再推荐） │      │             │      │（价格、质量）│
└─────────────┘      └─────────────┘      └─────────────┘
```

图 4-5 主范畴的典型模型

买了很多品牌不满意时就会通过上网查找信息或借助社交媒体来咨询他人。在接触这些口碑信息时，会依据和口碑传播者的关系、对推荐产品的熟悉程度、口碑传播者的可信赖性以及自身的信任倾向来决定是否采纳该信息，这些是产生网络口碑产生效应的前提条件。

在互动策略中，口碑接受者在产生购买之前还会主动去通过多种方式比如通过百度了解详情或是一些电商网站上关于产品的评价来进行多方求证，如果整合信息一致性较强，则会产生购买行为，购买后满意的话则会重复购买或是向他人再进行口碑推荐，它是网络口碑发挥作用的结果，在典型模型中也归为结果。

4.2.2.3 选择性编码：核心范畴的提炼

经过以上主轴编码中对范畴的典型模型分析，我们将之前零散的12个范畴按照一定的模型有机地组合在一起，对相互之间的关系理解更加深入。在对原始访谈资料、概念以及范畴和范畴关系不断比较的基础上，深入分析和讨论核心范畴与有关主范畴和副范畴之间的关系，并建立一个能够涵盖所有范畴和概念的立体网络关系，并通过故事线的形式来描述整体资料涉及的现象和事件。此过程即为选择性编码的过程，即选择核心范畴，把它与其他范畴相连接，验证其间的关系。其中故事线的开发为其核心，即用所有资料及由此开发出来的范畴、关系等能简要说明全部现象。

选择性编码阶段，我们将开放性编码阶段所抽取出来的12个范畴以及主轴编码阶段所形成的6个范畴结合起来进行深入分析，同时结合原始访谈资料进行互动比较后发现，"消费者接受网络口碑的影响因素或是网络口碑产生效应的条件"这一核心范畴可以用来分析其他所有范畴。围绕该核心范畴的故事线可以概括为：消费者在确认了消费问题出现了某一方面需求时，就会接触网络口碑，如果熟人朋友（微信上的）或是陌生人（微博上的或是微信中朋友介绍的陌生人等）是比较专业的、有经验的，并且推荐的是知名品牌，就会直接购买，如果是陌生品牌，出于质量等方面的风险考虑，就会主动查找，多方求证，如果整合信息一致，且产品符合自己的需要，适合自己，就会选择相信口碑而产生购买意向，购买后如果满意就会成为忠实顾客甚至是再推荐。

4.2.3 研究结论与讨论

上面通过运用扎根理论的三步分析法对访谈案例进行了扎根分析，分析出通过微信、微博等平台接触网络口碑及其结果的12个要件：口碑信息来源、需求、关系强度、品牌关系、信任倾向、信任传递、传播者可信赖性、产品类别、感知价值、论据质量一致性、感知风险、网络口碑效应。通过运用典型模式将这12个方面分为动因、情境、中介、行动以及绩效即结果共五个层次，形成网络口碑效应影响因素及作用机制的主要架构。以下分别就这五个层次加以详细阐释（最后两个层次即行动与结果紧密联系故合并分析）。

（1）动因及影响因素层

动因及影响因素层的描述旨在弄清楚消费者接触口碑的原因以及影响网络口碑发挥作用的因素。消费者接收网络口碑信息而产生行为的变化也是属于消费者行为学的范畴，符合消费者行为的一般规律，即需要或欲望促成了其对问题的认知。

其一，以需求为基础的动因层。

在访谈资料中几乎每一位受访者都提到了"需求"或"需要"一词，无论是出于什么样的需要，都促成其接触口碑。这些需要首先来自消费者对其自身问题的认知，这也是消费者行为模式中的第一环，即问题确认。这些问题的突出表现就是理想与现实之间出现一定的差距，比如自身的健康出现问题，等等。还有的是对于某类产品有需求，但压根儿不知道购买什么品牌；还有的是自己尝试购买了很多种牌子的产品，但都尝试失败，没找到最适合自己的。在对这些问题进行确认后，出于健康、安全、信息、情感以及美的需求等开始去通过各种方式解决自己的问题，而接触口碑就是其中很重要的一个方面。

哪些情况会影响到消费者对网络口碑的接受呢？资料显示，影响消费者对网络口碑接受的因素是多层面多维度的。

其二，多维度的影响因素层。

① 传播者与接受者之间的强弱关系的影响。

由于只考虑了两种平台即微信和微博两种平台的网络口碑，因此，基于熟人和陌生人的这两种强弱关系特征非常明显。在微信中除了一些公众号推文或是一些广告软文的口碑传播者与接收者之间的关系属于陌生人外，大多都是亲人、家人、朋友或熟人等强关系，当然也有这些强关系者推荐的陌生人。这些强关系者也可称作"自家人",因而会得到更多的信任,当然也不排除"杀熟"的情况,而持有此观念的人则会更倾向于陌生人,即弱关系也会影响消费者的行为。

② 接受者的信任倾向。

由于是朋友、家人、亲戚和熟人,甚至是一些与他们自身相类似的参照群体等,出于对他们的信任,因而也信任他们所推荐的产品。前一个信任更多的是一种倾向,一种既有的态度和信念,即认为亲人、家人等都是自己人,而自己人是可信的。而后一个信任则是一种信任传递,即由于相信某人或某物,而连带地相信与他们相关的事物。由此也可以看出,信任倾向在这里起着重要的作用。至于微博上更多的是相信陌生人,但前提是这些陌生的网络口碑传播者在该产品领域是比较专业的并且是有经验的,否则也是不太可信的。

③ 传播者的专业性、有经验性的可信赖性特点。

建立在熟人关系基础上的强关系是影响消费者是否接受网络口碑信息的一个因素,但同时,传播者自身的特点也是不可忽视的重要部分。如一些访谈对象如是说道:

> 特别是我身边的一些朋友他们其实都有遇到过和我一样的问题,都是爸妈或者亲戚腿脚不好(相同经历)等于说是过来人,有经验……(梁女士)
>
> 咨询了我发小(口碑来源),因为她对护肤品了解得比较多,刚好她自己也长痘痘。(冯小姐)
>
> 我晓得堂哥之前做过相关的销售并刚生宝宝不久,觉得他蛮专业,就找他咨询小孩吃奶粉相关事宜。(陈先生)

如果是陌生的弱关系,则更会注重传播者的专业性。访谈中,王女士说:"去年在微博上看到一个博主推荐的驱蚊水,是我第一次接受陌生人的推荐买一个陌生的品牌。我女儿特别招蚊子,几乎用遍了所有常见的驱蚊水,都没有效果,我微博关注了一个美妆博主,她自己也开淘宝店卖自家的产品,恰好夏初的时候,她介绍了如何用精油防蚊,并推出了自己的驱蚊水,因为精油我自己平常也用,天然的东西也觉得比较安全,而且价格也合适,又因为实在需要嘛,就想买来试试看。"

李某也是受美妆博主的影响而选择购买:因为我平时喜欢刷热门微博,偶然一次看见了一条美妆博主的微博,内容是推荐一款"你最喜欢的护肤或者化妆品",然后我就看见下面有不少评论在推荐一款叫AH果酸身体乳的,评价说这款身体乳比较适合干性皮肤使用,而且去角质的效果特别好,而我又是干性皮肤,所以我觉得这款产品可能比较适合我……

从这些个案中可以看出,无论是熟人还是陌生人的强弱关系、传播者的可信赖性包括是否专业、是否有经验等维度,这些都是消费者在接受口碑时所考虑的重要因素,继而影响他们购买行为的产生。

④ 接收者与产品关系层。

由于网络口碑接收的是产品或服务信息,因而,产品层面的因素也是网络口碑接受者需要考虑的一个重要方面。在以上几个条件满足的情况下,如果消费者事先了解该产品或品牌,且是较知名的大品牌等,则就会像对待熟人或老朋友一样,会充分地相信它们而产生购买意愿。但如果是陌生产品或品牌,则会自己通过多种方式来求证,或通过搜索网站如百度等来了解产品的详细信息,或通过淘宝网等一些电商类网站查找产品的评价信息,有的甚至是亲自通过微信等社交媒体来询问陌生电商等。在主动查找信息并多方求证后,如果得到的论据质量可靠,即产品信息整合一致性,口碑的质好量多,细节描述符合自己的需求,则也会进入考虑集的另外一个环节。而这个是属于网络口碑信息接收者与产品品牌之间的关系层面。

(2) 情境层

情境层是指消费者在微信、微博这两种社交平台接触网络口碑时所依附的基础或情境。在本研究中主要包括感知风险与产品类别两个方面。

① 感知风险。感知风险是指消费者在接受网络口碑信息并且采取购买行动后感知到的给自己带来的可能的不利后果。在接触到网络口碑信息后，消费者会自然地将自己的付出与可能的收益进行对比，在很多方面事先会有一定的顾虑，比如有的担心产品质量问题，是否与价格相符，等等。尤其是对不熟悉的品牌更会通过多种方式求证以降低购买后所带来的可能的风险。甚至有的消费者因为是熟人推荐，担心碍于面子不能更好地处理售后问题。访谈中，一位杨小姐如是说：微信上大多都是熟人，如果买了她的东西，体验后觉得并不好，也不好说她什么。

② 产品类别。网络口碑分享的多是产品或服务。在本次扎根分析收集的资料中更多的是关于产品而非服务项目。产品的类别分为很多种，有的按消费者购买的动机划分成实用产品和享乐产品；有的按消费者对产品特性的了解程度及了解方式划分成搜索产品、体验产品与信任产品等（陈蓓蕾，2008）。划分方式有很多种，但是在本研究中，口碑推荐给消费者最直观的印象是该产品是进口的还是国产的，是知名度很高的还是从未听说的，等等。对于进口的产品，哪怕是没听说过的不熟悉的品牌，也会对其有一种信赖感，而对于国产的则要持保守态度。对于知名大品牌，接纳的可能性也要更好一点，而对于不知名的尤其是国产的不知名品牌则会产生更多的不信任感。

(3) 中介层

中介层代表了网络口碑起作用的中介机制，是行动层及结果层即进行购买行为得以实现的中介过程。本研究中中介层包括信任以及价值感知两个部分。

① 信任传递。信任传递首先是建立在信任的基础上。信任在如今的互联网时代变得越来越为重要，尤其是在网络口碑这样一种看不见具体产品实物等的信息接收中，信任更是发挥着重要作用，如果缺少信任，消费者事先就会拒绝接受这方面的信息，在访谈中这种情况也不少见。同时，也正是因为基于前文提及的网络口碑接收者与传播者之间强的熟人关系，以及那种"弱联结"更可信的信任，才促使他们要么直接购买，要么是自己采取行动查找信息多方求证。这种信任中有的是因为信任朋友、家人，因而连带地信任他们所推荐的产品：

> 我觉得堂哥是自己家人，肯定不会骗我，所以就查了下各个品牌的奶粉以及注意事项，得知其口碑也挺好。于是我就在他的推荐下买了某品牌适合一周岁至三周岁宝宝使用的奶粉。（陈某）
>
> 而且因为卖家是我的亲姐，她总不会骗我的吧。（方某）
>
> 最近一次购买是朋友圈熟人推荐的化妆品，出于相信朋友就尝试性地买了，因为价格觉得实惠，买来用过之后效果还可以，就接着购买，可以说是最开始相信朋友，然后再到相信产品，觉得不错。（林某）

诸多诸类信息都显示出出于对"自家人"的信任而选择信任产品或有兴趣进一步去了解或尝试该产品。

还有的是因为信任推荐的大品牌，从而信任此大品牌生产的其他产品。"原本我也不太相信，因为是我没听过的一个牌子，但后来又听她说是某某旗下生产的产品，想着是大品牌，那么生产的其他产品也应该不错，于是就想尝试一下。"（李某）

以上的信任有直接信任，比如信任"自家人"或是大品牌，还有的可谓是间接信任，由信任某物推及信任他物，这是一种信任传递的过程。这种过程在网络口碑信息接纳过程中普遍存在。也是消费者在购买行为中起作用的重要中介因素。

② 感知价值。感知价值是消费者基于所感知的得失对产品或服务的效用所做出的总体评价（Zeithaml，1998）。从扎根研究所获取的资料中可以看出，感知价值是决定消费者是否尝试购买的重要中介因素。如果消费者觉得所推荐的产品是他们所熟悉的并且使用过的，就会将之前关于消费该产品的经验带到对推荐产品的价值感知中，这种"好用的，超值的、特超所值的、价廉物美的"的先前体验或是他们所认为的可能性会进一步影响他们对产品价值和价格的感知。

在访谈中，除了对产品价格和价值的感知外，还包括对购买后取货的便利性、后续再购买的渠道便利性等方面。而产品是否适合自己的"一致性"的考量也是消费者较为看重的。虽然消费者在决定是否购买前会不自觉地事先将其所付出的金钱等成本与所得到的产品等利益进行对比，但显然并非纯粹注重价格便宜等因素，最终还是看产品是否真的适合自己并且为自己所需要。

这种对价值的感知行为虽然有时是在购买体验后才会发生，但事实上在此之前如果没有这方面的价值感知而选择贸然尝试的可能性是比较小的。

这种对价值的感知在很多个案中得以体现。"我比较喜欢吃麦当劳、肯德基这类快餐，尤其独爱汉堡，前阵子闲来无事在浏览朋友圈的时候，看到有同学晒出麦当劳新推出的关于'巨无霸'汉堡的活动，持续三周，每个汉堡仅售10元，这是相当给力的促销活动，作为汉堡的忠实粉丝，我当天下班就直奔光谷的麦当劳，点了两个巨无霸汉堡，感觉很满意"(许某)。"……因为精油我自己平常也用,天然的东西也觉得比较安全"(李某)。

(4) 行动层以及结果层

行动层是指消费者通过社交平台接触到网络口碑信息后的具体举措,在本研究中主要是指在真正接受口碑信息前的信息查找、自己求证等行为。这些行为的发生直接导致结果层,即是否接受网络口碑而采取购买行为,以及购买行为之后的满意或不满意及其是否再有口碑推荐的购买后行为。因此,这里将两者合并在一起论述。

为了减少风险或是证实网络口碑推荐的产品的可靠性或适合性,除了对于自己熟悉的大品牌或国外品牌有可能直接购买外,对于陌生品牌,消费者都会自己再通过多种方式查证一下,有的通过百度来查找关于产品的属性,有的则通过一些电商平台来看产品的销售或评价情况。"但是我觉得最了解自己的人还是我自己,于是就在'小红书'上搜了一下'真珠美学'产品的成分介绍,是感觉产品成分比较适合我的皮肤";"另外,我还去咨询了微信上别的陌生代购,假装自己有兴趣需要买'真珠美学'这款护肤品,她给我介绍了很多关于这个产品比较全面的信息,还顺带问了一些护肤小诀窍,一般微信上的代购都挺好的,但是我的真实目的只是为了了解一下产品,最终肯定会在推荐给我的亲姐那里购买……"(方某);"之前一直有关注一个公众号,觉得里面的文章写得特别好,尤其是广告软文写得特别好,我就特别佩服,就一直看,发现里面推荐的一款面膜还不错,就去推荐的店铺看了一下,看了一下买家的评论,自己也去百度了一下面膜的成分、效果什么的,观察了以后觉得还可以就买了一盒试了一下,觉得包装还挺好看的,效果也还可以"(魏某);"……我就去聚美优品上搜,进了兰蔻的官方网店,很有目的性地就搜了兰蔻粉水,看了下产品的成分描述以及用户评价,都说是针对干皮(干性皮肤)的一大救星,我自己之前在朋友那里住的时候用过几天她的粉水，用后觉得皮肤很保湿、很光滑，味道也很喜欢，玫瑰的香味，就立即入手了"（杨某）。

很显然，消费者在接受网络口碑前都会理性地去多方求证，只有在获得关于产品一致性的信息后才会决定购买，而购买后如果满意，甚至是超出预期，则会再进行口碑传播再推荐该产品。"买着比较放心（风险意识），顺便还可以增进一下朋友情谊之类（消费需求：情感需要）的，感觉钱花的还是蛮值的（物有所值）"（章某）。"于是我也买了两盒回来试试。结果味道确实比之前吃的威化好很多呢。后来我经常买了，还推荐我朋友也买这个吃呢"（张某）。

以上通过扎根理论的定性分析，利用归纳方法从访谈资料提供的现象中提炼出了有关网络口碑产生效应的影响因素，从而补充完善了前面理论综述方面的内容，为后续的模型建立以及实证研究提供思路和论证基础。

4.3 结构方程模型原理

本研究选取结构方程模型作为本研究的资料分析方法的一种，因此，本节对结构方程模型加以介绍。

结构方程模型（SEM – structural equation model）是用变量间的共变数来验证变量间是否存在某种关系的一种方法。它通常被归类为高等统计学范畴，属于多变量统计的一部分，整合了因素分析与路径分析两种统计方法，同时检定模型中包含的显性变量、潜在变量和误差变量间的关系，进而获得自变量对因变量影响的直接效果、间接效果或总效果。尤其是当测量的概念不能直观测量到时，可以对此概念使用多重测量即用多个问题，然后再对建构间的关系式建立结构方程模型。

结构方程模型有很多优点：①可同时考虑并处理多个因变量。②可检验个别测量项目的测量误差。在社会学领域中潜在变量的观测值往往含有大量的测量误差，而 SEM 在估计时，能够允许变量的误差，更接近变量的实际面目。③可对整体模型进行统计上的评估，以了解理论所建构的共同因素模型与研究者实际收集到的数据间是否契合。④允许更大弹性的测量模型。相对于传统因子分析中只允许每个指标隶属于单一因子的情况，SEM 容许一个指标从属于多个变量或考虑高阶因子等更为复杂的从属关系的模型。⑤可同时处理测量与分析问题：SEM 是一种将测量与分析整合为一的计量研究技术，可以同时估计模型中的测量指标、潜在变量，既可以估计测量过程中指标变量的测量误差，也可评估测量的信度与效度。

结构方程模型的分析主要包括以下四个步骤（侯杰泰等，2004）：

（1）模型建构

包括指定观测变量（即指标通常是题目）与潜在变量即因子之间的关系；各潜在变量间的相互关系，即哪些因子之间有相关或直接关系。

（2）模型拟合

在模型建立后，就要求出模型的解，主要是模型参数的估计，这个过程即模型拟合。模型拟合指的是假设的理论模型与实际资料一致性的程度，在模型估计过程中，假设模型隐含的共变数矩阵，尽可能地接近样本共变数矩阵，两者愈接近，模型的拟合度愈佳。

（3）模型评价

对于建立或修正的模型，须检视的有：其一是检查"违犯估计"，以检验估计系数是否超出可接受的范围。违犯估计是指模型内统计所输出的估计系数,超出了可接受的范围,也就是模型获得不适当的解的情况。所提出的违犯估计项目有:①负的误差方差存在,即 S.E<0;②标准化系数超过或太接近1,通常以0.95为界。因此,如果 S.E>0,SRW(标准化系数)<0.95,则显示模型未发生违犯估计之现象,可以进行整体模型拟合度的检验;其二是参数与预设模型的关系是否合理;其三是检视多个不同类型的整体拟合指数,以衡量模型的拟合程度。

(4) 模型修正

不论哪一种模型都只是起始点,然后要对模型做出修正,修正原则一般有以下几种情况:①卡方值小时减少路径。当卡方值小($p>0.05$)时,表示可接受初始模型,但并不表示该模型就是最终模型。依据简约模型,可再减少路径,进行模型的简化。还可根据输出结果查看参数估计 t 值(即 C.R 值),如果 t<2,则可删除此路径,可逐一删除 t 值小于2的路径。②卡方值大于2时增加路径,如果 $p<0.05$ 则拒绝原模型,可利用 A-MOS 修正指标(MI)增加路径,降低卡方值。MI 是当其他模型参数不变时该参数改设为自由参数时,卡方值下降多少的估计。一般来说,先考虑那些有最大 MI 的参数自由估计。但 MI 也像模型的卡方一样,受样本容量的影响,因此,不能将此数值作为修改的唯一根据。同时,还要考虑每一个准备修改为自由估计的参数,在理论上是否合理。对于理论上不可能存在的路径,不可改为自由估计(侯杰泰,2004:129)。③增加路径、减少路径两者循环。

模型修饰做法虽违反了 SEM 分析理论先验性的精神,但是观察数据背后所潜藏的各种信息,可以帮助研究者找到理论推演时的疏忽,引导他们推导出更有意义的概念或假设,也是科学研究相当珍贵的线索(邱政浩,2008:13)。

关于模型拟合度的评价,常见的指标有:χ^2(Chi - square 最佳拟合度)、χ^2/df(卡方自由度比)、GFI(拟合指数)、CFI(比较拟合指数)、调整后的拟合指数(调整后的拟合指标)、NFI(正规拟合指数)、IFI(增量拟合指数)与 RMSEA(近似均方根残差)(邱皓政、林碧芳,2009)在论文汇报的时候,有学者建议采用 χ^2、df、CFI、GFI 和 RMSEA 共五个指标作为对模型进行整体判断的标准,其中 $\chi^2/df \leqslant 3$,$CFI \geqslant 0.90$,$GFI \geqslant 0.85$,$RMSEA \leqslant 0.05$。也有学者综合了多个学者的建议,给出不同的评判标准:$\chi^2/df \leqslant 5$,$GFI \geqslant 0.90$,$AGFI \geqslant 0.80$。Hair(1998)等人则认为,只需要根据关键的几个指标来进行判断即可,并不需要所有的指标都达到标准。温忠麟等人建议使用如下的指数和传统界值:NNFI 和 CFI(界值为0.9);RMSEA(界值为0.08)。如果根据其中多个准则(包括卡方准则)判定模型是好的拟合,就可以从某些角度认为模型可以接受。有关模型拟合指数的标准见表 4-4。

表 4-4　　　　　　　　　模型拟合指标标准

指标	数值范围	较理想标准	理想标准
卡方与自由度之比(χ^2/df)	0 以上	小于或等于 5	小于或等于 3
正规拟合指数 NFI	0—1 之间	至少 0.9 以上	至少 0.9 以上
非正规拟合指数 NNFI	0—1 之间	至少 0.9 以上	至少 0.9 以上
比较拟合指数 CFI	0—1 之间	至少 0.9 以上	至少 0.9 以上
拟合指数 GFI	0—1 之间	至少 0.8 以上	至少 0.9 以上
调整后的拟合优度指数 AGFI	0—1 之间	至少 0.8 以上	至少 0.9 以上
增量拟合指数 IFI	0—1 之间	至少 0.9 以上	至少 0.9 以上

续　表

指标	数值范围	较理想标准	理想标准
均方根残差 SRMR	若分析矩阵是相关矩阵，则介于0—1之间；若分析矩阵是协方差矩阵，则数值在0以上，越接近于0越好。	小于或等于0.08	小于或等于0.05
近似均方根残差 RMSEA	在0以上，越接近于0越好。	小于或等于0.08	小于或等于0.05

资料来源：姚作为：《服务消费决策行为研究》，中国标准出版社2007年版，第175页。

关于结构方程结果汇报没有公认的标准，有学者建议应包括四个方面的内容（侯杰泰等，2004：163）：

（1）模型设定：SEM研究的第一步是建立一个初始模型。通常的模型设定方法有两种：一是在文献基础上从理论出发并依据经验建立模型，对模型中存在或不存在的因果路径做出解释；二是以结构间两两都有连线的方式确定初始模型。本研究结合了此两种方法，既根据理论提出了假设的关系，同时也假定在测量模型部分两两变量间都有关系。

（2）模型识别性：SEM包括测量部分和结构部分，对于这两部分的识别性都要求给予说明，以及因子的测量单位。对于测量部分，应说明为何是可识别的。在大多数研究中，一个指标只从属于一个因子，若因子间有相关关系，每个因子有两个或两个以上的指标，表明模型是可以识别的。还有一种情况是，如果因子间没有相关，但因子有三个或三个以上的指标，模型是可识别的。

对于结构方程模型识别的第一步是计算测量数据数与模型中参数数目。测量数据数（DP）是用以产生共变结构的观测值数目，参数的数目是模型中待估计的回归系数，方差、协方差、平均数与截距项的总数目。DP = P（P + 1）/2，其中 P 表示测量变量的个数。若待估计的自由参数有 t 个，则模型的自由度 df = P（P + 1）/2 − t。根据自由度 df 的正负号，可进行整体模型识别，此种模型识别的方法称为 t 法则（t – rule），依据 t 法则，当 t < DP 时，为过度识别，当 t = DP 时，为充分识别，当 t > DP 时，为识别不足。因此，SEM 模型能够被识别，必须满足下列关系式，即 t ≤ DP（吴明隆，2010：63）。

（3）样本数据与估计方法

ML 即最大似然估计虽然对非正态数据仍具有参考价值，但是学者们仍建议报告数据的多元正态情况（偏度及峰度）。如果有缺失数据，还需要描述数据缺失的情况及处理方法，并评述缺失数据对研究结果的影响。

ML 的基本假设是观察数据都是从总体中抽取得到的数据，且所抽出的样本必须是所有可能样本中被选择的概率最大者。若能符合此一假设，估计的参数即能反映总体的参数。

（4）参数估计值和拟合指数

可分两步分析，先分析测量部分，即用验证性因子分析，容许所有因子间有相关，再用这些因子间的协方差或相关系数作输入数据，分析结构模型。另外还要尽量报告所有参数值及其标准误差，以了解路径和相关关系的大小。

第 5 章 研究设计

在前一章的理论框架分析与扎根方法的辅助研究后,本章以此为基础确定研究变量的选取,并一一进行变量定义与测量说明。同时,在此基础上建立本研究所需要的概念模型,并根据概念模型中的变量关系提出研究假设。在形成初步问卷的基础上通过前测对变量进行信效度检验,从而形成最终的正式问卷。

5.1 研究变量选取与测量

5.1.1 研究变量选取

按照说服理论,信源、信息以及接收者是信息评价中重要的组成要素,将影响人们对信息的注意、理解和接受,从而最终影响行为。而网络口碑传播也同样如此,该信息的传播者特质、接收者特质以及信息本身的特质都会影响其最终的传播效果,导致相应的购买行为。

而根据消费者信息处理和反应的相关模型及理论尤其是期望价值理

论、技术接受模型、精细加工可能性模型以及信息采纳模型等，按照认知、态度以及行为的路径，将信任倾向以及个体的感知等因素纳入模型中，结合处理信息的中心途径以及外围途径，将传播者与接收者的关系等关系强度也作为自变量纳入模型。同时结合扎根辅助研究结果，本研究最终确定了10个变量，其中包括三个层面的自变量，即网络口碑传播者层面、接收者层面以及信息层面。而传播者层面又包括来源可信度（SC）以及传播者与接收者之间的关系，即关系强度（TS）；接收者个体层面包括个体的信任倾向（TP）、个体对产品与自我一致性的感知（SCP）两个方面；信息层面主要是指论据质量的一致性（AC）。消费者信任传递（TT）以及感知价值（PV）成了这些自变量对因变量即网络口碑效应（WI）起作用的重要中介变量，而品牌关系（BR）以及产品类别（PC）又起着调节作用，即它会影响有关自变量对因变量作用的强度或大小。

5.1.2 变量测量

变量测量是在对变量进行定义的基础上所进行的概念化过程。在此过程中对变量细分出的测量指标就成了测量题项，也是问卷的主要组成部分。本研究所有变量的测量题项均采用国内外文献中经常使用的量表，同时也会结合本研究中扎根的质化研究中相关的概念综合而成，以保证调查问卷的信度与效度。

对上述各个变量定义及测量如下：

5.1.2.1 自变量定义及测量

传播者层面的自变量包括来源可信度和传播者与接收者之间的关系即关系强度。

（1）来源可信度（Source Credibility）

来源可信度是指信息接收者对信息来源而非信息本身的可信性的感

知。也就是说信息接收者认为该信息来源在多大程度上是可信的、专业的并且值得信赖的（Cheung 和 Thadani 2012）。

在传播环境中，传播予以控制的典型变量之一，就是对信息来源的选择，正确的信源可以增加所要传播的消息的可信度。自霍夫兰以后，许多学者力图找到来源可信度的标准。发现传播者专业性（expertness）和可信赖度（trustworthiness）、活力（dynamism）和客观性（objectivity）等是重要的标准。对于口碑效应的影响因素研究来说，信息来源的可信性是影响口碑效果的重要方面（Dholakia 和 Sternthal，1977；Arndt，1967）。这也是霍夫兰经典说服模型里的一个重要方面。在传统线下口碑中，信息传播者与信息接收者基本上彼此熟悉，因而能保证传播者的可信赖性，易于信息的接收。传统口碑的可信度对消费者行为的影响也已得到大量的研究（Arndt，1967 等），而网络上的口碑传播者与接受者之间并非都是熟人关系，如何判断传播者是否可信变得较为复杂，而这种可信度在网络环境中是否仍然适用也引起学者们的关注。Cheung Lee 和 Rabjohn（2008）在以计算机为中介的传播环境（CMC）中对网络口碑的效应进行了检验，将来源可信度作为影响接收者信息采纳的一个重要变量之一。Dr. Bettina Lis（2013）则更进一步探讨了网络口碑中来源可信度的驱动因素。根据中心途径和外围途径的双边信息处理理论（dual process theory）结合实证研究发现来源专业性、可信赖性以及总体评价（aggregate rating）是影响网络口碑可信度的最重要因素，从而对信息的采纳又产生重要影响。马来西亚学者 Yeap 和 Ramayah（2014）也用两个次级标准来源专业性（Source expertise）和来源可信赖性（Source trustworthiness）来衡量来源可信度问题。

关于来源可信度的研究在第 2 章的文献综述中已有陈述，这里不再赘述，而对其测量也相对比较成熟。本研究参考 Chen et al.（2011）和 Dr. Bettina Lis（2013）等学者针对来源可信度的研究，同时结合扎根理论研究所使用的访谈案例中提到的关于传播者的几个维度，分别从"专业的、可靠的、有经验的、知名的"四个项目来测量来源可信度变量。具体如下：

SC1：我所接收的口碑信息传播者具有与推荐产品相关的专业知识。

SC2：这些口碑信息传播者是可靠的。

SC3：这些口碑信息传播者是有相关经验的。

SC4：这些口碑信息传播者是较为知名的。

（2）关系强度（Tie Strength）

关系强度是指"社交网络成员中的联结程度"（Chu 和 Kim，2011）。在本研究中，关系强度主要是指网络口碑传播者与接受者之间相互关系的紧密程度。最早提出弱关系理论的 Granovetter（1973）将社会关系分成强关系和弱关系。双方彼此了解熟悉比如家庭、朋友关系等被称为强关系；反之，双方关系较为疏远的不熟悉的则被称为弱关系。例如，微信中，用户与根据通讯录或者QQ联系起来的好友一般为强关系（这些人一般为自己的亲朋好友、同学同事），与通过"摇一摇""附近的人""漂流瓶"或者通过第三人而找到的人就是弱关系。

在 Granovetter 看来，消费者的产品选择可能会受到关系稳定而亲密的强关系的影响，但同时又由于群体内部相似性较高的个体所了解的事物、事件经常是相同的，所以通过强关系获得的资源常是冗余的。而弱关系是在群体之间发生的，跨越了不同的信息源，能够充当信息桥的作用，将其他群体的信息、资源带给本不属于该群体的某个个体。

在传统线下口碑传播活动中，基于家人、亲戚、朋友等熟人关系间的口碑传播活动是非常频繁的。Brown 和 Reingen（1987）很早就提出关系强度会影响口碑信息成效。

Bansal 和 Voyer（2000）在 Gilly et al.（1998）等研究基础上进一步考

察了口碑传播的三种关系：第一种是非人际影响因素，除了接收者专业性外，还增加了接收者感知风险以及传播者的专业性；第二种是人际间的影响，比如关系强度以及口碑查找方式对口碑效应的影响；第三种是非人际影响对人际影响的影响。其研究结果证实了口碑传播者的专业知识、消费者口碑信息查找的积极程度及人际关系强弱对于口碑效应都有积极的影响。

而本研究所考察的两种社交媒体中的口碑传播活动，更多的也是基于这种强关系，尤其是通过微信平台进行的口碑传播活动，因为微信中或朋友圈中是以熟人居多，所以在访谈中几乎所有的微信受访者都认为"因为是熟人，所以非常相信"。而在微博上，网络口碑传播者与接收者之间更多的是一种陌生关系，是一种弱关系，所以口碑接收者大多是选择一些知名度高的口碑传播者如美妆博主、达人等。选择微博口碑信息的人更愿意相信陌生人，认为他们提供的信息更为客观。由此可见，这种关系强度无论是强关系还是弱关系都会对口碑接收者产生影响（Chu 和 Kim，2011）。

我国学者汪涛、李燕萍（2007）以虚拟社区中的参与者为研究对象，通过定量研究探讨了虚拟社区中推荐者的特征如关系强度和感知专业性，是如何影响推荐的效果的。他们的研究发现，关系强度和感知专业性是通过信任这一中介作用于推荐对购买决策的影响的。

毕继东（2009）从消费者的感知视角，构建了网络口碑影响消费者购买意愿模型，实证研究发现关系强度是影响购买意愿的最重要的因素，高关系强度表明网络口碑传播者和接收者之间联系紧密、沟通频繁，更容易受到对方意见的影响。但是此研究结论并不能解释网络媒体中传播者与接收者的弱联结影响。

在测量关系强度方面，Granovetter（1973）从接触时间、情感强度、亲密信任和互惠服务四个方面来测量。后来学者也大多以这些题项为基础，结合所研究的实际情况来加以调整。本研究在参考 Chu 和 Choi（2011）等文献的同时，结合访谈研究的结果确定了三个测量题项：

TS1：我对这个口碑信息提供者很了解。

TS2：我经常与这个口碑信息提供者通过微信（微博）交流。

TS3：我觉得和这个口碑信息提供者交流很重要。

（3）信任倾向（Trust Propensity）

信任倾向是指个体在人际交往中表现出的愿意信赖他人的一般性倾向或程度（Goles 和 Lee，2009），是信任他人的总的倾向（McKnight et al.，2002）。主要指与信任相关的初始行为意愿，如愿意向商家分享个人信息、个人购买经历与决定等以及相信他人是值得信赖的，等等。在电子商务信任研究中也被看作一个非常重要的个体特征。

无论对营销人员还是消费者来说信任都至关重要。信任能帮助消费者克服风险意识，消除不安全感从而从事与信任相关的一些行为，尤其是当消费者面对不熟悉的商家时，信任就显得更为重要。而在电子商务中的信任，更多的是指消费者面对电商时的初始信任（initial trust）。初始信任是指在和陌生的被信任者之间，在缺少可信的信息、彼此之间也无情感纽带联结的情况下所表现出来的信任。

信任倾向同时也是信任的重要前因变量。一个具有较高信任倾向的人是会更容易相信他人是安全可靠的（Wang et al.，2015），尤其是在网络媒体环境中不熟悉口碑信息传播者的情况下。

本研究参考 McKnight et al.（2002）、Gefen 和 Straub（2004）、Wang（2015）等学者关于信任倾向以及电子商务中的信任倾向测量量表，用四个项目来测量信任倾向。

TP1：我通常都会相信他人。

TP2：我觉得人性是可以信赖的。

TP3：我觉得人一般是可靠的。

TP4：我倾向于信赖他人。

(4) 自我一致性（Self – consistency Perceived）（为了与来源可信度的代码相区别，这里加上感知一词，即用 SCP 表示"自我一致性"）

自我一致性反映的是自我概念与品牌形象相匹配的程度，自我概念具有保持个体内在一致性的功能，即保持个人的想法与情绪或行为一致，积极的自我概念形成积极的自我形象。不同的人，由于对自我不同的感知方式，导致对于相同经验事物的解释有时是完全不一样的。在文献综述中我们提到在 20 世纪 80 年代以后，Sirgy（1981）提出了著名的自我形象/产品形象一致性（self – image and product – image congruity）理论。自我一致性将消费者自我概念中的有关心理构念和购买产品的象征意义联系起来，消费者更加偏好那些跟自我形象一致或者相似的象征意义的产品或品牌（Zinkhan，1991）。

网络口碑中的产品信息大多是消费者的自我经历或产品使用体验，反映了消费者的某种个性特点或某种特定的生活方式。口碑信息接收者在接触这些信息时会很自然地将该产品使用者的形象与自我形象相比较，如果产品形象或使用者形象与自身相符合，则会表现出对产品的偏好或一定的购买意向。在访谈个案中一般都会提到"觉得产品适合自己"，而这正是产品或品牌与自我形象一致性的体现。

本研究借鉴 Escalas 和 Bettman（2003）的研究以及本研究的扎根研究中的访谈资料的实际，采用四个问项来对其进行测量。

SCP1：这次口碑信息中提及的品牌符合我的需要。

SCP2：该品牌符合我的身份。

SCP3：该品牌是我个人较认同的。

SCP4：该品牌和我有某种联系。

(5) 论据一致性（Argument Consistence）

根据前面文献综述部分内容以及扎根研究的访谈内容，本研究从信息本身提出"论据一致性"的概念并将其作为影响网络口碑效果的另一个重要变量。其主要是依据"论据质量"和"推荐一致性"这两个概念提出的。

在网络口碑传播过程中，消费者在接触到口碑信息后，在有些情况下比如前面提到的关系强度等会直接接受口碑信息外，更多的则是选择自己再查找信息进行多方论证，如果自己收集的信息与推荐信息一致，或是其他评价无论是在数量还是在质量上都比较可靠，则会进一步强化网络口碑信息，否则就会放弃接受网络口碑信息。

推荐一致性主要是使用者对产品或服务的评价与其他提供者对于产品或服务的信息、评价是具有一致性的。从扎根研究所收集的访谈资料来看，人们是很容易通过百度、电商平台或一些点评类网站来判断网络口碑信息是否有所差异，从而感知到该口碑中提到的产品能给自己带来的价值利益。Chen et al.（2011）证实了一致性会对可信性产生正向的影响，但信息的一致性是人们觉得口碑信息是否可信的一个方面，同时，更重要的是"一致性信息"帮助人们来感知该产品或服务的价值。

论据质量（argument quality）主要是指网络口碑信息为消费者购买行为决策提供了客观的、有说服力的支撑性的信息（Park et al.，2007）。是信息采纳模型中一个很重要的要素，也是网络口碑信息接收者觉得信息有用从而产生购买行为的重要因素（Chen et al.，2014；Cheung，2014）。

精细加工可能性模型在网络口碑研究中被广泛采用。该模型提出接收者通过两种路径来处理信息，一是中心路径，二是外围路径，而中心路径是指那些对信息采纳直接相关的在线信息。因此，信息的论据质量被认为是人们用来判断是否采纳信息的最首要的核心路径。而来源可信度、信息的一致性以及信息评级等被看作典型的外围路线。有说服力的信息质量会使得人们对接收的信息有着积极态度，从而信任网络口碑信息（Luoa et al.，2014）。

在网络口碑中，论据质量是指相关性、准确性、有效性等（Park et al.，2007），被用来预测信息采纳和购买行为，同时也是商业网站中用户信任的重要因素。Filieri et al.（2015）更进一步证实了用户自生媒体（CGM）如博客、论坛中作为中心路径的论据质量能使人们更加信任 CGM，从而产生网络口碑活动。

本研究依据 Park et al.（2007）、Filieri et al.（2015）、Chen et al.（2014）、Cheung（2014）、Yeap 和 Ramayah（2014）等学者的测量指标来确定"论据一致性"的测量：

AC1：我在其他网站上查到的产品评价信息与口碑推荐中的产品信息一致。

AC2：我通过其他渠道了解的产品信息与口碑推荐中的产品信息相符。

AC3：我通过多种渠道来证明网络口碑推荐信息的准确性。

AC4：我通过多种途径来证明网络口碑推荐信息的有用性。

5.1.2.2 中介变量及测量

（1）信任传递（Trust Transference）

从前面关于信任的文献综述中可知，信任作为重要的中介变量的研究已不少见，信任是网络口碑起作用的重要的中介因素，对消费者产品选择和购买决策产生着重要的影响（Awad 和 Ragowsky，2008；Smith Menon 和 Sivakumar，2005）。

而在信任形成过程中，信任传递是一种重要的认知过程，当信任主体根据对信任对象相关的一些其他物或环境背景的信息，而不是直接根据信任对象本身的相关信息来做出对信任对象的信任态度的初始判断时，这种认知过程叫信任传递（Kather，2003；杨庆，2005）。也就是指人们信任一个不熟悉的人或物可经由信任与此相关的某个熟悉的人或物。根据前面的扎根研究的访谈资料可知，信任传递是消费者信任的一个重要方面，因为信任作为熟人朋友等的推荐者，所以会连带地信任他们推荐的人或是物。

在现实生活中，我们每个人也都遇到过这样的情况，我们由于相信自己的朋友，因而对朋友介绍的人会有着比较高的信任，即使自己对他知之甚少。这种情况在微信朋友圈就更为普遍。

"为了让更多人听到培训，请打开报名链接：http：//……并转发到朋友圈，并带上'报名参加'字样，截图后发给工作人员的个人微信号＊＊＊，即可进群免费听课！"相信但凡是听过免费微课的人都非常熟悉这样的消息。这些消息无论是直接由微信公众号接触还是通过朋友圈看到，最后都会带来不错的人数量，如果遇到一些原本知名度比较高的人开微课，那粉丝量更是惊人，微信群人数会高达上十万（笔者曾参加过"时间管理"和"身心灵"方面的课）。而此仅仅是通过微信朋友圈的大量转发达到一定的量后呈指数级增长。这种情形后面折射出的是网络口碑的力量，大量的受众经由朋友圈这一中介将熟悉的或不熟悉的人相互连接在一起，而实现这一图景的又是一双看不见的手：信任。因为在朋友圈里看到熟悉的朋友推荐，如果微课主题也恰好是自己感兴趣的，想参加就得在自己的朋友圈中转发，这样越来越多的人通过熟悉的一方来信任原本不熟悉的人或物。在微信朋友圈环境中，对这个熟人越信任，那么也就越信任其推荐的产品；对这个平台越信任，比如越信任某个公众号或是博主，也就越信任该平台或个人推荐的产品。

这种信任过程即指人们信任一个不熟悉的人或物可经由信任与此相关的某个熟悉的人或物的信任传递，是网络口碑得以迅速传播或被采纳的主要原因。

信任的传递可以来自很多的信任源（Katherine 和 Stewart，2003）。一些研究表明信任主体所熟悉的一些人可以成为转移到其他人的信任的来源（Uzzi，1996）。就像 A 与 B 相互熟识并且信任，同时 B 信任 C，那么 A 在一定程度上也会信任 C，这种信任来源于 A 对 B 的信任。

在电子商务中，信任传递更多的是指卖家、电子网站卖家，比如在一些大的平台上的商家，如京东以及京东非自营的商家，还有天猫等。因为信任天猫这个平台，所以连带地信任天猫上的商家，觉得天猫上的商家比淘宝上的商家更为可信（Wang et al.，2013）。

在一个不太熟悉的购买环境中，消费者对公司销售业绩的信任也有可能被转移到信任销售人员的销售业绩上去。或是消费者通过信任销售人员的销售业绩来信任公司。在在线环境中，消费者之所以信任在线产品推荐，是因为在消费者参与在线产品推荐过程中，由于信任这些推荐的网站，从而信任这些推荐代理或是推荐的在线产品。该研究结果表明，对推荐网站信任程度越高，也就会越发信任这些推荐代理和推荐的产品（Dabholkar 和 Sheng，2012）。

本研究主要结合访谈资料中关于信任传递的各个维度，采用四个问项来对信任传递进行测量。

在这次口碑接收过程中：

TT1：我信任口碑信息提供者，也因而信任他们推荐的人。

TT2：我信任口碑信息提供者，也因而信任他们推荐的品牌或产品。

TT3：我信任大品牌，也因而信任该品牌的不同产品。

TT4：我信任这个口碑传播平台，也因而信任这个平台推荐的产品。

（2）感知价值（Perceived Value）

Zeithaml（1988）认为消费者感知价值是指在与其他竞争替代品比较的基础上，消费者所感知到的利益与感知所失之间的比较和权衡。感知价值通常容易被等同于满意，比如满足消费者的需求。但它们之间是不相同的，感知价值可以发生在购买过程的不同阶段，包括购买前的阶段，而满意则是指购买后或使用后的评价，因此从结果上说，感知价值在没有购买或使用产品的时候就会产生，而满意则依赖于购买或使用后的经历。

消费者以信任为基础，接触网络口碑信息，才会产生商品购买前的对商品的感知价值。Monree 和 Krishnan（1985）研究了价格、质量、感知价值和购买意愿之间的关系，发现消费者根据感知到的价值大小决定其是否购买。Dodds et al.（1991）也发现感知价值对消费者的购买意愿有积极的影响作用。

而从前面的扎根理论研究中可知，人们在接触到网络口碑信息后，会对采纳口碑信息后的得与失进行一番比较，这既是为了规避一定的风险，同时也是感知商品所能带来的价值或利益。而大多数受访者在从商品价格、价值、购买是否便利等方面进行权衡考虑后，如果觉得该商品是"好用的、超值的、特超所值的、价廉物美的、便宜、性价比高、购买便利、取货便利"等，甚至是"增进感情"时（详见扎根研究所收集的访谈资料），则会产生较强的购买意愿。

在对感知价值的测量方面，Zeithaml（1988）更多的是关注其质量和价格这两个方面，因为这两个方面对感知价值影响较大，因为对价格比较敏感的人就会认为低价格或是打折就是值得的；但也有人更为关注质量，会寻求质量与价格之间的平衡。但是 Sweeney 和 Soutar（2001）认为仅仅关注价值的这两个方面又是比较片面的。他们通过实证的方法提出了衡量价值的四个不同的维度：情感价值、社会价值、功能价值（质量/价格）、价值感知。情感价值是指由产品所带来的情感或个人喜好方面的效用；社会价值是指产品所能提升的个人社会自我概念的效用；功能价值包括两个方面，一是指物有所值，二是性能质量很好。价值感知包括了效用和情感两个大的方面，任何产品和服务的诉求都包括理性的和情感因素。尽管情感因素很重要，但很少有购买行为是完全取决于情感因素的。因此，多种价值维度比"物有所值"等能更好地解释消费者行为。本研究借鉴Sweeney 和 Soutar（2001）等人的研究，结合扎根访谈资料，采用四个问项来对感知价值进行测量：

PV1：该口碑描述的品牌是我所喜欢的。

PV2：该口碑描述的品牌是能得到他人认可的。

PV3：该口碑描述的品牌是物超所值的。

PV4：该口碑描述的品牌是质量很好的。

5.1.2.3 变量及测量

（1）品牌关系（Brand Relationship）

最先提出"品牌关系"这一概念的是市场调查公司的布莱克森特（Blackston），他认为，品牌关系是品牌与消费者之间通过互动而形成的亲密、持久的关系，消费者对品牌的态度和行为以及品牌对消费者的态度和行为之间的互动，在这个关系体系中，消费者与品牌被视为同等重要的两个部分。

品牌关系是西方品牌理论发展的最新阶段，口算理论的发展经历了品牌、品牌战略、品牌资产、品牌管理以及品牌关系等五个阶段，从这一阶段开始，品牌与消费者关系研究逐渐成了品牌理论研究中的一个热点问题（卢泰宏、周志民，2003；余明阳等，2009）。

由于品牌关系研究是基于人际关系理论的，而中西方人际关系存在着巨大的差异，而且现有的西方关于品牌关系的研究成果更多的是基于国外市场发展状况，与我国的国情不相适应，因而基于我国社交化媒体的用户群体来考察品牌关系对人们接受网络口碑的影响是十分有必要的。

消费者—品牌关系可以从不同的方面进行评估和测量，如品牌关系质量、品牌关系强度、品牌互动形态、品牌关系类型等。其中品牌关系质量是评估品牌关系的核心概念。

品牌关系质量是判断品牌关系是否良好的一个重要指标，最早是由福尼尔（Fournier，1994）基于人际关系研究中的"关系质量"理论提出的。他认为作为一种基于顾客的品牌资产，品牌关系质量反映了消费者与品牌之间持续联系的强度和发展能力，包括关系强度和关系时间的长度两部分。品牌关系强度强调的是关系的深度，包括亲密性、排他性、信任度等几个方面；而品牌关系时间的长度则体现在承诺和忠诚上。

Fournier通过深度访谈提出了品牌关系质量模型，包括六个维度：爱与激情、自我连接、相互依赖、个人承诺、亲密感性、品牌的伴侣性质。我国学者在此模型基础上，提出了二阶三因子模型：象征价值、信任—承诺、亲密情感。亲密、信任、依赖、满意、承诺等指标作为品牌关系质量维度的提及率比较高（余明阳、戴世富，2009）。

将品牌关系比喻为人际关系是目前品牌关系研究的基本范式。我国学者何佳讯等借用本土人际关系的理论成果，通过实证研究方法构建了四种基本品牌关系类型，即家人关系、好朋友关系、合作伙伴关系和熟人关系。简练概括和描述了中国消费者与品牌关系总体状况的差异（何佳讯、卢泰宏，2007）。

在品牌关系的作用研究中，有学者证实了品牌关系是品牌延伸成功的重要影响因素，而且品牌关系也会通过感知质量来正向影响购买意图（Park和Kim，2001）。从扎根理论的访谈资料中也可得知，如果网络口碑推荐的产品是为消费者所熟知喜爱的，则产生购买行为的可能性就越大；如果是消费者陌生的没听说过的品牌，则产生的效果就有可能发生改变。因而，在本研究中，品牌关系作为调节网络口碑作用大小或强度的调节变量，在模型中也占据着重要地位。

结合前面文献与本研究中的扎根理论的访谈资料，参照何佳讯、卢泰宏（2007）等研究，采用5个维度来对品牌关系进行测量。

　　BR1：本次口碑推荐的产品是我熟悉的品牌

　　BR2：本次口碑推荐的产品是我没听说过的

　　BR3：本次口碑推荐的产品是我听说过但不了解的

　　BR4：本次口碑推荐的产品是我以前使用过的

　　BR5：本次口碑推荐的产品是我喜欢的品牌

　　（2）产品类别（Product Category）

产品类别是指依据产品的功能、使用特性以及从消费者的角度等来对产品进行的分类。有的基于消费者的购买习惯和搜索产品时的努力程度将产品分为日用品、选购品和特殊产品等。在网络购物环境中，以消费者对产品特性的了解程度及了解方式，分为搜索产品、体验产品与信任产品等。还有的是将产品和服务都归为商品类，两者在网络口碑的作用表现上呈现出强弱不同的状态，也起着调节作用（陈蓓蕾，2008）。不同消费者涉入度的产品如高涉入产品与低涉入产品也会导致不同的口碑效应。

本研究依据扎根研究中访谈对象提到的几个方面，将产品类别主要按照来源国分成进口、国产两个方面。访谈资料显示，一些消费者在看到国外的药品、国外的护肤品或是国外的奶粉时，因为是进口的，就对其多一份信任，觉得哪怕贵一点，但质量可靠，购买的可能性也就越大一点。而国产品牌则会带来相反的结果。显然，在消费者接受网络口碑过程中，这种进口与国产的产品对网络口碑的形成机制起着调节作用。为了证实这一变量的调节作用，特将此纳入模型以加以检验。

　　5.1.2.4　因变量：网络口碑效应测量

本研究中的因变量是网络口碑对消费者购买行为的影响（Influence of Sender's eWOM on the Receiver's Purchase Intention），在本文中的操作性定义是指网络口碑对信息接收者所产生的对购买意愿和行为的影响效果（Bansal

和 Voyer，2000），在本研究中也按此界定将其简称为"网络口碑效应"。

购买意愿是消费者购买行为结果呈现前的决定，是对行为过程的解释，是衡量消费者购买某项产品的可能性。行为意愿比态度等因素更接近行为，要预测一个人是否会从事某种行为，就必须了解其对该行为的意愿（Ajzen 和 Icek，1991）。行为意愿是指个体对态度对象的一种行为倾向，即行为的准备状态（Schiffman Kanuk，2000）。在过去关于口碑的研究中，已有许多关于口碑对消费者购买决策及意愿等的研究（Awad 和 Ragowsky，2008；毕继东，2009 等）。

依据 Bansal 和 Voyer（2000）、Park 和 Lee（2007）的相关研究以及知、情、意的认知理论，从"对购买有帮助、改变购买想法、提到注意事项、对购买有参照、能协助做出购买决定"五个方面，采用 7 点李克特量表包括如下问项：

WI1：该口碑提供了一些对我购买该商品有帮助的信息。

WI2：该口碑改变了我对购买该商品的想法或态度。

WI3：该口碑提到了一些我未曾考虑到的有关该商品的注意事项。

WI4：将来我购买该商品时可能会参照这个口碑信息的建议。

WI5：该口碑可以协助我做出购买该商品的决定。

变量测量汇总见表 5-1。

表 5-1　　　　　　　　　　研究中的变量及测量指标

变量类型	潜在变量	测量指标
自变量	来源可信度（SC）	SC1：我所接收的口碑信息传播者具有与推荐产品相关的专业知识。 SC2：这些口碑信息传播者是较为知名的。 SC3：这些口碑信息传播者是有相关经验的。 SC4：这些口碑信息传播者是可靠的。

续　表

变量类型	潜在变量	测量指标
自变量	关系强度（TS）	TS1：我对这个口碑信息提供者很了解。 TS2：我经常与这个口碑信息提供者交流。 TS3：我觉得和这个口碑信息提供者交流很重要。
	信任倾向（TP）	TP1：我通常都会相信他人。 TP2：我觉得人性是可以信赖的。 TP3：我觉得人一般是可靠的。 TP4：我倾向于信赖他人。
	自我一致性（SCP）	SCP1：这次口碑信息中提及的品牌符合我的需要。 SCP2：该品牌符合我的身份。 SCP3：该品牌是我个人较认同的。 SCP4：该品牌和我有某种联系。
	论据一致性（AC）	AC1：我在其他网站上查到的产品评价信息与口碑推荐中的产品信息一致。 AC2：我通过其他渠道了解的产品信息与口碑推荐中的产品信息相符。 AC3：我通过多种渠道来证明网络口碑推荐信息的准确性。 AC4：我通过多种途径来证明网络口碑推荐信息的有用性。
中介变量	信任传递（TT）	TT1：我信任口碑信息提供者，也因而信任他们推荐的人。 TT2：我信任口碑信息提供者，也因而信任他们推荐的品牌或产品。 TT3：我信任大品牌，也因而信任该品牌的不同产品。 TT4：我信任这个口碑传播平台，也因而信任这个平台推荐的产品。

续 表

变量类型	潜在变量	测量指标
中介变量	感知价值（PV）	PV1：该口碑描述的品牌是我所喜欢的。 PV2：该口碑描述的品牌是能得到他人认可的。 PV3：该口碑描述的品牌是物超所值的。 PV4：该口碑描述的品牌是质量很好的。
因变量	网络口碑效应（WI）	WI1：该口碑提供了一些对我购买该商品有帮助的信息。 WI2：该口碑改变了我对购买该商品的想法或态度。 WI3：该口碑提到了一些我未曾考虑到的有关该商品的注意事项。 WI4：将来我购买该商品时可能会参照这个口碑信息的建议。 WI5：该口碑可以协助我作出购买该商品的决定。
调节变量	品牌关系（BR）	BR1：本次口碑推荐的产品是我熟悉的品牌。 BR2：本次口碑推荐的产品是我没听说过的。 BR3：本次口碑推荐的产品是我听说过但不了解的。 BR4：本次口碑推荐的产品是我以前使用过的。 BR5：本次口碑推荐的产品是我喜欢的品牌。
	产品类别（PC）	国产/进口

5.1.3　问卷设计

以上对本研究的变量进行了选取、界定和测量说明。依据文献、量表以及扎根理论研究而确定的测量指标也构成了本研究中一些潜在变量的基本测量量表，这是概念转化为具体测量指标的操作化的基本过程。在调查研究中，设计问卷的过程即为变量的操作化过程。因而，本调查问卷是以以上的测量指标为量表，辅以一些基本信息组合而成的。比如自变量"来源可信度"的测量是通过一个由四个项目组成的量表组成，分别为"专业知识的""可靠的""有相关经验的"以及"知名的"四个指标，采用7点李克特态度量表来进行测量。其他变量的量表构成均与此方面相同。调节变量中的"产品类别"变量是采用一个单维度的问题加以测量的。该问题是"您在这次口碑推荐过程中购买的产品为_____"，答案选项为"进口""国产"和"其他"。分别赋值1、2、3分。

为了保证量表的效度问题，在设计量表和问卷过程中，本研究还做了大量的前期工作：首先，对所有借鉴的测量指标进行准确的翻译，力争使中文表达的含义接近英文原意，同时符合本研究的实际，比如只针对微信与微博两种口碑而言。由于本研究的文献大多来自英文，尤其是所涉及的概念量表需要借鉴国外相对成熟的测量量表，因此，在构建量表问项时，有些在语义翻译上拿不准的，会请教外语系专家翻译，然后与笔者自行翻译的结果进行一一对比。同时，对翻译过来的问项适当地进行加工，相对口语化，方便读者对问卷阅读和填答。

其次，征求专家意见，对问项进行优化。虽然本课题组成员在问卷调查方面有一定的优势，做过大量的定量研究，但是在量表形成后，本研究仍然通过社交媒体或邮件等方式请教了在问卷调查方面有经验的同行、专家，对本量表进行了筛选和修改，力争做到操作化是最有效的。

再次，进行小范围问卷访谈测试。调查问卷初稿形成后，在大学生群体中找了8位接触过微信、微博口碑的学生样本，根据调查中可能出现的疑问进行了访谈，征询他们回答问卷时的感受，对那些不易理解的或与他们接触口碑心理和行为不相符的问项进行了调整，以保证受访者能对问卷的问项做出快速、准确的理解。

最后，形成了本研究的调查问卷（正式问卷请参照附录2）。

整份调查问卷除封面信以外，问卷的主体由三个部分组成，第一部分调查消费者接受网络口碑而购买产品的基本行为；第二部分为问卷的主体部分，由以上各个变量的量表组合而成；第三部分为个人基本信息。

5.2 研究模型构建与研究假设

5.2.1 研究模型构建

本研究借鉴说服传播理论、精细加工可能性模型、信息采纳模型等理论模型，结合前人的研究以及本研究前期所进行的扎根理论的研究，提出了本研究的概念模型，如图5-1所示。

在本理论模型中，自变量包括三个层面的自变量，即网络口碑传播者层面、接收者层面以及信息层面。而传播者层面又包括来源可信度（SC）以及传播者与接收者之间的关系，即关系强度（TS）；接收者个体层面包括个体的信任倾向（TP）、个体对产品与自我一致性的感知（SCP）两个方面；信息层面主要是指论据质量的一致性（AC）。消费者信任传递（TT）以及感知价值（PV）成了这些自变量对因变量起作用的重要中介变量，而品牌关系（BR）以及产品类别（PC）又起着调节作用，即会影响有关自变量对因变量作用的强度或大小。

为了进一步清楚地描述以上理论模型各要素之间的关系，以及通过定量研究来进行验证检验，首先有必要根据各变量间的关系提出研究假设，为后期模型验证打下基础。

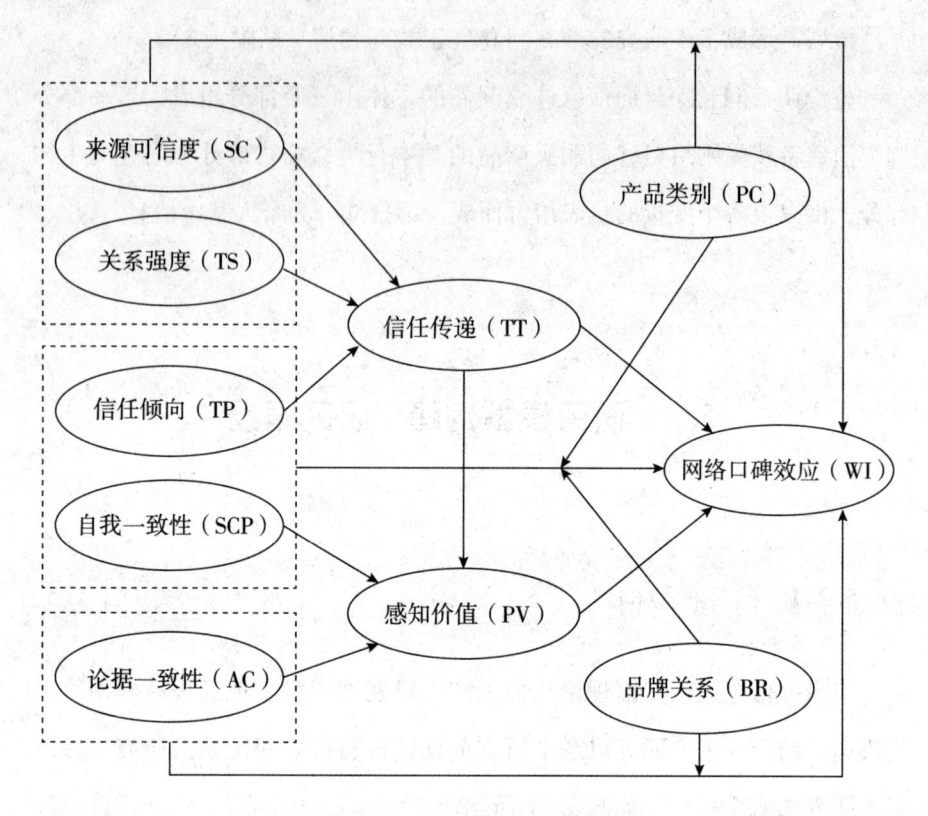

图 5-1 本研究理论模型图

5.2.2 研究假设的提出

本研究假设的提出主要是根据前文相关文献的验证，即有些是已经得到证实，如来源可信度对网络口碑效果的影响等，有些是依据模型和扎根理论提出的变量的作用关系，如品牌关系和产品类别的调节作用等。基于图 5-1 的研究模型，本研究的研究假设如下：

H1：来源可信度正向影响网络口碑效应；

H1a：网络口碑的来源可信度越高，对消费者购买行为的影响就越大；

H1b：网络口碑的来源可信度越高，接收者的信任传递的可能性越大；

H1c：接收者的信任传递的可能性越大，网络口碑的影响就越大；

H1d：网络口碑的来源可信度通过信任传递对网络口碑效应产生间接影响。

H2：关系强度正向影响网络口碑效应；

H2a：关系强度越强，对消费者购买行为的影响就越大；

H2b：关系强度越强，接收者的信任传递的可能性越大；

H2c：关系强度通过信任对网络口碑效应产生间接影响。

H3：个体信任倾向正向网络口碑效应；

H3a：个体信任倾向越强，网络口碑对消费者购买行为的影响就越大；

H3b：个体信任倾向越强，接收者的信任传递的可能性越大；

H3c：个体信任倾向通过信任对网络口碑效应产生间接影响。

H4：个体自我一致性感知正向影响网络口碑效应；

H4a：个体自我一致性感知越强，网络口碑对消费者购买行为的影响就越大；

H4b：个体自我一致性感知越强，感知价值就越大；

H4c：个体感知价值越大，网络口碑对消费者购买行为的影响就越大；

H4d：个体自我一致性感知通过感知价值对网络口碑效应产生间接影响。

H5：论据一致性正向影响网络口碑效应；

H5a：论据一致性越强，网络口碑对消费者购买行为的影响就越大；

H5b：论据一致性越强，感知价值就越大；

H5c：论据一致性通过个体感知价值对网络口碑效应产生间接影响。

H6：信任传递正向影响个体感知价值。

H7：信任传递正向影响网络口碑效应。

H8：感知价值正向影响网络口碑效应。

H9：不同产品类别会对各自变量与网络口碑效应之间的关系产生调

节作用。

H10：品牌关系会对各自变量与网络口碑效应之间的关系产生调节作用。

5.3　前测与最终问卷形成

以上提出了本研究模型中的各个变量的测量项目以及研究假设。从理论逻辑上看，各测量项目均有其合理性，但还需从统计意义上准确而稳定地测量各个变量关系。因为实证检验结果的准确性的前提是要保证测量数据的可靠性，这就需要在正式调研前先进行小规模的前测或预试（pilot testing）。前测的目的在于早期发现研究设计及测量工具的缺点并做修正，并通过信度和效度的检验，对测量项目进行纯化，可以将不合适的测量项目删除，精简后形成稳定的测量量表，并形成最终的调查问卷。

荣泰生（2009）认为通常前测的人数从25人到100人不等。而且在前试中受测的样本可以不必经过正式的统计抽样来决定，有时只要方便即可。因此，本研究根据便利性原则，在本科生课堂上针对符合条件的学生发放了80份问卷，回收了80份问卷，回收率是100%。剔除回答不完整的问卷，最后得到有效问卷73份，有效问卷回收率为91%。

对收集到的前测数据本研究采取了两个检验方法，即利用SPSS18.0中的信度分析功能对调查问卷进行信度检验，利用SPSS18.0中的探索性因子分析功能对量表进行效度检验。

5.3.1 变量测量的信度评价

信度（reliability）评价即可靠性检验，指的是采取同样的方法对同一对象重复进行测量时，看其所得结果是否一致。即检验测量工具能否稳定地测量所测的变量。信度评价一般分为内在信度和外在信度。内在信度主要是检验调查表中一组问题或调查表是否测量的是同一个概念，也就是这些问题之间的内在一致性如何。外在信度是指在不同时间进行测量时调查量表结果的一致性程度。通常用重测信度系数评价外在信度，用克朗巴哈系数评价内在信度。一般实证研究只进行内在信度分析。即通常看 Cronbach α 系数，该系数大小表明了问卷内部的相关程度，其值越大则问卷的信度就越高，各项目之间的一致性就越高。对于信度的评价标准，不同的学者持不同的观点。有的认为，信度在 0.7 以上即具有可靠性，通常认为如果 Cronbach α 系数大于 0.9，则量表内在信度很高；如果 Cronbach α 系数小于 0.7，则认为量表设计存在问题，应重新设计量表，介于 0.65—0.70 之间是最小可接受值。而有的学者的标准比较宽松，认为 Cronbach α 值≥0.70 时，就属于高信度；$0.35 \leqslant$ Cronbach $\alpha < 0.70$ 值，信度尚可，而如果 Cronbach $\alpha < 0.35$ 则为低信度（荣泰生，2009）。

但是 Cronbach α 系数受量表题目数量的影响比较大。一个含 10 个左右测量指标的量表，克朗巴哈系数应能达到 0.8 以上，如果题目增加，则系数会随之升高，多于 20 个时，其值会很容易地升至 0.9 以上。如果题目减少，则系数会随之减少。一个 4 个题目的量表，系数有可能会低于 0.5。因此，判断量表信度时，应先了解量表题目的数量，然后以此为基础，判断是否达到了可以接受的水平（卢纹岱，2006：519）。这也是为什么单组测量的信度与全部量表放在一起进行信度检验其结果不一样的原因，因此进行单组的信度检验更具有说服力。

因此，本研究基本上都是采用一组问题来集中测量某一方面的信息，即测量同一信息的一组问题之间的可靠性如何，而不是直接计算整个量表的可靠性。基于这一要求，本研究以测量模型中的不同建构的一组问题为单位来计算其 Cronbach α 系数并进行检验，结果如表 5-2 所示。

表 5-2　　　　　　　　前测样本数据信度评价结果

变量	编号	删除该项后的系数改变	Cronbach α
来源可信度	SC1	0.405	0.641
	SC2	0.583	
	SC3	0.606	
	SC4	0.613	
关系强度	TS1	0.717	0.778
	TS2	0.599	
	TS3	0.770	
信任倾向	TP1	0.908	0.900
	TP2	0.846	
	TP3	0.860	
	TP4	0.859	
自我一致性	SCP1	0.745	0.750
	SCP2	0.572	
	SCP3	0.548	
	SCP4	0.760	

续 表

变量	编号	删除该项后的系数改变	Cronbach α
论据一致性	AC1	0.805	0.831
	AC2	0.829	
	AC3	0.730	
	AC4	0.756	
信任传递	TT1	0.831	0.868
	TT2	0.835	
	TT3	0.869	
	TT4	0.859	
感知价值	PV1	0.779	0.833
	PV2	0.782	
	PV3	0.810	
	PV4	0.780	
网络口碑效应	WI1	0.801	0.802
	WI2	0.700	
	WI3	0.756	
	WI4	0.757	
	WI5	0.767	

表中"删除该项后的 Cronbach α 系数变化"是指将某个测量项目剔除后的相关系数的变化。如果剔除该项后的 Cronbach α 系数较剔除前的 Cronbach α 系数有显著的提高，则说明所剔除的测量项目与其他项目的相关性较低，也就是说与其他测量项目的差别很大。那么在正式调研的时候就应结合效度分析的结果看是否予以剔除。

由表 5-2 可知，8 个变量的 Cronbach α 系数的值除了"来源可信度"在 0.7 以下外，其他均达到了 0.7 的可靠标准，最小的 0.641，最大的是 0.900，均是信度分析中可接受的标准。而且在整个量表中，所有的测量指标在删除后其 Cronbach α 系数都没有提高，甚至有不同程度的降低，因此，整个量表的信度是比较高的。

5.3.2 变量测量的效度评价

效度（validity）又称测量的有效性或准确性，是指测量工具准确地测出测量内容的程度。亦即测量工具能准确、真实、客观地度量事物属性的程度。即使一个问卷或量表具有较高的信度，也不能保证它具有可靠的效度。

效度越高，表示测量结果越能显示其所要测量的特征。在社会科学研究的效度分析中常用的一般有三种：内容效度、结构效度和准则效度。内容效度也称表面效度或逻辑效度，是指测量在多大程度上涵盖了被测量概念的全部内涵，反映了测量的内容与测量目标之间是否适合。进行内容效度分析基本上不借助统计计算，大多依赖文献分析和专家的判断。本研究的所有测量项目均是参考了相关已有的研究文献，修正后采用。对没有合适的量表采用时则结合访谈等实际问题的研究背景，来进行项目设置。并且在初步问卷形成以后，通过邮件等方式请求传播学、新媒体研究方向的老师或同行、实证研究方面的专家等对本量表进行了筛选和修改。因此，具有较高的内容效度。

结构效度是指测量结果体现出来的某种结构与测量值之间的对应程度。常用的结构效度分析的方法是因子分析法，即将量表的题项集合成不同的范畴，使每一个范畴的变量共享一个公共因子，这些公共因子就代表了量表的基本结构。结构效度可用收敛效度和区分效度来进行检验。收敛效度是指测量同一概念的不同测量项目的一致性。主要是用于删除无效的测量项目。一般来说，项目在所属因子的负荷量大于0.5时，则具有收敛效度。

区分效度是指不同测量变量之间的差异化程度。区分效度的评价方法主要采用的是探索性因子分析方法，即通过评价测量项目的因子负荷来进行评价。每一项目与其所对应的因子负荷须接近于1，但在其他因子的负荷必须接近于0，越小越好，这样才具有区分效度。如果项目所在的因子负荷全都小于0.5，或在两个或两个以上因子的负荷大于0.5时，则属于横跨因子现象，应该删除。

准则效度是指测量工具的内容具有预测或估计的能力。依照其发生的时间顺序，又可将准则效度分为预测效度和同时效度。预测效度是指测量工具有能够预测未来的能力；同时效度是指测量工具有描述目前现象的有效性。当测量工具的测量数据和准则变量的值同时被收集时，使用同时效度。

本研究前测部分的效度检验主要采用探索性因子分析方法。探索性因子分析涉及的主要概念包括因子负荷、公因子方差和特征值等。因子负荷即各因子的系数值，它是因子分析模型中最重要的一个统计量，是连接观测变量和公因子之间的纽带。其值的大小主要是用来反映该因子和其各个测量变量间的密切程度。因子负荷的绝对值越大，说明该因子对当前变量的影响程度越大。公因子方差是指观测变量方差中由公因子决定的比例，表示变量方差中能被公因子所解释的部分，公因子方差越大，变量能被因子说明的程度越高。特征值可以被看作主成分影响力的指标，代表引入该因子或主成分后可以解释平均多少原始变量的信息。

因子分析一般包括四个步骤：首先，根据具体问题判断应用因子分析方法是否合适；其次，提取因子，即确定因子的个数和求因子解的方法；再次，进行因子旋转，即通过坐标变换使因子解的实际意义更容易解释；最后，计算因子值。因子分析的目的是简化数据或找出基本的数据结构，因此使用因子分析的前提条件是观测变量之间应该有较强的相关关系。如果变量之间的相关程度很小就不可能共享公、因子。而 SPSS 软件提供了几个统计量来帮助判断观测数据是否适合做因子分析。最常用的有巴特利特球体检验和 KMO 测度。巴特利特球体检验这一统计量是从检验整个相关矩阵出发，如果检验显著的话，则表明适合做因子分析。

KMO 测度从比较观测变量之间的简单相关系数和偏相关系数的相对大小出发，其值的变化范围从 0 到 1。当 KMO 值较小时，表明观测变量不适合做因子分析。通常的标准是：KMO 值在 0.9 以上，则非常适合做因子分析；在 0.8 以上，则比较好；在 0.7 以上算一般，在 0.5 以下是属于不能接受的。

本研究变量中的两个调节变量"品牌关系"和"产品类别"都是由单个指标来测量的，不需要进行因子分析，因此，只对另外 8 个变量共 32 个测量项目，按照传播者层面、信息层面、个体感知层面以及中介变量和因变量层面，利用主成分分析法进行探索性因子分析，以检验测量项目的效度。

表 5-3 显示 KMO 值为 0.560，虽没达到一般的 0.7 的非常适合做因子分析的标准，但在尚大于 0.5 可以接受的范围内（Kaiser, 1974）。而且巴特利特球体检验显著，各变量之间并非各自独立，取值相关，因此，传播者层面的这两个变量适合做因子分析。在进行主成分分析后，得到特征根大于 1 的因子，共计 3 个。这 3 个公共因子的累计解释方差变异量为 77.385%，超过 60%。从经过最大方差旋转后的因子负荷矩阵表中可以发现，"来源可信度"变量的 4 个测量指标共提取出两个公共因子，

可命名为"来源专业性"和"来源可信赖性"。这与之前变量界定与测量中的维度是相一致的。而"关系强度"变量的所有测量指标全都集中在同一个因子上,且具有最大负荷(超过 0.5),说明每一个研究变量的收敛效度是较好的。

表 5-3　　　　　　　　　　传播者层面的因子分析结果

变量	项目编号	因子 1	因子 2	因子 3	公因子方差
来源可信度	SC2	0.102	0.867	0.128	0.778
	SC3	-0.082	0.825	0.080	0.841
	SC1	0.048	0.280	0.837	0.694
	SC4	-0.196	-0.025	0.896	0.778
关系强度	TS2	0.823	0.325	0.145	0.836
	TS1	0.868	0.015	-0.288	0.804
	TS3	0.788	-0.239	-0.061	0.683
特征根		2.109	1.674	1.633	

因子提取方法:主成分分析
因子旋转方法:方差最大法
KMO = 0.560;P = 0.000;卡方值 166.975;自由度 21
3 个因子累计解释的方差百分比 = 77.385%

信息层面只有一个变量"论据一致性",对其因子分析结果显示,KMO 值为 0.638,巴特利特球体检验显著,各变量之间并非各自独立,取值相关,因此,说明此个体层面的两个变量是非常适合做因子分析的。在进行主成分分析后,得到特征根大于 1 的因子,共计 1 个。这 1 个公共因子的累计解释方差变异量为 66.479%,超过 60%。从经过最大方差旋转后的因子负荷矩阵表中可以发现,"论据一致性"变量的 4 个测量指标全都集中在一个公共因子上,且具有最大负荷(超过 0.5)并且无横跨因子的现象,没有需要删除的题项(见表 5-4),说明每一个研究变量的收敛效度是较好的,因此,该因子分析的模型是合适的。

表 5-4　　　　　　　　　信息层面的因子分析结果

变量	项目编号	因子 1	公因子方差
论据一致性	AC1		0.628
	AC2		0.553
	AC3		0.764
	AC4		0.714
特征根			2.659

因子提取方法:主成分分析
因子旋转方法:方差最大法
KMO=0.638;P=0.000;卡方值 174.808;自由度 6
1 个因子累计解释的方差百分比=66.479%

表 5-5 显示 KMO 值为 0.709,大于 0.7 的标准,而且巴特利特球体检验显著,各变量之间并非各自独立,取值相关,因此,说明此个体层面的两个变量是非常适合做因子分析的。在进行主成分分析后,得到特征根大于 1 的因子,共计 2 个。这 2 个公共因子的累计解释方差变异量为 68.837%,超过 60%。从经过最大方差旋转后的因子负荷矩阵表中可以发现,"信任倾向"变量的 4 个测量指标和"自我一致性"变量的 4 个测量指标全都集中在各自公共因子上,且具有最大负荷(超过 0.5)且无横跨因子的现象,说明每一个研究变量的收敛效度是较好的。

表 5-5　　　　　　　　个体层面的因子分析结果

变量	项目编号	因子1	因子2	公因子方差
信任倾向	TP1	0.780	0.089	0.615
	TP2	0.915	0.034	0.838
	TP3	0.903	0.027	0.817
	TP4	0.881	0.180	0.809
自我一致性	SCP1	0.314	0.540	0.390
	SCP2	0.145	0.853	0.749
	SCP3	-0.037	0.905	0.820
	SCP4	-0.017	0.684	0.468
特征根		3.159	2.348	

因子提取方法：主成分分析
因子旋转方法：方差最大法
KMO = 0.709；P = 0.000；卡方值 310.020；自由度 28
2 个因子累计解释的方差百分比 = 68.837%

表 5-6 显示 KMO 值为 0.788，大于 0.7 的标准，而且巴特利特球体检验显著，各变量之间并非各自独立，取值相关，因此，说明此中介和因果层面的 3 个变量是非常适合做因子分析的。在进行主成分分析后，得到特征根大于 1 的因子，共计 3 个。这 3 个公共因子的累计解释方差变异量为 65.669%，超过 60%。从经过最大方差旋转后的因子负荷矩阵表中可以发现，"信任"变量的 4 个测量指标、"感知价值"的 4 个测量指标和因变量"网络口碑效应"变量的 5 个测量指标全都集中在各自公共因子上，且

具有最大负荷（超过0.5）且无横跨因子的现象，说明每一个研究变量的收敛效度是较好的。

表5-6　　　　　　　中介变量和因变量层面的因子分析结果

变量	项目编号	因子1	因子2	因子3	公因子方差
信任传递	TT1	-0.027	0.611	-0.076	0.380
信任传递	TT2	0.157	0.867	0.180	0.808
信任传递	TT3	0.211	0.811	0.189	0.738
信任传递	TT4	0.275	0.871	0.107	0.845
感知价值	PV1	0.777	0.190	0.116	0.654
感知价值	PV2	0.740	0.227	0.301	0.690
感知价值	PV3	0.783	0.083	0.078	0.626
感知价值	PV4	0.840	0.041	0.113	0.720
网络口碑效应	WI 1	0.201	0.194	0.547	0.377
网络口碑效应	WI 2	0.155	-0.090	0.874	0.795
网络口碑效应	WI 3	-0.039	-0.092	0.832	0.701
网络口碑效应	WI 4	0.157	0.254	0.707	0.590
网络口碑效应	WI 5	0.420	0.290	0.593	0.612
特征根		2.883	2.840	2.814	

因子提取方法：主成分分析　因子旋转方法：方差最大法
KMO = 0.788；P = 0.000；卡方值 464.842　自由度：78
3个因子累计解释的方差百分比 = 65.669%

5.3.3 前测小结

本研究通过 SPSS18.0 版本软件对前测问卷的各量表的信度和效度进行了检验分析。按照 SPSS 分析步骤，本研究将得到的表格按照社会统计研究的一般规范进行了汇总整理，得到了表 5-2—表 5-6。表 5-2 是信度分析结果的汇总，后面的四个表是探索性因子分析结果的汇总。

信度分析显示了本次研究的测量表具有较高的信度。而因子分析结果量表也显示四个层面的 KMO 统计量均大于可以接受的标准，表明数据适合进行因子分析。几个测量部分球体检验的概率值均为 0.000，小于 0.05，球体假设被拒绝，表明各变量并非各自独立，取值相关，也都说明适合进行因子分析。

三张表均以因子旋转后的因子矩阵表为基础，同时列出因子分析的总因子方差和因子解释总方差的百分比，在因子分析过程中将特征值的最小值限定为 1，在此限定下，32 个测量项目被分配到 8 个公共因子上，正好对应本研究的 8 个研究变量。

从旋转后的因子载荷矩阵表中可以看出，如果调查问卷中的一组问题基本上集中在同一个因子上，说明同一研究建构的收敛效应较好。而如果同一测项的几个问项分属于不同的因子中，属横跨因子现象，说明 3 个问题间的差异较大，区分效度不佳。

按照此标准，除了传播者层面"来源可信度"变量的所有测量指标集中在两个公共因子上之外（但与文献中关于此变量的次级维度相一致），其他都集中在相应的公共因子上。且因子负荷都大于 0.5 的标准而且没有横跨因子的现象，因此，原问卷中所有的测量指标均予以保留。只就个别不清楚的表述加以完善、对分类不全的改成开放式题目让受众自己填写，从而确立本研究的正式调查问卷，见附录 2。

第6章 研究数据收集与质量评估

本章开始正式实施调研,目的是收集研究假设所需要验证的数据,并对收集的数据进行了验证性因子分析,以确定数据的信度和效度。本章主要包括五部分内容:第一部分为正式调查的实施过程,确定样本对象、规模和研究数据的收集方式等;第二部分对收集的样本数据进行了描述性统计分析,其中包括结构方程模型中要注意的正态分布情况、人口统计特征等,并将本研究的样本结构与CNNIC数据进行了对照;第三部分对样本数据的信效度进行了检验;第四部分介绍了验证性因子分析和结构方程模型的分析方法及基本步骤,并利用验证性因子分析对样本数据的质量进行了评估;第五部分利用SPSS软件对主要变量进行相关性分析。

6.1 正式调查的实施过程

本节首先讨论正式调研的样本选取方法、样本规模的确定,然后对收集的数据进行了清理。

6.1.1 样本对象的选择

由于本研究主题是有关网络口碑的,因此本研究选取的样本对象主要为微博、微信等社交媒体的用户,并以此作为我们研究的分析单位,马来西亚学者(Yeap et al.,2014)对网络口碑的四种平台用模糊层次分析法进行了重要性的排序,评价的两种常用标准是信息质量和来源可信度,找出了消费者喜欢的网络口碑平台,有个人博客、评论网站如大众点评网、亚马逊等,社交网站如脸书、微信朋友圈等,以及即时通信工具如QQ、微信群等。从前面的综述可知,中外学者对一些评论网站的口碑研究都比较普遍,而微博、微信等平台的网络口碑研究目前还不多见。

本研究主要采用网络调查法,方便获取到以上调查对象,也更符合调查对象的兴趣和爱好,能引起被调查者的积极回应。

为了保证样本的随机性和有效性,本研究采用了国内专业问卷调查网站问卷星上的样本服务功能,通过收费的方式来限定各种研究所需条件。虽然对调查对象没有职业、性别等相关人口统计方面的限定,但要求调查对象必须是微信、微博用户,且具有通过这两种平台接收网络口碑并产生购买行为的经历。因此,除了在第一题中设定了如果选择"其他"就自动中止答题外,在问卷发布前还通过电话的方式与问卷星网站工作人员就数据收集事宜进行了多次沟通,以确保数据的真实有效。

6.1.2 样本规模的确定

在使用结构方程模型(SEM)理论估计和解释变量时,样本规模对最终结果有一定的影响。因此,对于如何科学地确定样本容量前人进行了大量研究。

对于SEM,有四种因素影响样本规模:一是模型允许误差的大小。允许误差越小,需要的样本量越大;二是数据是否为正态分布。数据偏离正态分布越大,需要的样本量就越多;三是模型中待估计参数的多少。待估参数越多,所需要的样本量就越大;四是进行模型估计时所选用的数学方法,使用极大似然估计法进行估计时,需要的样本规模最小为200个。如果变量少于100的样本,则所产生的相关矩阵不够稳定,会使结构方程分析结果的信度降低。大于200以上的样本,可以称得上是一个中型的样本,若要追求稳定的SEM分析结果,受试样本数最好在200以上。但是有学者提出,按照样本数与观察变量数至少为10∶1的比例来确定样本是比较合适的做法(Thompson,2000)。

虽然对于SEM分析而言,样本数愈大愈好,但是分析的样本量过大也会给实证带来困难。因为卡方值对受试样本的大小非常敏感。如果样本数过大,则卡方值很容易达到显著,导致理论模型遭到拒绝的概率增大,卡方值检定最适合的样本数为受试者100到200位之间,如果是问卷调查法,通常样本容量应在200以上。

6.1.3 数据收集与清理

本次问卷调查时间为2017年4月。调查共回收问卷379份,所有样本均通过问卷星的样本服务方式获得。样本服务属于收费项目,可根据自己的研究需要进行严格的限定,比如对网站平台的限定、微信、微博的用户限定等。不符合条件的系统会自动排除,同时还有人工排除,能最大限度保证问卷的有效性。经过三轮不断排查后,最终达到本研究限定的问卷数量,回收有效问卷共379份。根据上述样本容量的确定标准,本研究共有32个观察变量,研究样本数为379个,观察变量与样本的比例大约为1∶11.8,高出1∶10的比例,本研究的样本容量符合研究的要求。

6.1.4 数据分析方法

本研究主要采用 SPSS18.0 软件及 AMOS 18.0 软件来对资料进行分析。SPSS18.0 用于前期数据的整理、转换等，以及描述性统计分析及探索性因子分析等。AMOS 是一种处理结构方程模型的软件，又称协方差结构分析、潜在变量分析、验证性因子分析，它适用于处理复杂的多变量数据。在本研究中，主要用 AMOS 18.0 进行验证性因子分析以及后面的统合模型分析。

6.2 样本的描述性统计

对数据的分析通常是从基本统计分析入手。通过基本统计分析，能使研究者掌握数据的基本统计特征，把握数据的总体分析特征。

本部分将研究的数据统计结果与进行对比，第 39 次中国互联网络发展状况统计报告（CNNIC，2016 年 12 月），选择此四个调查报告作为样本数据对比材料基于三个原因：一是数据较新，可以反映互联网的发展现状；二是报告来源机构权威，结论具有较高的可信度和科学性；三是调查内容和本研究比较相符，如有针对社区的调查，因此可以进行直接对比。

6.2.1 样本人口统计基本特征

（1）性别。本研究的样本性别分布情况如表 6-1 所示。男性所占比例为 45.6%，女性所占比例为 54.4%，女性比例略高于男性比例。这一结果与 CNNIC（2016 年 12 月）第 39 次报告中对互联网用户的性别比例的调查结果相差不大。当考虑网络购物时，女性比例可能会高于男性，因此，本研究的样本性别分布是较为合理的。

表6-1　　　　　　　　　样本的性别频数分布情况

	男	女	合计
频数	173	206	379
百分比（%）	45.6	54.4	100.0

（2）年龄。从表6-2可以看出，在本样本年龄结构中，18—30岁、31—45岁的样本占了大多数，合计占了总样本的95%，数据显示年轻人仍是社交媒体和网络购物主体。这和CNNIC（2016年12月）中关于网民年龄以及使用微信微博人员结构、网购人员的调查结果非常相符，样本年龄分布合理。

表6-2　　　　　　　　　样本的年龄频数分布情况

	18岁以下	18—30岁	31—45岁	46岁及以上	合计
频数	1	183	177	18	379
百分比（%）	0.3	48.3	46.7	4.7	100.0

（3）教育程度。6-3显示本样本的高学历特征比较明显。大学本科学历所占比例为72.8%，虽然略高于CNNIC调查结果，但是其他各个学历段都有覆盖。

表6-3　　　　　　　　样本的教育程度频数分布情况

	高中及以下	中专	大专	大学本科	硕士	博士或以上	合计
频数	7	4	53	276	33	4	379

续 表

	高中及以下	中专	大专	大学本科	硕士	博士或以上	合计
百分比（%）	1.8	1.1	14	72.8	8.7	0.5	100.0

（4）职业。从表 6-4 可以看出，各个职业的样本都有覆盖且分布较均衡，与 CNNIC 上关于职业分布的调查结果较相符，显示本样本的职业分布较为合理。

表 6-4　　　　　　　样本的职业分布频数情况

	全日制学生	市场、销售客服等	教育工作者	财务技术人员	行政/后勤人员	专业人士	其他	合计
频数	13	77	13	147	95	26	8	379
百分比（%）	3.4	20.3	3.4	38.8	25.1	6.9	2.1	100.0

（5）收入。表 6-5 显示中等收入及以上者所占比重较大（5000 元以上的合计占了 64.1%），这与表 6-4 的职业分布情况较为相符。也表明样本数据内在的一致性。另外，由于我们关注的是网络消费行为，因此，尽管样本收入水平比 CNNIC 上调查水平略高，但也显示出更为合理的一面。

表 6-5　　　　　　　样本收入分布情况

	≤1500 元	1501—3000 元	3001—5000 元	5001—10000 元	≥10000 元	合计
频数	7	27	102	193	50	379
百分比（%）	1.8	7.1	26.9	50.9	13.2	100.0

（6）接触微信微博的时间。表 6-6 是样本接触微信或微博的时间分布情况，从表中可知，接触网络口碑的时间集中在 2 年至 5 年之间（合计

高达75%），这与微博微信的出现与流行时间是相一致的。与CNNIC社交媒体使用情况也是基本相符的。

表6-6　　　　　样本接触微信或微博的时间分布情况

	1年以内	1—2年	2—3年	3—4年	4—5年	5年以上	合计
频数	6	35	94	98	95	51	379
百分比（%）	1.58	9.21	24.8	25.86	25.07	13.46	100.0

（7）访问口碑平台时间与频率。表6-7和表6-8反映了样本平均访问微信微博口碑平台的时间和频率分布情况。表6-7显示样本每次使用时间大多在10分钟以上，半小时以内的占了六成以上。表6-8反映了样本每天访问口碑平台信息的频率分布情况。显示样本使用该平台的频率都比较高，一次或没有的比重较小，每天4次以上的占比最多。

表6-7　　　　　样本平均访问口碑平台的时间分布情况

	小于10分钟	10—20分钟	20—30分钟	30分钟—1小时	1小时以上	合计
频数	26	117	133	73	30	379
百分比（%）	6.86	30.87	35.09	19.26	7.92	100.0

表6-8　　　　　样本访问口碑平台信息的频率分布情况

	每天≤1次	每天2次	每天3次	每天4次	每天4次以上	合计
频数	51	93	96	30	109	379
百分比（%）	13.46	24.54	25.33	7.92	28.76	100.0

6.2.2 测量指标的描述性统计

测量指标的描述性统计主要包括每个观测变量的最小值、最大值、均值、标准差、偏度、峰度等信息。最小值与最大值反映了被调查者答题的差异性。偏度、峰度等信息反映了样本数据的分布情况。因为本研究在后面的研究中主要用到 AMOS 软件，而 AMOS 模型的前提假设有两条：其一是线性关系；其二是观察值独立，即样本的选取是随机的，观察变量必须满足正态分布的要求。关于偏度系数（skew）与峰度系数（kurtosis）的标准如下：当偏度系数大于 3 时、峰度系数大于 8 时需要注意，如果峰度系数大于 20 时，则需要密切注意了，表明某些变量呈现出非正态分布。违反多变量正态分布的条件会导致高估 χ^2 值及低估参数估计值的标准误（荣泰生，2009）。

本研究的主要观测变量的描述性统计分析结果见表 6-9。

表 6-9　　　　　　　　测量指标的描述性统计结果

建构	编号	最小值	最大值	均值	标准差	偏度	峰度
来源可信度	SC1	1	7	3.04	1.083	0.780	1.290
	SC2	1	7	3.04	1.416	0.735	-0.044
	SC3	1	7	2.51	1.220	1.202	2.102
	SC4	1	7	2.59	1.031	1.079	1.997
关系强度	TS1	1	7	2.60	1.043	1.023	1.720
	TS2	1	7	2.65	1.176	1.034	1.497
	TS3	1	7	2.70	1.092	0.963	1.461

续 表

建构	编号	最小值	最大值	均值	标准差	偏度	峰度
信任倾向	TP1	1	7	2.96	1.125	1.064	1.831
	TP2	1	7	2.78	1.121	0.830	1.053
	TP3	1	7	2.81	1.169	1.138	1.884
	TP4	1	7	2.96	1.119	1.109	1.609
自我一致性	SCP1	1	7	2.40	1.019	1.257	3.079
	SCP2	1	7	2.69	1.006	0.862	2.026
	SCP3	1	7	2.49	1.087	1.155	2.334
	SCP4	1	7	2.88	1.132	0.790	1.232
论据一致性	AC1	1	7	2.98	1.209	1.065	1.026
	AC2	1	7	2.89	1.241	0.943	0.999
	AC3	1	7	2.67	1.211	1.236	2.110
	AC4	1	7	2.70	1.197	1.188	1.721
信任	TR1	1	7	3.17	0.063	1.232	0.574
	TR2	1	7	2.75	0.053	1.039	1.149
	TR3	1	7	2.64	0.056	1.095	0.815
	TR4	1	6	2.88	0.055	1.080	0.729
感知价值	PV1	1	7	2.45	1.005	1.360	3.329
	PV2	1	7	2.61	0.982	0.729	1.472

续表

建构	编号	最小值	最大值	均值	标准差	偏度	峰度
感知价值	PV3	1	7	2.67	1.148	0.956	1.666
	PV4	1	7	2.49	1.090	1.282	2.494
网络口碑效应	WI1	1	7	2.44	0.928	1.014	2.449
	WI2	1	7	2.81	1.103	0.805	1.003
	WI3	1	7	2.84	1.159	1.091	1.875
	WI4	1	7	2.60	0.986	1.113	2.406
	WI5	1	7	2.52	1.085	1.331	3.098

从表6-9可以看出，除了信任传递中的最大值是6外，其他变量的最大值都是7，最小值都是1，表明受访人员对问项的回答具有较大的差别。

再从均值、标准差、峰度、偏度的得分情况来看，在正态分布时，偏度系数与峰度系数均要接近于0。在上述表中，偏度系数最大的为1.331小于3，峰度系数最大的为3.329小于8，均小于上述所说的临界值。而且均值中等（最小为2.40，最大为3.17），标准差小（最小为0.053，最大为1.416）。表明这些数据从整体上是服从正态分布的，同时说明受访人员对这些指标打分的波动幅度较小。

6.3 样本数据的信度评估

本节对样本数据质量进行评估。主要是利用SPSS18.0统计软件计算项目信度Cronbach α系数值，其统计结果见表6-10。

表 6-10 测量指标的信度检验结果

变量	编号	删除该项后的系数改变	Cronbach α
来源可信度	SC1	0.682	0.782
	SC2	0.772	
	SC3	0.708	
	SC4	0.701	
关系强度	TS1	0.761	0.830
	TS2	0.748	
	TS3	0.781	
信任倾向	TP1	0.869	0.894
	TP2	0.861	
	TP3	0.852	
	TP4	0.874	
自我一致性	SCP1	0.767	0.831
	SCP2	0.805	
	SCP3	0.750	
	SCP4	0.816	
论据一致性	AC1	0.846	0.894
	AC2	0.877	
	AC3	0.860	
	AC4	0.868	

续 表

变量	编号	删除该项后的系数改变	Cronbach α
信任传递	TR1	0.754	0.785
	TR2	0.703	
	TR3	0.754	
	TR4	0.719	
感知价值	PV1	0.829	0.866
	PV2	0.863	
	PV3	0.828	
	PV4	0.791	
网络口碑效应	WI1	0.806	0.850
	WI2	0.850	
	WI3	0.821	
	WI4	0.792	
	WI5	0.801	

从表6-10中数据可知，除了变量"来源可信度"的值为0.782稍低外，其余7个概念的Cronbach α系数都在0.8以上。并且表中没有测量指标在删除后Cronbach α系数会提高，表明本研究所收集的数据具有较高的内部一致性和可信性。

6.4 样本数据的效度评估

本小节对样本数据的效度进行评估，先通过一半的样本量对其进行探索性因子分析，根据相关准则进行结构效度评价，评价方法与前测部分的指标要求相同；最后，运用 AMOS 进行数据质量的验证性因子分析。

6.4.1 探索性因子分析

和前面前测部分一样，本研究利用 SPSS 18.0 对正式调研所获得的样本数据进行了探索性因子分析。同样，在进行因子分析前，先进行巴特利特球体检验和 KMO 检验，以检验样本数据是否适合做因子分析。如果巴特利特球体检验结果显著则说明数据适合做因子分析，而 KMO 值大于 0.5 以上，则适宜进行因子分析。研究变量中的"产品类别"与"品牌关系"都是由单个指标来测量的，因此不需要进行因子分析。对另外七个变量的巴特利特球体检验和 KMO 检验的结果如表 6 - 11 所示。

表 6 - 11　探索性因子分析巴特利特球体检验和 KMO 检验结果表

变量	KMO 值	巴特利特球体检验		
		卡方值	自由度	P 值
来源可信度 SC	0.693	487.977	6	0.000
关系强度 TS	0.722	426.171	3	0.000
论据一致性 AC	0.794	932.376	6	0.000

续表

变量	KMO 值	巴特利特球体检验		
		卡方值	自由度	P 值
信任倾向 TP	0.844	874.871	6	0.000
自我一致 SCP	0.789	578.874	6	0.000
信任传递 TT	0.771	425.560	6	0.000
感知价值 PV	0.855	786.466	10	0.000

从表 6-11 可知，上述 7 个变量除了来源可信度的 KMO 值略低一点，但也接近 0.7 可以接受的标准，其他都在 0.7 以上，表明非常适合进行因子分析。

探索性因子分析结果发现每一组变量的测量问项都同属于一个变量的测量项目，其最大负荷具有积聚性，即同一变量的测量项目在对应的变量上，相对于其他因子而言，具有最大负荷（即负荷值超过 0.5），且不存在横跨因子现象，也说明正式调研的测量量表具有理想的区分效度。

下面通过对单个变量进行验证性因子分析来更进一步测量其效度。

6.4.2 验证性因子分析

通常探索性因子分析是用一组样本来产生测量变量间的因子结构，而验证性因子分析则是检验假设因子结构的契合度。

验证性因子分析模型被归类于一般结构方程模型或共变结构模型之中，允许反映与解释潜在变量。它通常被用于检验一组测量变量与一组可以解释测量变量的因子间的关系。

利用验证性因子分析进行效度评估包括三种检验：（1）违犯估计，即有无负的误差变异数存在，标准化系数是否超过或太接近 1，是否有太大的标准误差。(2) 整体模型适配度的检验，能检验模式整体上是否具有效度。(3) 个别测量项目的效度检验，检验的项目为标准化参数是否显著。

对样本数据进行验证性因子分析，主要基于两个方面的考虑：

其一，验证性因子分析对样本进行数据质量评估更为准确。利用 SPSS 软件进行信效度检验虽有一定的说服力，但自身也存在着一些限制。比如在信度检验中最受欢迎的 Cronbach α 检验方法，其方法本身也有问题存在。首先，它是所有信度估计的下限，即当此系数高时，测量真正的信度值比 α 系数还高。反之，当获得的 α 系数较低时，就无法提供该份测量任何有意义的讯息，即无法判断该测量是否依然可靠。同时，其值的大小还会受到被调查者特质变异的大小、题目数的多少等影响。而且无法估计单一观察变量的信度。而使用验证性因子分析则可以避免以上的一些问题。由验证性因子分析计算出的因子负荷量的平方，就可以作为个别测量项目的信度系数。

其二，在用结构方程模型分析时，首先要对测量模型进行分析。也就是应当先检查每一个测量模型中的因子与其各项测量指标之间是否拟合得好，如果拟合不好，则表明那些指标并不能用来测量该因子，因此只有当测量模型具有相当的合理性之后，再进行结构模型的参数估计，使得 SEM 模型评估具有测量的"渐进合理性"（邱皓政，2008：395）。

因此，对样本数据进行验证性因子分析是为了对样本数据质量进行评估，同时也是为后面的结构方程模型分析做准备。

6.4.2.1 单个变量的验证性因子分析

(1) "来源可信度"量表的效度检验

对自变量"来源可信度"进行验证性因子分析，结果显示模型中没有负的误差变异量，也没有大的标准误差，所有回归系数均在 0.05 的水平上显著,说明该模型的基本适配指标达到检验标准,没有违反模型辨认规则。经过修正后的整体模型的拟合优度指标如表 6-12 所示。

表 6-12　　　　来源可信度的验证性因子分析的拟合指标结果

统计检验量	适配的标准或临界值	检验结果数据	模型适配判断
χ^2/df	<3.00	0.405	是
GFI	>0.80	0.999	是
AGFI	>0.80	0.995	是
PGFI	>0.50	1.000	是
CFI	>0.90	1.000	是
NFI	>0.90	0.999	是
IFI	>0.90	1.000	是
RMSEA	<0.08	0.000	是

模型拟合优度指标 χ^2(1, N=379) = 0.405,p = 0.524,未达到显著水平,表明该模型可以接受。从绝对拟合指标来看,各项指标也都符合标准,故整体上看,该测量模型拟合良好。

从图 6-1 可以看出,("来源可信度"的第二个测量指标的因子负荷小于 0.5 的最低标准),因此,在后续的研究中将此项删除。其他三项的因子负荷值都在可接受范围内,总体来说,该变量测量项目的效度是可以接受的。

在模型中,e1 和 e2 之间相关系显著,在现实生活中,具有某一商品领域内较强专业能力的人,那么其知名度也可能比较高。因此,测量指标"专业知识""较知名"的误差相关也是可以理解的。

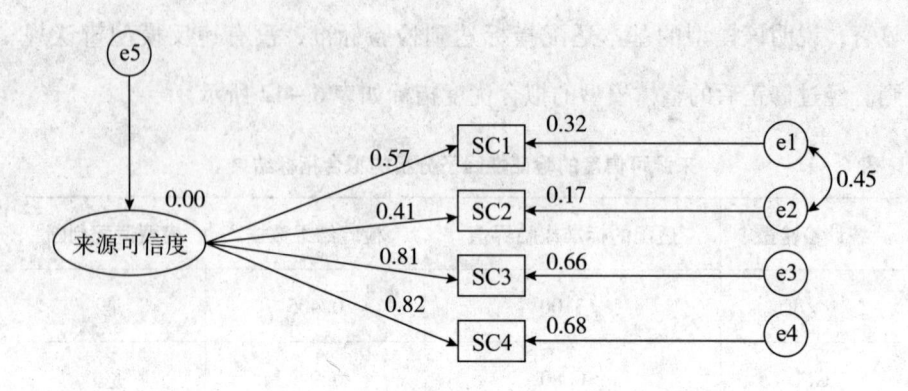

图 6-1　来源可信度验证性因子分析模型图

(2)"关系强度"量表的效度检验

"关系强度"测量指标只有三个，这种情况下，模型虽然可以识别，但却无法显示出测量模型的拟合优度，侯杰泰等学者（2004）建议这种情况下对效度的检验，可通过观察每个指标的标准化负荷系数的大小来进行确定。从图 6-2 可以看出，"关系强度"三项指标的因子负荷系数均在 0.70 以上，大于 0.5 的标准，表明"关系强度"的三项指标具有较高的效度。

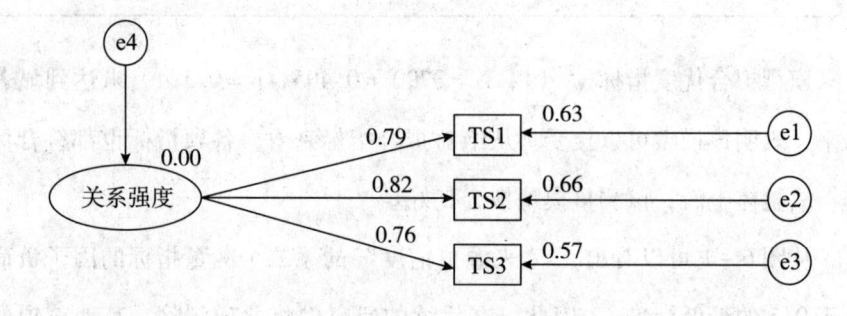

图 6-2　关系强度验证性因子分析模型图

(3)"信任倾向"量表的效度检验

对自变量"信任倾向"进行验证性因子分析，结果显示模型中没有负的误差变异量，也没有很大的标准误差，所有回归系数均在 0.05 的水平上显著，说明该模型的基本适配指标达到检验标准，没有违反模型辨认规则。整体模型的拟合优度指标如表6-13所示。

表6-13　　　信任倾向的验证性因子分析的拟合指标结果

统计检验量	适配的标准或临界值	检验结果数据	模型适配判断
χ^2/df	<3.00	0.598	是
GFI	>0.80	0.998	是
AGFI	>0.80	0.992	是
PGFI	>0.50	0.200	否
CFI	>0.90	1.000	是
NFI		0.999	是
IFI		1.000	是
RMSEA	<0.08	0.000	是

表6-13中除了PGFI一项略低于标准外，其他均达到检验标准。说明这是一个拟合得非常好的模型。而且四个测量项目的标准化因子负荷系数值全在0.7以上，因此可知信任倾向测量项目的效度是可以接受的。

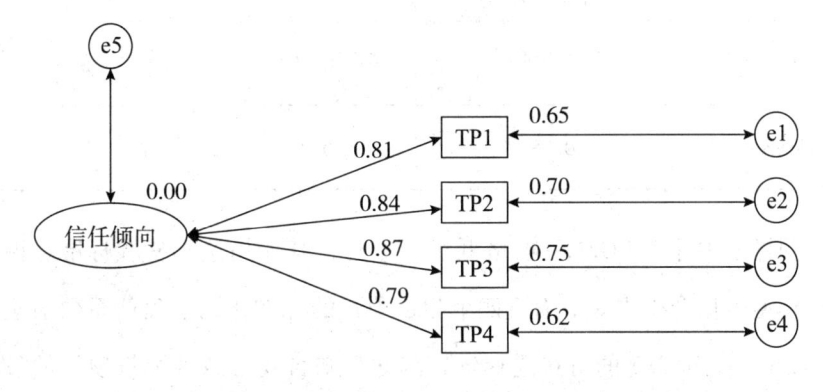

图6-3　信任倾向验证性因子分析模型图

(4)"自我一致性"量表的效度检验

对自变量"自我一致性"进行验证性因子分析,结果也显示模型中没有负的误差变异量,且没有很大的标准误差,所有回归系数均在0.05及以上的水平上显著,说明该模型的基本适配指标大部分达到检验标准,没有违反模型辨认规则。整体模型的拟合优度指标如表6-14所示。

表6-14 自我一致性的验证性因子分析的拟合指标结果

统计检验量	适配的标准或临界值	检验结果数据	模型适配判断
χ^2/df	<3.00	2.882	是
GFI	>0.80	0.993	是
AGFI	>0.80	0.964	是
PGFI	>0.50	0.199	否
CFI	>0.90	0.993	是
NFI		0.990	是
IFI		0.994	是
RMSEA	<0.08	0.071	是

同样表中除了PGFI一项略低于标准外,其他均达到检验标准。说明这个模型也拟合得很好。而且四个测量项目的标准化因子负荷系数值全在0.6以上,大于0.5的可接受标准,因此可知自我一致性测量项目的效度也是可以接受的。

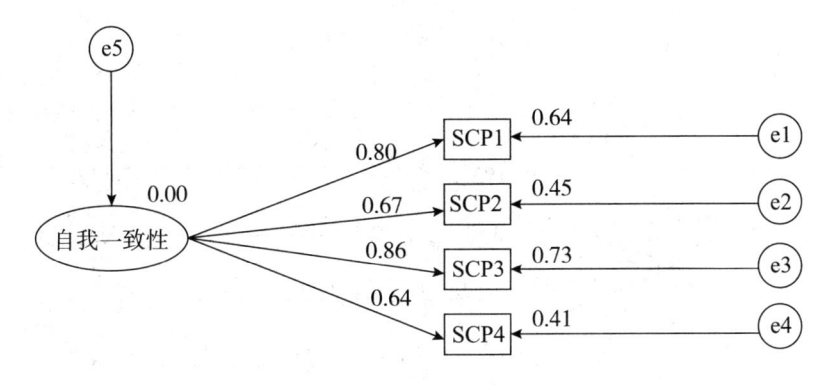

图 6-4　自我一致性验证性因子分析模型图

（5）"论据一致性"量表的效度检验

对自变量"论据一致性"进行验证性因子分析，结果显示模型中没有负的误差变异量，也没有较大的标准误差，所有回归系数均在 0.05 及以上的水平上显著，说明该模型的基本适配指标均达到检验标准，没有违反模型辨认规则。经过修正后的整体模型的拟合优度指标如表 6-15 所示。

表 6-15　自我一致性的验证性因子分析的拟合指标结果

统计检验量	适配的标准或临界值	检验结果数据	模型适配判断
χ^2/df	<3.00	1.671	是
GFI	>0.80	0.998	是
AGFI	>0.80	0.978	是
PGFI	>0.50	1.000	是
CFI	>0.90	0.999	是
NFI		0.998	是
IFI		0.999	是
RMSEA	<0.08	0.042	是

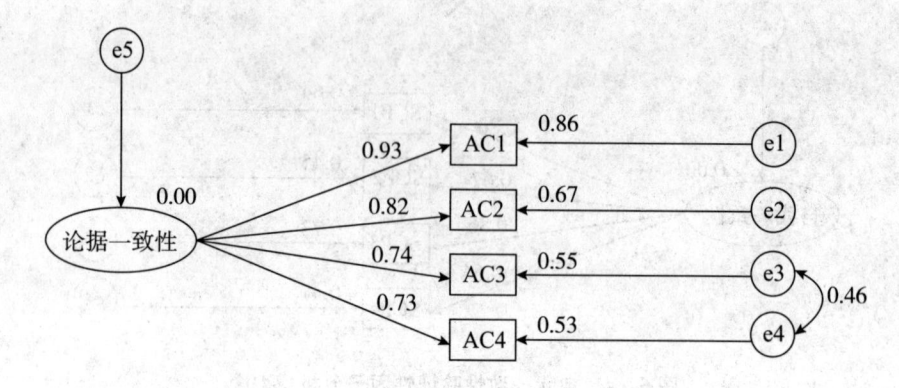

```
          e5
          ↓
         0.00              0.93    ┌─AC1─┐  0.86    e1
                                   ├─AC2─┤  0.67    e2
     论据一致性  ────────  0.82    ├─AC3─┤  0.55    e3  ┐
                          0.74    └─AC4─┘  0.53    e4  ┘ 0.46
                          0.73
```

图 6-5　论据一致性验证性因子分析模型图

图 6-5 是"论据一致性"变量的测量模型。在模型求解过程中，当允许 e3 和 e4 相关时，两者相关系数显著。在实际生活中，网络口碑接收者通过多种渠道查找信息来证实口碑信息的准确性，如果确实信息属实，那么这样的信息在一定程度上也是有用的，因此，两者之间相关也是可以理解的。

（6）"信任传递"量表的效度检验

对中介变量"信任传递"进行验证性因子分析，结果显示模型中没有负的误差变异量，也没有较大的标准误差，所有回归系数均在 0.05 及以上的水平上显著，说明该模型的基本适配指标均达到检验标准，没有违反模型辨认规则。整体模型的拟合优度指标如表 6-16 所示。

表 6-16　　　信任传递的验证性因子分析的拟合指标结果

统计检验量	适配的标准或临界值	检验结果数据	模型适配判断
χ^2/df	<3.00	1.660	是
GFI	>0.80	0.998	是
AGFI	>0.80	0.978	是

续　表

统计检验量	适配的标准或临界值	检验结果数据	模型适配判断
PGFI	>0.50	0.100	否
CFI	>0.90	0.998	是
NFI		0.996	是
IFI		0.998	是
RMSEA	<0.08	0.042	是

表 6-16 显示"信任传递"测量模型拟合得非常好。且从图 6-6 可以看出，标准化负荷系数均接近或大于 0.7 以上，大于 0.5 的最低标准，表明信任的测量指标具有较高的信度。

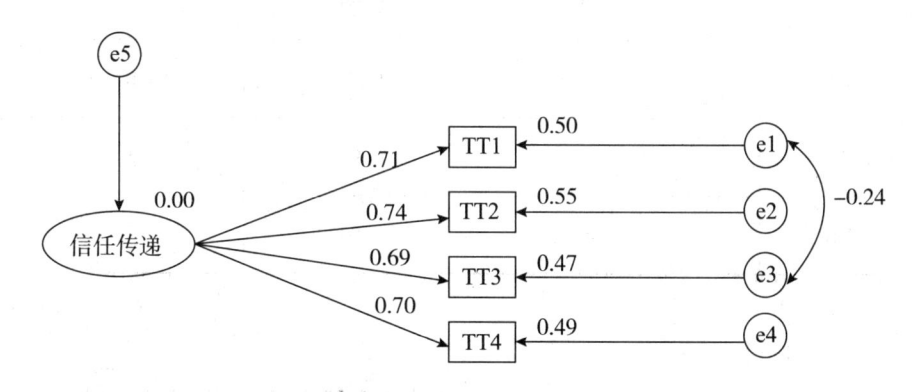

图 6-6　信任传递验证性因子分析模型图

（7）"感知价值"量表的效度检验

对中介变量"感知价值"进行验证性因子分析，结果显示模型中没有负的误差变异量，也没有较大的标准误差，所有回归系数均在 0.05 及以上的水平上显著，说明该模型的基本适配指标均达到检验标准，没有违反模型辨认规则。整体模型的拟合优度指标如表 6-17 所示，显示"感知价值"测量模型拟合得非常好。且从图 6-7 可以看出，标准化负荷系数均接近或大于 0.7 以上，大于 0.5 小于 0.95 的基本标准，表明感知价值的测量指标具有较高的信度。

表 6-17　感知价值的验证性因子分析的拟合指标结果

统计检验量	适配的标准或临界值	检验结果数据	模型适配判断
χ^2/df	<3.00	1.401	是
GFI	>0.80	0.996	是
AGFI	>0.80	0.982	是
PGFI	>0.50	0.199	否
CFI	>0.90	0.999	是
NFI		0.996	是
IFI		0.999	是
RMSEA	<0.08	0.033	是

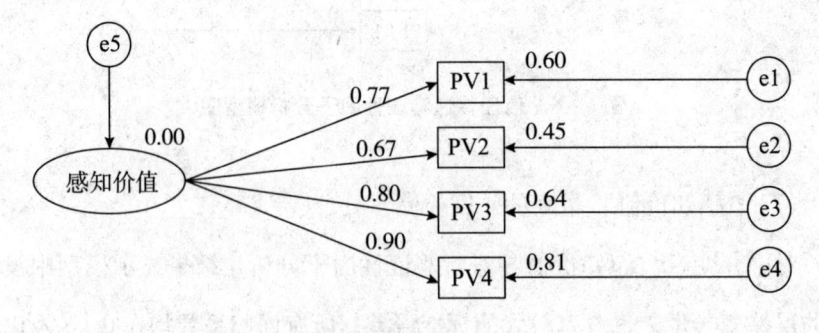

图 6-7　感知价值验证性因子分析模型图

（8）"网络口碑效应"量表的效度检验

对因变量"网络口碑效应"进行验证性因子分析，结果显示模型中没有负的误差变异量，也没有很大的标准误差，所有回归系数均在 0.05 的水平上显著，说明该模型的基本适配指标达到检验标准，没有违反模型辨认规则。整体模型的拟合优度指标如表 6-18 所示。

表 6-18　　　　自我一致性的验证性因子分析的拟合指标结果

统计检验量	适配的标准或临界值	检验结果数据	模型适配判断
χ^2/df	<3.00	1.674	是
GFI	>0.80	0.991	是
AGFI	>0.80	0.974	是
PGFI	>0.50	0.330	否
CFI	>0.90	0.996	是
NFI		0.986	是
IFI		0.999	是
RMSEA	<0.08	0.042	是

表 6-18 中除了 PGFI 一项略低于标准外，其他均达到检验标准。说明这是一个拟合得较好的模型。而且五个测量项目的标准化因子负荷系数值全在 0.5 以上，因此可知网络口碑效应测量项目的效度是可以接受的。

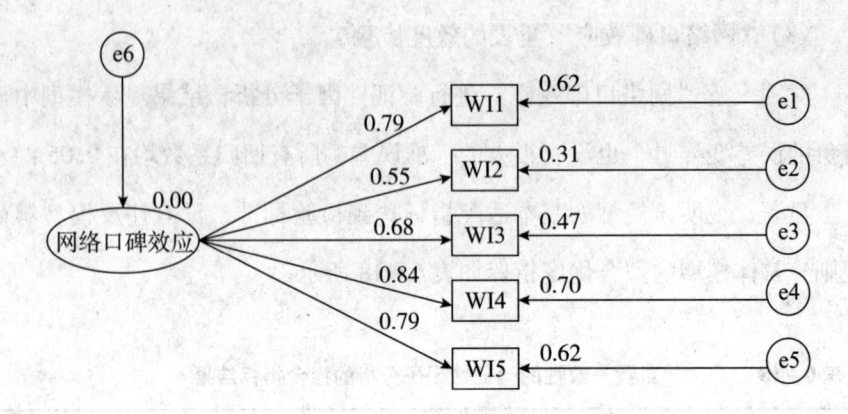

图 6-8 网络口碑效应验证性因子分析模型图

6.4.2.2 分构面的验证性因子分析

在对上述 8 个变量的测量模型逐一进行验证性分析后,本部分接着研究各个构面内因子与因子之间的相关关系,按照前面所分的四个构面,建立测量模型,并分别进行验证性因子分析。在此部分除了如前面单个测量部分的因子负荷检验外,还包括因子间的关系,以及单个信度、组合信度以及结构效度的检验。

在验证性因子分析中,个别测量项目的标准化因子负荷可以用来获得因子的信度,这种信度指标称为建构信度或组合信度。其计算公式如下:

$$CR = (\Sigma 标准化负荷量)^2 / [\Sigma(标准化因素负荷量)^2 + \Sigma(测量误差)] \tag{6-1}$$

此指标是测量潜在变量一致性的程度。信度越高,表示变量之间有高互为关联存在,即此测量中个别指标间是一致的。通常认为此指标如大于或等于 0.5,即表示此测量具有一致性(黄芳铭,2005)。

效度在测量中非常重要。过去采用 EFA 作为建构效度的检验方法是具有争议的,因为它是在因素分析完后才依据变量的聚集情形来命名,所获得的建构是倾向于统计的而非逻辑的(黄芳铭,2005:276)。而验证性因子分析则是具有逻辑的，也具有操作性的特质。因此一般利用验证性因子分析来评估理论的稳定性。在测量模型中，观测变量的标准化因素负荷是用来判断观测变量的单一项目收敛效度指标。标准化因素负荷量的 t 值的绝对值越大，就说明观测变量越能代表其所衡量的潜在变量。当 t 大于 1.96 或 2.58 时，说明该项目在 0.05 水平或 0.01 水平下是显著的，即表明该项目具有收敛效度。

另外，还使用平均变异数抽取量（AVE）来看观察变量的总变异量有多少是来自潜在建构的变异量，其他的变异量则是由测量误差所贡献的。平均变异数抽取量是一种检验收敛效度的指标，其数值越大，表示测量指标越能有效反映其共同因素建构的潜在特质。一般判别的标准是该值大于 0.50。AVE 的计算公式为：

$$AVE = (\Sigma 标准化因素负荷量^2) / [(\Sigma 标准化因素负荷量^2) + \Sigma (测量误差)] \qquad (6-2)$$

对于区分效度，一般有三种检验方式（邱皓政，2008：106）：第一种方法是相关系数的区间估计法，如果两个潜在变量的相关系数的 95% 置信区间涵盖了 1.00，则表示因子间缺乏区辨力；第二种方法是竞争模式比较法，即利用两个验证性模型进行竞争比较。一个是令两个因子间相关自由估计，另一个则是将相关设为 1.00。如果非限制模型没有显著地优于限制模型，即代表两个因子间缺乏区辨力；第三种方法是平均变异抽取量比较法，比较两个潜在变量的 AVE 平均值是否大于两个潜在变量的相关系数平方。因为本研究要计算出 AVE 的值，因此仍然采用最后一种方法来检验变量间的区分效度。

（1）传播者构面验证性因子分析结果

本构面包括两个变量，分别是来源可信度和关系强度，对应的测量项目各有 3 个（其中来源可信度测量指标 2 删除）。因此，本部分验证性因子模型共涉及的测量指标为 3 个。

由前文可知，可以采用 t 规则来对模型进行识别判定。在来源可信度测量模型中，共计有 6 个观测指标，则共有 6 (6+1) /2 = 21 个不重复的元素。而要估计的参数包括 6 个负荷系数、2 个因子间相关系数，还有 6 个测量指标的误差方差，共需要估计 14 个参数，即 t = 14 < 21，满足上文所述的模型被识别的必要条件即 t 规则。

根据验证性因子分析模型识别的三指标经验规则，上述三个变量的测量指标都是三个，因此，测量模型也是可以识别的。

运用 AMOS 18.0 软件，采取固定负荷法和极大似然法，对整个模型进行估计运算。得到的模型还有修正的必要，因此，在参照模型修正建议后，将"关系强度"中测量项目 1 和 3 的误差项 e5 和 e7 之间建立共变关系，得到的结果整理后如表 6 – 19 所示，模型结果图见图 6 – 9。

表 6 – 19   传播者构面的验证性因子分析结果 a

概念指标	非标准化负荷[b]	T 值	标准化负荷[b]	信度系数	组合信度（CR）	平均方差抽取量（AVE）
来源可信度（SC）					0.78	0.55
SC1[c]	1.000		0.564	0.318		
SC3	1.530	10.474	0.766	0.586		
SC4	1.468	10.962	0.869	0.756		
关系强度（TS）					0.87	0.70
H1[c]	1.000		0.902	0.814		
H2	0.879	12.378	0.703	0.500		

续 表

概念指标	非标准化负荷[b]	T 值	标准化负荷[b]	信度系数	组合信度（CR）	平均方差抽取量（AVE）
H3	1.035	15.744	0.891	0.794		

拟合优度指标：$\chi^2 = 18.211$，df = 7，p = 0.000，$\chi^2/df = 2.602$，GFI = 0.984，AGFI = 0.952，RMSEA = 0.065，CFI = 0.989，NFI = 0.982，IFI = 0.989。

注：a——有关量表的细节内容，详见附录 2
　　b——所有因子负荷均在 0.01 的信度下显著
　　c——此因子负荷固定为 1.00

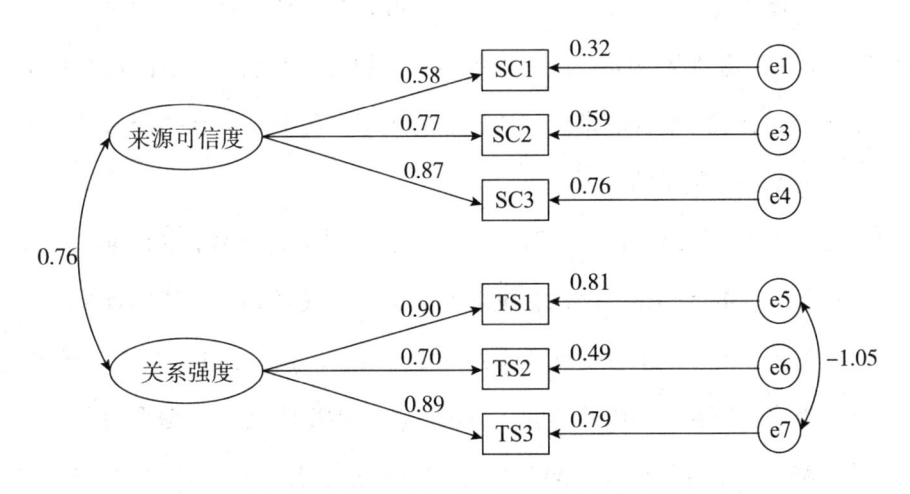

图 6-9　传播者构面验证性因子分析模型图

从表 6-19 可以看出，模型拟合优度指标 χ^2（7，N = 379） = 18.211，p = 0.011，p < 0.05，达到显著水平，这表明本研究测量模式的协方差矩阵与实证资料的协方差矩阵之间有显著性的差异存在。正如许多学者所讨论的，χ^2 对样本数量非常敏感，当样本低于 5000 时，χ^2 值一般会有正向偏差，容易拒绝模型，因此，接受黄芳铭（2005）的建议，继续检验其他的指标，以做综合判断。

卡方与自由度比为 2.602，小于 3，且其他指标 GFI = 0.984，AGFI = 0.952，CFI = 0.989，NFI = 0.982，IFI = 0.989，RMSEA = 0.065 均表明模型可以接受，因而进一步进行信效度的评估。

从单个项目的信度来看，信度系数要大于 0.5 的最低接受值标准，而上述表格中有 1 项信度系数小于这个标准。根据黄芳铭（2005：171）的建议，当个别测量信度锁定在 0.5 以上时，是相当严格的。这种严格性，经常会使得所建构的指标无法达到要求。而且，对广义的 SEM 而言，其重点在于检验理论假设是否成立，因而结构模式是检验的主要对象。如果使用严格的门槛值，那么经常会使得测量模式没有通过标准，使得结构模式系数的解释产生问题。在实际应用中，一般认为只要项目标准化负荷大于 0.50，且 t 值达到显著即可。上述所有测项的标准化负荷都大于 0.50 且不大于 0.95，而且 t 值都非常高，达到显著水平，因此可以认为所有单个项目的信度是可以接受的。

表 6-10 中的组合信度主要是用来评估潜在变量即因子的信度。组合信度不能由 AMOS 提供，必须根据前面给出的公式（6-1）进行计算。表中所给的两个因子的组合信度全部都在 0.7 以上，高于前述的 0.6 的标准。因此，因子的信度是可以接受的。量表的收敛效度主要是根据平均方差抽取量（AVE）来进行检验。AVE 用于计算潜在变量的各测量项目对该潜在变量的平均变异解释能力。AVE 越高，表示该潜在变量的区别效度以及收敛效度越高。AVE > 0.5 时，说明潜在变量具有良好的区分效度。AVE 的值也不能由 AMOS 直接给出，本研究根据前面的 AVE 公式（6-2）计算出来的 AVE 值在 0.55—0.70 之间，符合一般认为的 0.50 的标准，表明这三个变量的测量具有较好的收敛效度。

对于区分效度，本研究主要是运用平均变异抽取量比较法，比较两个潜在变量的 AVE 平均值是否大于两个潜在变量的相关系数平方。在本构面中，两个潜在变量的 AVE 平均值为 0.625，而两个潜在变量的相关系数平方为 0.57（0.760^2），前者大于后者，因此，表明传播者构面验证阶段的两个因子之间彼此区分效度良好。

综合单个项目的因子负荷和信度系数、组合系数以及 AVE 的各个数值的情况可以看出，在传播者构面的两个建构的信度和效度都是可以接受的。

(2) 个体构面验证性因子分析结果

本构面包括 2 个变量，分别是信任倾向和自我一致性，对应的测量项目各有 4 个。因此，本部分验证性因子模型共涉及的测量指标为 8 个。

根据 t 规则对信息构面的模型进行识别，在此测量模型中，共计有 8 个观测指标，则共有 8（8+1）/2 = 36 个不重复的元素。而要估计的参数包括 8 个负荷系数、1 个因子间相关系数，还有 8 个测量指标的误差方差，共需要估计 17 个参数，即 t = 17 < 36，表明模型是可以识别的。而且每个变量有四个测量指标，因此，测量模型也是可以识别的。

运用 AMOS 18.0 软件，采取固定负荷法和极大似然法（ML），对整个模型进行估计运算。所得结果显示不需修正，从表可以看出，模型拟合优度指标 χ^2（19，N = 379）= 33.499，p = 0.000，χ^2/df = 1.763，GFI = 0.979，AGFI = 0.959，CFI = 0.991，NFI = 0.979，IFI = 0.991，RMSEA = .045 均达到了非常理想的标准，模型拟合情况很好，因此，上述模型是可以接受的。

从单个项目的信度来看，"自我一致性"两个测量项目的信度略低于 0.5 的标准，但是所有测量项目的因子标准化负荷都在 0.6 以上，且 T 值都非常大，达到统计显著水平。因此，可以认为所有单个项目的信度也是可以接受的。

根据组合信度公式计算出来的组合信度，分别为 0.89 和 0.83，高于 0.60 的标准，表明各因子具有较高的信度。

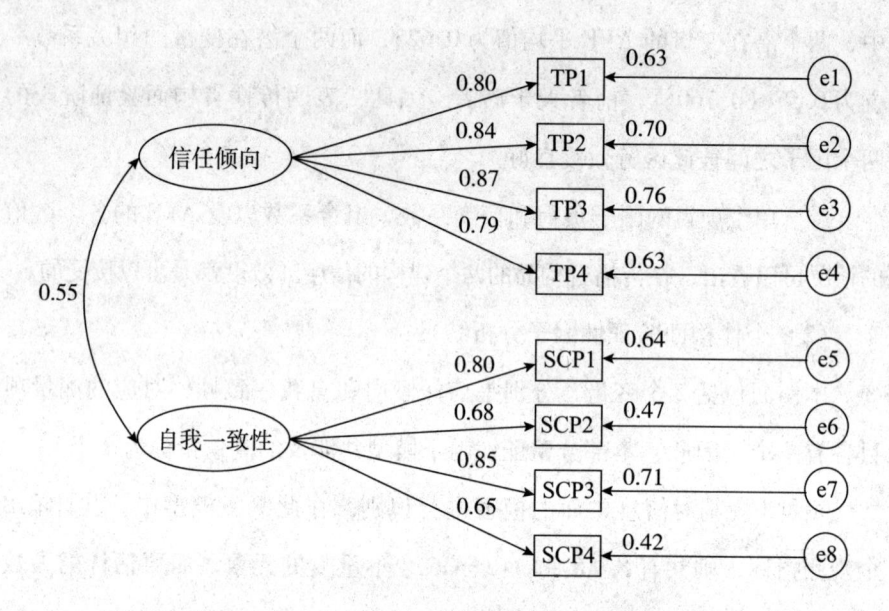

图 6-10 个体构面的验证性因子分析模型图

表 6-20 个体构面的验证性因子分析结果 a

概念指标	非标准化负荷[b]	T 值	标准化负荷[b]	信度系数	组合信度（CR）	平均方差抽取量（AVE）
信任倾向（TP）					0.89	0.67
TP1[c]	1.000		0.795	0.633		
TP2	1.047	17.693	0.835	0.697		
TP3	1.141	18.602	0.873	0.762		
TP4	0.989	16.541	0.791	0.625		
自我一致性（SCP）					0.83	0.56
SCP1 c	1.000		0.801	0.641		

续　表

概念指标	非标准化负荷[b]	T 值	标准化负荷[b]	信度系数	组合信度（CR）	平均方差抽取量（AVE）
SCP2	0.841	13.216	0.682	0.465		
SCP3	1.126	16.209	0.845	0.714		
SCP4	0.902	12.527	0.650	0.423		

拟合优度指标：$\chi^2 = 33.499$，$df = 19$，$p = 0.000$，$\chi^2/df = 1.763$，$GFI = 0.979$，$AGFI = 0.959$，$RMSEA = 0.045$，$CFI = 0.991$，$NFI = .979$，$IFI = 0.991$。

注：a——有关量表的细节内容，详见附录2

　　b——所有因子负荷均在0.01的信度下显著

　　c——此因子负荷固定为1.00

根据 AVE 公式计算出来的 AVE 值分别为 0.67 和 0.56，也高于一般认为的 0.50 的标准，表明构建的变量的测量具有较好的收敛效度。

对于区分效度，同样运用平均变异抽取量比较法来判断。在本构面中，两个潜在变量的 AVE 平均值为 0.615，而两个潜在变量的相关系数平方为 0.30（0.552^2），前者大于后者，因此，表明个体构面验证阶段的两个因子之间彼此区分效度良好。

综合单个项目的因子负荷和信度系数、组合系数以及 AVE 的各个数值的情况可以看出，在个体构面的两个建构的信度和效度都是比较理想的。

（3）中介变量和因变量构面的验证性因子分析结果

本构面包括3个变量，分别是信任、感知价值和网络口碑效应。对应的测量项目分别有4个、4个和5个。因此，本部分验证性因子模型共涉及的测量指标为13个。

根据 t 规则对信息构面的模型进行识别，在此测量模型中，共计有 13 个观测指标，则共有 13（13+1）/2 = 51 个不重复的元素。而要估计的参数包括 13 个负荷系数、3 个因子间相关系数，还有 13 个测量指标的误差方差，共需要估计 29 个参数，即 t = 29 < 51，表明模型是可以识别的。而且每个变量有三个以上测量指标，因此，测量模型也是可以识别的。

运用 AMOS 18.0 软件，采取固定负荷法和极大似然法（ML），对整个模型进行估计运算。结果显示模型不需修正就拟合得很好，所得结果整理见表 6-21，模型图见附录图 4-4。

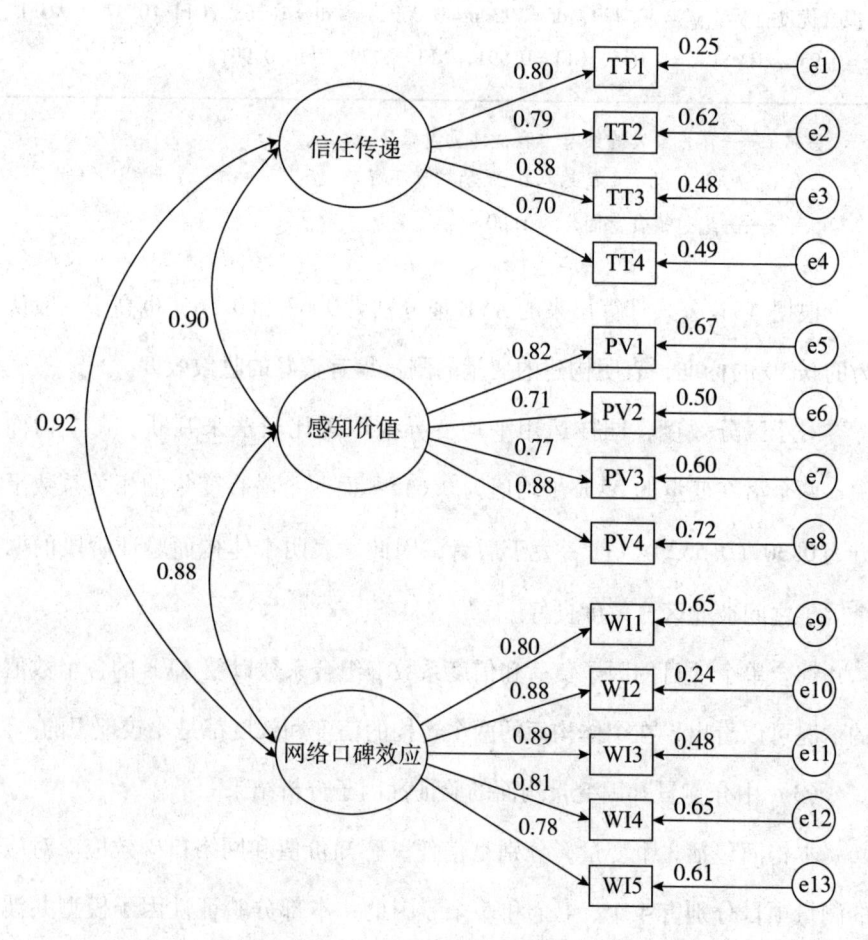

图 6-11 中介变量和因变量构面的验证性因子分析模型图

从表 6-21 可以看出，模型拟合优度指标 χ^2 (62, N = 379) = 146.973，p = 0.000，χ^2/df = 2.371，GFI = 0.942，AGFI = 0.915，CFI = 0.973，NFI = 0.955，IFI = 0.974，RMSEA = 0.060 均达到了非常理想的标准，模型拟合情况良好，上述模型是可以接受的。

表 6-21　中介变量和因变量构面的验证性因子分析结果

概念指标	非标准化负荷[b]	T 值	标准化负荷[b]	信度系数	组合信度 (CR)	平均方差抽取量 (AVE)
信任传递（TR）					0.78	0.48
TR1[c]	1.000		0.595	0.354		
TR2	1.119	11.581	0.790	0.624		
TR3	1.017	10.503	0.681	0.464		
TR4	1.027	10.673	0.697	0.486		
感知价值（PV）					0.87	0.63
PV1[c]	1.000		0.823	0.677		
PV2	0.833	15.124	0.702	0.500		
PV3	1.066	17.087	0.768	0.590		
PV4	1.140	20.323	0.865	0.748		
网络口碑效应（WI）					0.86	0.52
WI1[c]	1.000		0.808	0.652		
WI2	0.864	12.037	0.587	0.345		

续 表

概念指标	非标准化负荷[b]	T 值	标准化负荷[b]	信度系数	组合信度（CR）	平均方差抽取量（AVE）
WI3	1.057	14.474	0.683	0.467		
WI4	1.057	17.947	0.804	0.646		
WI5	1.136	17.381	0.785	0.616		

拟合优度指标：

$\chi^2 = 146.973$, $df = 62$, $p = 0.000$, $\chi^2/df = 2.371$, $GFI = 0.942$, $AGFI = 0.915$, $CFI = 0.973$, $NFI = 0.955$, $IFI = 0.974$, $RMSEA = 0.060$

注：a——有关量表的细节内容，详见附录2
　　b——所有因子负荷均在 0.01 的信度下显著
　　c——此因子负荷固定为 1.00

从单个项目的信度来看，三个潜在变量中有五个测量项目的信度系数略低于 0.5 但是大于 0.35 的标准，而且所有测量项目的因子标准化负荷都在 0.5 以上，且 T 值都非常大，达到统计显著水平。因此，可以认为所有单个项目的信度也是可以接受的。

根据组合信度公式计算出来的组合信度分别为 0.78、0.87 和 0.86，远大于 0.6 的标准，因此可以说各因子的信度较高。

根据 AVE 公式计算出来的 AVE 值分别为 0.48、0.63 和 0.52，只有一个接近于 0.50，其他均在 0.5 之上，表明构建的变量的测量具有一定的收敛效度。

综合单个项目的因子负荷和信度系数、组合系数以及 AVE 的各个数值的情况可以看出，在中介变量和因变量这一构面的三个建构的信度和效度都是比较理想的。

以上从各个构面检验了因子之间的关系（信息层面仅一个变量，因此不做构面分析），并对单个项目、因子组合信度以及效度进行了检验。本研究对这些因子之间的关系进行了多种尝试，比如将前因变量的5个变量放在一起进行验证性因子分析，由于几组因素间的相关系数并不呈中高度相关（相关系数均在0.7以下），显示这些因素间不可能有另一个更高阶的共同因素存在，而且二阶因子的建立尚缺乏一定的理论支撑，因此，本研究保留对5个前因变量的一阶因子分析，而未做二阶因子检验。

通过本章对本研究中传播者层面、个体层面以及中介和因变量层面的几个变量进行 Cronbach α 系数的计算以及运用结构方程模型进行的单个和不同构面的验证性因子分析，可知 Cronbach α 系数的值和各个因子模型的拟合指标都是比较理想的，说明本研究中对几个潜在变量的测量是具有信度和效度的。

6.5 相关性分析

相关性分析用于描述两个变量之间关系的密切程度，它反映的是当控制了其中一个变量的取值后，另一个变量还有多大的变异程度。采用相关性分析可以得到各变量间的相关矩阵表，从矩阵表中可以初步了解各个测项之间的联系，可以将此关联结果与其他分析方法所得到的结果进行比较，从而发现其中的规律。

6.5.1 传播者构面影响因素与网络口碑效应的相关性分析

根据前面构建的模型和假设可知，在传播者构面主要有"来源可信度"以及"关系强度"对网络口碑效应产生影响。表6-22显示了网络口碑效应与传播者构面影响因素的相关系数情况，数据特征可以归纳为以下两个方面：

第一，两个潜在变量的测量问项与网络口碑效应的相关系数都在中等大小，最大的为0.645。从整体上看，"关系强度"的三个测量指标与网络口碑效应测量指标间的相关系数最大（最小的也有0.364），"来源可信度"的测量指标与网络口碑效应测量指标的相关系数略低一点。表明网络口碑效应受到来源可信度和关系强度的影响的可能性比较大。

第二，在"关系强度"指标"对口碑提供者很了解"与网络口碑效应的各项指标的关系中，与"提供了对购买有帮助的信息"的相关系数最大（相关系数为0.645），表明口碑信息接收者对传播者越了解，越认为该传播者能提供对其有帮助的信息。

如果感知到口碑传播者经验很丰富，那么通常会参照口碑建议。但是口碑信息传播者是否具有该领域内的专业知识对改变口碑信息接收者对购买该商品的想法或态度有一定程度的影响，却是最小的一个（相关系数为0.365）。

表6-22　　网络口碑效应与传播者构面影响因素的相关系数

	WI1	WI2	WI3	WI4	WI5
SC1	0.394**	0.365**	0.439**	0.408**	0.364**
SC3	0.550**	0.390**	0.417**	0.509**	0.560**
SC4	0.566**	0.435**	0.521**	0.539**	0.573**
TS1	0.645**	0.598**	0.548**	0.379**	0.434**
TS2	0.615**	0.455**	0.365**	0.441**	0.478**

续 表

	WI1	WI2	WI3	WI4	WI5
TS3	0.565**	0.404**	0.503**	0.535**	0.550**

注：**在0.01水平（双侧）上显著相关。

6.5.2 信息层面的影响因素与网络口碑效应的相关性分析

根据前面的模型可知，影响网络口碑效应的信息构面的影响因素只有一个即"论据一致性"。表6-23是网络口碑效应与该层面影响因素的相关系数，表中数据特征可以归纳为以下两个方面：

第一，该变量的各个指标与网络口碑效应指标的相关系数大小均在中等左右（最大为0.536，最小为0.307）。表明网络口碑效应在一定程度上可能会受到此因素的影响。

第二，该变量测量指标中的"多种渠道来证明口碑信息的准确性"和"通过其他渠道了解的产品信息与该口碑信息是相符的"，主要是指口碑信息接收者通过多种渠道来证明论据是否一致性，这两个指标对网络口碑效应指标中的"购买有帮助"以及"能协助做出购买决定"两个影响最大（相关系数为0.536和0.515），对"提及注意事项"以及"参照口碑建议"的影响也较大（相关系数为0.432和0.483），但是对"改变购买态度或想法"的影响略小（相关系数为0.332）。

表6-23 网络口碑效应与信息构面影响因素的相关系数

	AC1	AC2	AC3	AC4
WI1	0.455**	0.356**	0.479**	0.536**

续 表

	AC1	AC2	AC3	AC4
WI2	0.397**	0.390**	0.332**	0.332**
WI3	0.384**	0.307**	0.440**	0.432**
WI4	0.434**	0.369**	0.501**	0.483**
WI5	0.393**	0.355**	0.458**	0.515**

注：**在0.01水平（双侧）上显著相关。

6.5.3 网络口碑效应与个体构面影响因素的相关性分析

根据前面的文献及理论分析，本研究只探讨两个影响网络口碑效应的个体构面的影响因素：信任倾向和自我一致性。表6-24是网络口碑效应与个体构面影响因素的相关系数。表中数据特征可以归纳为以下四个方面：

第一，对比来看，个体构面的两个影响因素的指标与网络口碑效应的测量指标都具有中等或较高的相关系数。表明网络口碑信息接收者从口碑信息中感知到的自我一致性与口碑接收者的自我信任倾向对网络口碑效应都有较大的影响，其中自我一致性的影响更大一点。

第二，自我一致性中各指标与网络口碑效应的各项指标的关系中，"符合我的需要"与"提供有帮助的信息"的相关系数较大（相关系数为0.638），表明口碑信息中的产品是否符合接收者的需要起着至关重要的作用。

第三，在自我一致性各指标与网络口碑效应的各项指标的关系中，"个人认同"与"提供有帮助的信息"相关系数最大（相关系数为

0.653），与"协助做出购买决定"的相关关系次之（相关系数为 0.618）。表明接收者是否认同该产品能帮助其做出购买决定。

第四，在信任倾向各指标与网络口碑效应各指标关系中，相关系数相比较而言是属于偏低的（相关系数最小的为 0.285，最大的为 0.449），尤其是"我通常都会相信别人"和"我觉得人性是可以信赖的"的影响都较小。也表明网络口碑接收者自身的信任倾向性并非起着决定性因素。

表 6-24　　网络口碑效应与个体构面影响因素的相关系数

	TP1	TP2	TP3	TP4	SCP1	SCP2	SCP3	SCP4
WI1	0.305**	0.285**	0.400**	0.370**	0.638**	0.513**	0.653**	0.462**
WI2	0.328**	0.368**	0.390**	0.384**	0.445**	0.449**	0.405**	0.418**
WI3	0.366**	0.359**	0.449**	0.397**	0.438**	0.477**	0.496**	0.457**
WI4	0.322**	0.311**	0.428**	0.401**	0.544**	0.497**	0.569**	0.463**
WI5	0.310**	0.341**	0.411**	0.404**	0.551**	0.495**	0.618**	0.459**

注：**在 0.01 水平（双侧）上显著相关。

6.5.4　网络口碑效应与中介变量的相关性分析

根据前面的文献及理论分析，前因变量通过两个中介变量对网络口碑效应产生作用：信任和感知价值。表 6-25 是网络口碑效应与中介变量之间的相关系数。表中数据特征可以归纳为以下几个方面：

第一，总体上看，信任及感知价值各指标与网络口碑效应各指标之间呈现出中等或较高的相关关系。表明口碑信息接收者的信任和从口碑信息中感知到的对商品的价值都会影响网络口碑效果。而且相对来说，感知价值的影响比信任对网络口碑效应的影响更大（最大系数为0.708，其他全在0.4以上）。

第二，在感知价值指标"是我所喜欢的"与网络口碑效应指标五者的关系中，与"购买有帮助"的相关系数最大（相关系数为0.708），其次是对"参照口碑建议"也有较大的影响（相关系数为0.647）。表明消费者从口碑信息中感知到产品是他所喜欢的，则对其做出购买决定和购买都有帮助。

第三，在感知价值指标"质量很好的"与网络口碑效应指标的关系中，与"购买有帮助"的相关系数最大（相关系数为0.669），表明信息接收者如果感知到口碑信息中的质量可靠，那么将来参照口碑信息做出购买决定的可能性就大。

第四，在信任传递指标"我信任口碑传递者，也因而信任其推荐的产品"与网络口碑效应指标的关系中，与"参照购买"的相关系数最大（相关系数为0.626），表明口碑传递者获得接收者的信任有很大的关系，同时，这种信任也会连带地转移到其推荐的产品上，对接收者的购买有一定的帮助。

表6-25　　　　　网络口碑效应与中介变量之间的相关系数

	TT1	TT2	TT3	TT4	PV1	PV2	PV3	PV4
WI1	0.362**	0.594**	0.504**	0.472**	0.708**	0.553**	0.547**	0.669**
WI2	0.403**	0.478**	0.372**	0.471**	0.465**	0.448**	0.411**	0.460**
WI3	0.453**	0.456**	0.473**	0.508**	0.508**	0.516**	0.514**	0.573**
WI4	0.382**	0.626**	0.528**	0.647**	0.647**	0.542**	0.560**	0.634**
WI5	0.398**	0.542**	0.529**	0.636**	0.636**	0.576**	0.538**	0.635**

注：**在0.01水平（双侧）上显著相关。

6.5.5 各因子之间的相关分析

对各个潜在变量的测量指标汇总后取平均值,将潜在变量变为显变量,利用 SPSS 18.0 软件对各变量进行相关性检验,检验结果见表 6-26。对于相关系数 r 值的解读,有的学者认为当 r<0.20 时,表明两者轻微相关,属于几乎可以忽略的关系;当 r 在 0.20—0.40 之间时,两者低度相关,属于确实存在但比较弱的关系;当 r 在 0.40—0.70 之间时,中度相关,属于实质性的关系;当 r 在 0.70—0.90 之间时,高度相关,属于显著的关系;当 r>0.90 时,极高度相关,属于数据特别依赖的关系(琼恩·基顿等,2009)。从表中可以看出,8 个变量之间都存在着显著的相关关系,且不存在两两高度相关的情况。从表中可以看出,网络口碑效应与信任之间高度相关,关系显著(相关系数值为 0.847),而论据一致性与接收者的信任倾向之间存在关系但关系较弱(相关系数值为 0.334)。

表 6-26 各因子之间的相关系数

	1	2	3	4	5	6	7	8
来源可信度	1							
关系强度	0.636**	1						
自我一致性	0.698**	0.695**	1					
信任倾向	0.464**	0.485**	0.486**	1				
论据一致性	0.534**	0.500**	0.619**	0.334**	1			
信任传递	0.615**	0.624**	0.710**	0.563**	0.514**	1		

续　表

	1	2	3	4	5	6	7	8
感知价值	0.714**	0.695**	0.815**	0.508**	0.604**	0.816**	1	
网络口碑效应	0.712**	0.696**	0.776**	0.536**	0.604**	0.847**	0.828**	1

注：**在0.01水平（双侧）上显著相关。

第 7 章　结构模型分析与假设检验

在前面对数据进行了收集和质量评估后，本章主要是对本研究的假设进行检验。共分为三个部分：第一部分建立结构方程模型，对模型中影响消费者网络口碑效应的各个前因变量进行验证；第二部分探讨网络口碑对消费者购买意愿的影响机制，并考察中介变量的作用效应；第三部分用多群组分析方法对两个调节效应进行检验。

7.1　影响因素实证研究

本节首先对影响网络口碑效应的各个前因变量进行初步实证研究。根据本研究模型图可知，前因变量包括三个方面：传播者构面、信息层面和个体构面。其中，传播构面由来源可信度和关系强度两个潜在变量组成；信息层面由单一的潜在变量即论据一致性组成；个体构面由受众的信任倾向以及自我一致性两个潜在变量组成。

SEM 分析通常会以变量组合策略简化测量模型，使结构模式得以在比较简化的情形下进行估计。由于本研究涉及的观测变量比较多，结构模型较大，所需估计的参数也很多，为了解决结构方程模型变量过多带来的模型构建和运算困难，有学者建议变通处理，即将潜在变量改为观测变量处理，也就是把构成各潜在变量的题目组合成单一变量，用各个变量各自度量项目的算术平均值来对其进行度量（邱皓政等，2008：265），这个处理方法目前已得到普遍认同和采用。本研究共涉及8个潜在变量，前因变量涉及5个，由于前述这些变量都具有可接受的信度和效度，所以也采用取各自度量项目的算术平均值来对其进行度量。再加上本研究主要是考察变量之间的关系，而非关注各测量指标之间的关系，因此这样处理是合理的。又因为本研究涉及两个重要的中介变量，因此，将5个前因变量改成观测变量，而保留两个中介变量和因变量作为潜在变量的形式存在，即整个模型变成一个混合模型。

根据前面的内容可知，完整的结构方程模型，包含前面所说的测量模型（measurement model）与结构模型（structural model），测量模型描述的是潜在变量与指标之间的关系，结构方程描述的则是潜在变量之间的关系。如果将这些潜在变量改成观测变量，则结构模型就成了传统意义上的路径分析。路径分析模型的结构模型中若同时包括观测变量及潜在变量，则这种路径分析模型称为混合模型，混合分析模型的结构模型图中同时包含方形与椭圆形对象。

7.1.1 模型设定与识别

本节主要考察前因变量对网络口碑效应是否有显著的影响，从而验证假设是否成立。根据第5章的原始概念模型图，建立此部分的影响因素结构模型图。

需要说明的是，在建立模型图之前，本研究首先利用SPSS软件对5个变量进行了转换，处理方法是按照通用的方法即对潜在变量的各个测量指标加总后取算术平均值。为了便于分析，新生成的变量名与之前分析中的各个潜在变量名保持一致，只是在前面的模型图中是在椭圆形中出现的，而在现在的模型中是以方形出现的，即将潜在变量改成了观测变量。

根据 t 规则对设定的模型进行识别，在此测量模型中，共计有 10 个观测指标，则共有 10（10+1）/2 =55 个不重复的元素。而要估计的参数包括 5 个负荷系数、10 个因子间相关系数，还有 5 个测量指标的误差方差，5 条路径系数以及一个变量的回归残差，共需要估计 25 个参数，即 t = 25 < 55，表明模型是可以识别的。而且潜在变量有三个以上测量指标，因此测量模型也是可以识别的。同时对于结构模型，不存在内生变量双向的因果情况，模型是一个递归模型。以上都表明此模型总体上是可以识别的。

7.1.2 模型评价与假设检验

运用 AMOS 18.0，就上述模型进行结构方程估计，详细参数估计结果及拟合指标情况见表 7-1，模型结果图见图 7-1。

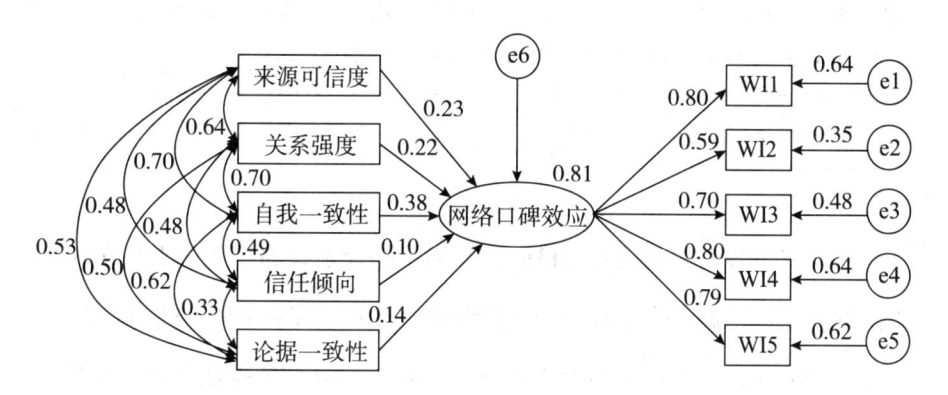

图 7-1 网络口碑效应的影响因素结果图

从表 7-1 可以看出，拟合优度指标 χ^2（25，N = 379） = 46.405，p = 0.000，达到显著水平，表明本研究测量模型的协方差矩阵与实证资料的协方差矩阵之间有显著性的差异存在。如前所述，接受黄芳铭（2005）的建议，继续检验其他的指标，以做综合判断。GFI = 0.975，AGFI = 0.946，CFI = 0.990，NFI = 0.978，IFI = 0.990，均大于 0.9 的接受值，RMSEA = 0.048，小于 0.08 的接受值，$\chi^2/df = 1.856$，小于 3，故整体上看，此路径模型拟合情况良好，可以接受。

表 7-1　　　　　网络口碑效应的影响因素结果分析表

假设与路径	回归系数	标准化回归系数	t 值（p 值）	检验结果
来源可信度→网络口碑效应	0.186	0.231	5.063（***）	支持
关系强度→网络口碑效应	0.168	0.215	4.749（***）	支持
信任倾向→网络口碑效应	0.079	0.105	2.908（.004）	支持
自我一致性→网络口碑效应	0.329	0.383	7.292（***）	支持
论据一致性→网络口碑效应	0.101	0.143	3.640（***）	支持

拟合优度指标 $\chi^2 = 46.405$，df = 25，p = 0.006，$\chi^2/df = 1.856$，GFI = 0.975，AGFI = 0.946，CFI = 0.990，NFI = 0.978，IFI = 0.990，RMSEA = 0.048。

注：*** $p < 0.001$，** $p < 0.01$，* $p < 0.05$，显著水平在 0.05 为支持，在 0.1 为弱支持。

本研究对假设关系成立的检验标准为：路径系数的显著性水平在 0.05 以上的为显著，假设成立；路径系数的显著性水平在 0.1 以上的为弱显著，假设部分成立，低于 0.1 的为不显著，假设不成立。依据此标准，本模型五条路径中，有四条路径在 0.001 的水平上显著，还有一条在 0.05 的水平上显著，均达到显著水平。据此，各假设的检验情况如下：

H1：来源可信度正向影响网络口碑效应；

H1a：网络口碑的来源可信度越高，对网络口碑效应影响就越大。

通过结构方程模型的路径系数运算结果发现，来源可信度对网络口碑效应的影响路径系数为0.231，t值为5.063，p值为0.000，通过显著性检验，假设H1和H1a成立，因此，传播者专业性对消费者的网络口碑效应有显著的正向影响。

H2：关系强度正向影响网络口碑效应；

H2a：关系强度越强，对网络口碑效应的影响就越大。

通过结构方程模型的路径系数运算结果发现，关系强度对网络口碑效应的影响路径系数为0.215，t值为4.749，P值为0.000，通过了显著性检验，支持假设H2和H2a，因此，关系强度对消费者的网络口碑效应有显著的正向影响。

H3：个体信任倾向正向网络口碑效应；

H3a：个体信任倾向越强，对网络口碑效应的影响就越大。

上述结构方程模型的路径系数运算结果显示，个体的信任倾向对网络口碑效应的影响路径系数为0.105，t值为2.908，p值为0.004，通过显著性检验，假设H3和H3a成立，因此，个体信任倾向对消费者的网络口碑效应有显著的正向影响。

H4：个体自我一致性感知正向影响网络口碑效应；

H4a：个体自我一致性感知越强，对网络口碑效应的影响就越大。

上述结构方程模型的路径系数运算结果显示，接收者的自我一致性感知对网络口碑效应的影响路径系数为0.383，t值为7.292，p值为0.000，通过了显著性检验，假设H4和H4a完全成立，表明接收者的自我一致性感知对消费者的网络口碑效应有重要的正向影响。

H5：论据一致性正向影响网络口碑效应；

H5a：论据一致性越强，对网络口碑效应的影响就越大。

上述结构方程模型的路径系数运算结果显示，论据一致性对网络口碑效应的影响路径系数为 0.143，t 值为 3.640，p 值为 0.000，通过了显著性检验，假设 H5 和 H5a 完全成立，表明论据一致性对消费者的网络口碑效应有着正向的影响。

7.2 影响机制实证研究

在前面对网络口碑效应的前因变量进行了实证研究后，本节将通过建立整合模型，对网络口碑效应的影响机制进行实证研究。研究目的是检验前因变量如何通过影响信任传递、消费者感知价值来影响网络口碑效应，并验证信任和消费者感知价值的中介效应。待验证的假设有 H1b、H2b、H3b、H4b、H5b、H6b、H7b、H8、H9、H10。

7.2.1 模型设定与识别

根据 t 规则对设定的模型进行识别，在此测量模型中，共计有 20 个观测指标，则共有 20（20+1）/2=210 个不重复的元素。而要估计的参数包括 13 个负荷系数、21 个因子间相关系数，还有 13 个测量指标的误差方差，10 条路径系数以及 3 个变量的回归残差，共需要估计 60 个参数，即 t=60<210，表明模型是可以识别的。而且潜在变量均有三个以上测量指标，因此，测量模型也是可以识别的。同时对于结构模型，不存在内生变量双向的因果情况，模型是一个递归模型。以上都标明此模型总体上是可以识别的。

另外，在路径模型中的误差相关，在前面单个模型验证性因子分析中已做出说明，而且一般都要求在结构模型中不再做修改。因此，本研究依照此规定,以下所有结构模型设定中的误差相关均与前面保持一致,而且模型即使有修改的可能,即误差相关大大降低卡方值,也不再强行修改。

7.2.2 模型评价

运用 AMOS 18.0 软件,采取固定负荷法和极大似然法(ML),对整个模型进行估计运算后发现模型有修正的必要,修正后的模型如附录图,详细参数估计结果及拟合指标情况见表 7-2,模型运算结果图见附录图 5-2。

表 7-2　　　　　　网络口碑效应的影响机制结果分析表

假设与路径	回归系数	标准化回归系数	t 值 (p 值)	检验结果
来源可信度→信任传递	0.306	0.381	7.130 (***)	支持
关系强度→信任传递	0.285	0.366	6.853 (***)	支持
信任倾向→信任传递	0.195	0.259	5.795 (***)	支持
论据一致性→感知价值	0.111	0.130	3.868 (***)	支持
自我一致性→感知价值	0.454	0.438	10.101 (***)	支持
信任传递→感知价值	0.627	0.518	9.012 (***)	支持
信任传递→网络口碑效应	0.271	0.276	3.623 (***)	支持
感知价值→网络口碑效应	0.587	0.725	9.240 (***)	支持

拟合优度指标 $\chi^2 = 349.296$,df = 122,p = 0.000,$\chi^2/df = 2.863$,GFI = 0.906,AGFI = 0.868,CFI = 0.948,NFI = 0.923,IFI = 0.948,RMSEA = .070。

注: *** p < 0.001,** p < 0.01,* p < 0.05,显著水平在 0.01 及以下为支持。

从表7-2可以看出,模型拟合优度指标 χ^2 (122, N = 379) = 349.296, p = 0.000,达到显著水平,表明本研究测量模型的协方差矩阵与实证资料的协方差矩阵之间有显著性的差异存在。如前所述,接受黄芳铭(2005)的建议,继续检验其他的指标,以做综合判断。

从绝对拟合指数来看,GFI = 0.906,达到0.9的标准,AGFI = 0.868虽然未达到0.9的门槛值,但也接近0.9,RMSEA = 0.070小于0.08的接受值;从相对拟合指数来看,CFI = 0.948,NFI = 0.923,IFI = 0.948,均大于0.9的标准值。χ^2/df = 2.863,小于3的标准,故整体上看,该模型整体拟合情况尚好。另外,从复相关系数 R^2 来看,模型中内因潜在变量"信任传递"的 R^2 等于0.697,"感知价值" R^2 等于0.898,网络口碑效应的 R^2 等于0.944。根据假设模型图可知,"来源可信度""关系强度"和"信任倾向"这三个变量可联合解释"信任传递"变量69.7%的变异量;"论据一致性""自我一致性"这两个变量可以联合解释"感知价值"89.8%的变异量;而"感知价值""信任传递"两个变量能够联合解释"网络口碑效应"94.4%的变异量,这些数据表明模型的整体解释力很高。

7.2.3 路径分析

在原模型图中,有8条路径,经过AMOS分析,模型不需要修正。依据前述检验标准,这8条路径全部显著。

7.2.3.1 自变量对信任传递的假设检验

H1b:来源可信度正向影响信任传递。

根据上述模型运算结果发现,来源可信度到信任传递的影响路径系数为0.381,p值为0.000,通过了显著性检验,支持假设H1b,表明消费者所感知的来源可信度对信任传递有着显著的影响。

H2b：接收者与传播者的关系强度正向影响信任传递。

根据表可知，接收者与传播者的关系强度到信任传递的影响路径系数为 0.366，p 值为 0.000，通过显著性检验，支持假设 H2b，表明接收者和传播者之间的关系强度对接收者的信任传递也有着较显著的影响。

H3b：个体信任倾向正向影响信任传递。

信任倾向到信任传递的影响路径系数为 0.259，p 值为 0.000，通过了显著性检验，支持假设 H3b，表明个体的信任倾向对信任传递有正向的影响作用。

7.2.3.2 自变量对感知价值的假设检验

H4b：自我一致性正向影响消费者感知价值。

根据模型运算结果可知，自我一致性到消费者感知价值的影响路径系数为 0.438，p 值为 0.000，通过了显著性检验，支持假设 H4b，表明自我一致性对消费者感知价值有着显著的正向的影响作用。

H5b：论据一致性正向影响消费者感知价值。

根据模型运算结果可知，论据一致性到消费者感知价值的影响路径系数为 0.130，p 值为 0.000，通过了显著性检验，支持假设 H5b，表明论据一致性对消费者感知价值有正向的但相对较弱的影响作用。

7.2.3.3 信任传递、感知价值对网络口碑效应的假设检验

H6：信任传递正向影响消费者感知价值。

根据模型运算结果可知，信任传递到消费者感知价值的影响路径系数为 0.518，p 值为 0.000，通过了显著性检验，支持假设 H6，表明信任传递对消费者感知价值有正向的显著的影响作用。

H7：信任正向影响网络口碑效应。

根据模型运算结果可知，信任传递到网络口碑效应的影响路径系数为

0.276，p 值为 0.000，通过了显著性检验，支持假设 H7，表明信任传递对网络口碑效应有正向积极的影响作用。

H8：感知价值正向影响网络口碑效应。

根据模型运算结果可知，感知价值到网络口碑效应的影响路径系数为 0.725，p 值为 0.000，通过了显著性检验，支持假设 H8，表明感知价值对网络口碑效应有正向且重要的影响作用。

7.2.4 中介变量的作用效应

7.2.4.1 中介变量及作用效应检验程序

中介变量（mediator）是一个重要的统计概念，它是一种作用机制，指主要的自变量通过它能够对因变量产生作用。其作用路径可以用图 7-2 表示。

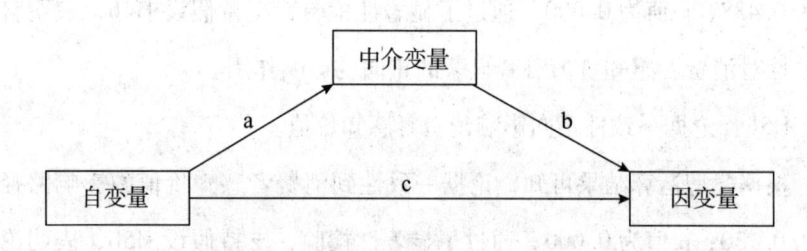

图 7-2 中介变量作用路径（资料来源：Baron and Kenny，1986）

图中所示有三条路径，路径 a 表示自变量对中介变量有影响，而中介变量又对因变量有影响（路径 b），除此之外，路径 c 表示自变量对因变量有影响。也就是说自变量除了对因变量有直接的影响外，还通过中介变量来对因变量产生间接影响。

对于中介变量的作用路径，温忠麟等人（2004）在前人基础上绘制了一个便于检验其效应的路径图，如图 7-3 所示。

```
    X ──C──→ Y ←── e₁          Y=CX+e₁
```

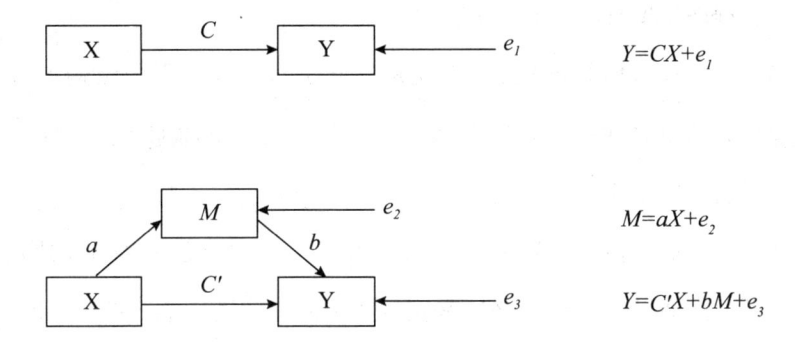

```
         M ←── e₂
        ↗ ↘
       a   b
      /     ↘
    X ──C'──→ Y ←── e₃         M=aX+e₂
                               Y=C'X+bM+e₃
```

图 7-3　中介变量模型图（温忠麟等人，2004）

图中 C 是 X 对 Y 的总效应，ab 是经过中介变量 M 的间接效应（也就是中介效应），C′是直接效应。要检验 M 的中介效应，可遵行温忠麟等人（2004）总结出来的中介效应检验实用程序，该程序使得第一类错误率和第二类错误率都比较小，不仅可以检验部分中介效应，还可以检验完全中介效应，该方法由于比较容易实施，目前国内被采用得比较多。这里直接引用他们的检验程序图如图 7-4 所示。

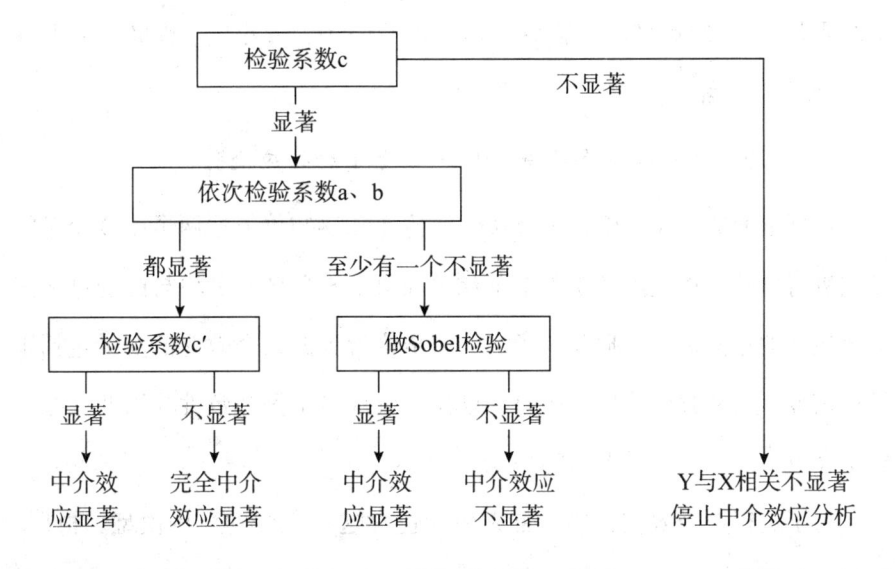

```
        检验系数c
           │
     显著  │  不显著 ──────────────┐
           ↓                      │
     依次检验系数a、b              │
           │                      │
   都显著  │  至少有一个不显著     │
           ↓        ↓             │
      检验系数c'   做Sobel检验     │
       │   │       │   │          │
     显著 不显著  显著 不显著      │
       ↓   ↓       ↓   ↓          ↓
     中介 完全中  中介 中介效应  Y与X相关不显著
     效应 介效应  效应 不显著    停止中介效应分析
     显著 显著   显著
```

图 7-4　中介效应检验程序图

检验程序主要分为下面几步:

第一步,检验回归系数 c,也就是检验不含中介变量的结构模型中,各回归系数的显著性情况。如果显著,则继续进行下面的中介效应程序;如果不显著,则中止检验。

第二步,依次检验系数 a 和 b,如果都显著,意味着 X 对 Y 的影响至少有一部分是通过了中介变量 M 来实现的,则继续进行第三步。如果至少有一个不显著,则要跳到第四步进行检验。

第三步,检验是否是完全中介效应的检验,如果检验系数 C′,也就是检验直接效应不显著,说明是完全中介过程,即 X 对 Y 的影响都是通过中介变量 M 实现的;如果显著,说明只是部分中介过程,即 X 对 Y 的影响只有一部分是通过中介变量 M 实现的,到此检验结束。

第四步,如果 ab 至少有一条不显著,则要进行 Sobel 检验,该检验的统计量是 $z = \hat{a}\hat{b}/\sqrt{\hat{a}^2 s_b^2 + \hat{b}^2 s_a^2}$ 其中 $\hat{a}$、$\hat{b}$ 分别是 a、b 的标准化估计值,sa、sb 分别是 $\hat{a}$、$\hat{b}$ 的标准误。临界值是 z 大于 0.90,或小于 -0.90,表明在 0.05 信度上显著。

7.2.4.2 信任传递和感知价值中介变量的效应检验

根据上面的检验步骤,本节对信任传递和感知价值这两个中介变量的效应进行检验。根据本章 7.1 节的结论可知,5 个自变量均与因变量之间显示显著的正向关系。据此,确定下一步将检验的中介效应的变量包括来源可信度、关系强度、信任倾向、自我一致性与论据一致性与因变量之间的中介效应。

为了进行中介效应检验,首先建立包含这些变量的结构模型。根据 t 规则对设定的模型进行识别,在此模型中,共计有 18 个观测指标,则共有 18(18+1)/2 = 171 个不重复的元素。而要估计的参数包括 13 个负荷系数、10 个因子间相关系数,还有 13 个测量指标的误差方差,13 条路径系数以及 3 个变量的回归残差,共需要估计 52 个参数,即 t = 52 < 171,表明模型是可以识别的。而且潜在变量均有 3 个以上测量指标,因此,测量模型也是可以识别的。同时对于结构模型,不存在内生变量双向的因果情况,模型是一个递归模型。以上都表明此模型总体上是可以识别的。运用 AMOS 18.0 对上述结构模型进行估计,详细结果整理后见表 7 - 3 和表 7 - 4。

表 7 - 3　　　　　　　中介效应结构模型检验结果分析表

假设与路径	回归系数	标准误	标准化回归系数	t 值（p 值）	是否显著
来源可信度→信任转移	0.300	0.044	0.371	6.763（＊＊＊）	是
关系强度→信任转移	0.277	0.043	0.354	6.456（＊＊＊）	是
信任倾向→信任转移	0.209	0.035	0.276	5.886（＊＊＊）	是
论据一致性→感知价值	0.098	0.030	0.115	3.248（0.001）	是
自我一致性→感知价值	0.470	0.046	0.451	10.132（＊＊＊）	是
信任传递→感知价值	0.619	0.069	0.514	8.979（＊＊＊）	是
信任传递→网络口碑效应	0.277	0.122	0.284	2.268（0.023）	是
感知价值→网络口碑效应	0.516	0.133	0.638	3.878（＊＊＊）	是
来源可信度→网络口碑效应	0.038	0.038	0.048	0.986（0.342）	
关系强度→网络口碑效应	0.041	0.036	0.054	1.128（0.259）	
信任倾向→网络口碑效应	-0.024	0.028	-0.033	-0.868（0.385）	
自我一致性→网络口碑效应	-0.018	0.073	-0.022	-0.253（0.800）	
论据一致性→网络口碑效应	0.040	0.028	0.059	1.458（0.145）	

续 表

假设与路径	回归系数	标准误	标准化回归系数	t值（p值）	是否显著

拟合优度指标 $\chi^2 = 342.987$, $df = 117$, $p = 0.000$, $\chi^2/df = 2.932$, $GFI = 0.908$, $AGFI = 0.866$, $CFI = 0.948$, $NFI = 0.924$, $IFI = 0.949$, $RMSEA = 0.071$。

注：*** $p < 0.001$，** $p < 0.01$，* $p < 0.05$，显著水平在 0.05 为支持，在 0.1 为弱支持。

从表中可以看出，模型拟合优度指标 χ^2（117，$N = 379$）$= 342.987$，$p = 0.000$，$\chi^2/df = 2.932$，$GFI = 0.908$，$AGFI = 0.866$，$CFI = 0.948$，$NFI = 0.924$，$IFI = 0.949$，$RMSEA = 0.071$ 均达到了模型拟合标准，模型整体拟合情况尚好。从复相关系数 R^2 来看，模型中内因潜在变量"信任传递"的 R^2 等于 0.697，"感知价值" R^2 等于 0.898，网络口碑效应的 R^2 等于 0.944。这些数据表明模型的整体解释力较高。

表7-4　　　　　各自变量的直接效应及间接效应结果

自变量	因变量			
	中介变量	最终因变量		
	信任	直接效应	间接效应	总效应
来源可信度	0.371	0.048	0.227	0.275
关系强度	0.354	0.054	0.217	0.271
信任倾向	0.276	-0.033	0.169	0.136
	感知价值	直接效应	间接效应	总效应
自我一致性	0.451	-0.022	0.288	0.266
论据一致性	0.115	0.059	0.073	0.132

根据温忠麟等人（2004）的检验步骤，分别检验自变量与因变量路径关系显著的五个变量对应的中介效应。由表7-3可知，在来源可信度→信任传递→网络口碑效应的路径中，路径a和路径b均显著，因此不需要进行Sobel检验而进一步对系数C'进行检验。发现来源可信度→网络口碑效应的路径系数C'不显著，因此，可以判断信任传递在这一条路径中具有显著的完全中介效应，即信任传递是来源可信度对网络口碑效应产生影响的关键变量，根据效应表可知，间接效应所占比例为22.7%，假设H1d成立，即网络口碑的来源可信度通过信任传递对网络口碑效应产生间接影响。

在关系强度→信任传递→网络口碑效应的路径中，同样也是路径a和路径b均显著，进一步对路径C'进行检验。发现关系强度→网络口碑效应的路径C'不显著，因此，可以判断信任传递在这一条路径中仍然具有显著的完全中介效应，即信任传递也是关系强度对网络口碑效应产生影响的关键变量，根据效应表可知，间接效应所占比例为21.7%，假设H2c成立，即网络口碑传播者与接收者之间的关系强度通过信任传递对网络口碑效应产生间接影响。

在信任倾向→信任传递→网络口碑效应的路径中，同样也是路径a和路径b均显著，进一步对路径C'进行检验。发现信任倾向→网络口碑效应的路径C'不显著，因此，可以判断信任传递在这一条路径中仍然具有显著的完全中介效应，即信任传递也是信任倾向对网络口碑效应产生影响的关键变量，根据效应表可知，间接效应所占比例为16.9%，假设H3c成立，即个体信任倾向通过信任传递对网络口碑效应产生间接影响。

在自我一致性→感知价值→网络口碑效应的路径中，路径a、路径b同时显著，因此，进一步对路径C'进行检验。发现自我一致性→网络口碑效应的路径系数 C′ 不显著，因此，可以判断感知价值在这一条路径中同样具有显著的完全中介效应，即感知价值是自我一致性对网络口碑效应产生影响的关键变量，根据效应表可知，间接效应所占比例约为 28.8%，假设 H4d 成立。

在论据一致性→感知价值→网络口碑效应的路径中，路径 a、路径 b 也都同时显著，因此，和前面一样，也对路径 C′ 进行检验。检验发现论据一致性→网络口碑效应的路径系数 C′ 也不显著，据此可知感知价值在这一条路径中也具有显著的完全中介效应，即感知价值是论据一致性对网络口碑效应产生影响的关键变量，根据效应表可知，间接效应所占比例约为 7.3%，假设 H5c 成立。

7.3 调节变量的调节效应检验

本节主要是利用多群组分析方法对不同产品类别组与不同品牌关系组的调节效应进行检验，在检验之前，通过 SPSS 18.0 中的变量转换，将产品类别与品牌关系都转换成类别变量，各分成两个组，然后用 AMOS 18.0 对它们进行分组检验。

7.3.1 调节效应作用

（1）调节变量特征

和中介变量一样，相对于自变量和因变量来说，调节变量也属于第三变量。它主要是用来深入理解两个相关变量即自变量和因变量之间的关系，那些能够影响因变量和自变量之间关系的变量统称为调节变量，调节变量在营销领域逐渐受到重视，学者们主要用它来预测消费者行为。调节变量可以是定量的，如收入等；也可以是定性的，如性别、种族、种类等。它主要是影响自变量与因变量之间关系的方向（正、负）或强弱。其作用路径如图 7-5 所示。

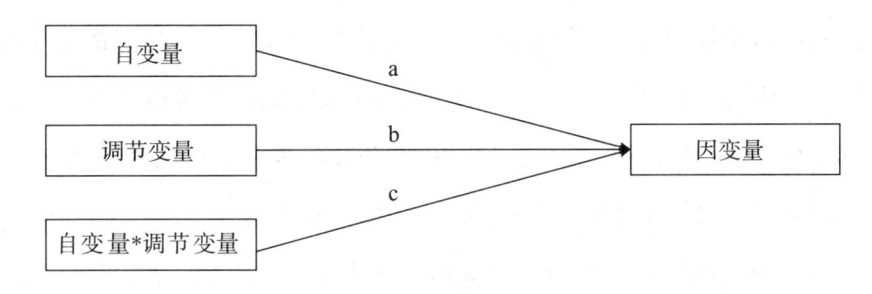

图 7-5 调节变量作用路径（资料来源：Baron and Kenny，1986）

图 7-5 中同样显示三条路径，路径 a 表示自变量对因变量的影响，而路径 b 则表示调节变量对因变量的影响，路径 c 表示自变量和调节变量对因变量的交互影响。比如假设以性别作为调节变量的话，则将男女分组比较自变量对因变量的影响有何不同。从此图中可以看出的是，不像中介变量总是在自变量的后面，调节变量与自变量在同一层次，且它的作用也如同自变量一样对因变量产生作用。

（2）调节效应检验方法

调节变量的检验也可以用结构方程中的多群组分析方法。多群组的 SEM 分析检验在于评估一个适配于某一样本群体的模型，是否也适配于其他不同样本的群体，即评估所提的理论模型在不同样本群体间是否相等或参数具有不变性。不同样本群体变量通常就是调节变量。如果多群组的 SEM 分析检验结果表明假设模型是合适而可以被接受的，表示此变量对所提的假设模型具有调节作用。

7.3.2 不同产品类别组的多样本检验

如前所述,为了验证不同的产品类别是否会影响各个不同构面的因素对因变量的关系,本研究通过对产品类别这一问项重新编码,以其为不同变量,将样本分为两群,一群为购买国产的消费者,一群为购买进口的消费者(另一小部分选择了不确定,这一部分不作考虑,故参与检验的样本数为362),就影响因素结构模型进行参数估计,以比较其相应路径系数的大小。

在进行参数估计之前,本研究需要明确以下几点:

(1) 在前面7.1.1节,已经对该模型进行了识别检验,因此在分群组估计前不再进行模型识别工作。

(2) 本研究不同组别之间结构模型的因子结构一致,所以不再做验证性因子分析。

本研究运用 AMOS 18.0 统计软件,不同组的结构模型估计详细结果见表7-5。

表7-5　　　　　测量模型拟合结果

模　型	参数个数	卡方值	自由度	显著性概率值	卡方值与自由度比
未限制参数(模型)	60	70.865	50	0.028	1.417
测量系数	56	74.186	54	0.036	1.374
结构系数	51	76.840	59	0.059	1.302
结构协方差	36	119.374	74	0.001	1.613
结构残差	35	119.554	75	0.001	1.594
测量残差	30	124.029	80	0.001	1.550

从表 7-5 可以看出，在嵌套模型比较项下，在假设未设限模型为真的情况下，测量系数模型的 p=0.036<0.05，表示不同产品类别组在测量模型系数（因素负荷量）上的显著差异或具有组间相异性。模型拟合详细情况以及分析情况见表 7-6。

表 7-6　　　　　　　　　　分群组分析结果

假设与路径	国产类别组		进口类别组	
	标准化回归系数	t 值（p 值）	标准化回归系数	t 值（p 值）
来源可信度→网络口碑效应	0.225***	3.455(***)	0.175**	2.322(0.020)
关系强度→网络口碑效应	0.211***	3.427(***)	0.164**	2.261(0.024)
自我一致性→网络口碑效应	0.410***	5.655(***)	0.454***	5.251(***)
信任倾向→网络口碑效应	0.103**	2.194(0.028)	0.090	1.371(0.170)
论据一致性→网络口碑效应	0.120**	2.135(0.033)	0.197***	3.521(***)
解释比例 R^2	0.774		0.851	
拟合优度指标	$\chi^2=70.865, df=50$, $p=0.028, \chi^2/df=1.417$, GFI=0.963, AGFI=0.918, CFI=0.990, NFI=0.966, IFI=0.990, RMSEA=0.034		$\chi^2=70.865, df=50$, $p=0.028, \chi^2/df=1.417$, GFI=0.963, AGFI=0.918, CFI=0.990, NFI=0.966, IFI=0.990, RMSEA=0.034	

注：*** $p<0.001$，** $p<0.01$，* $p<0.05$。

从表 7-6 我们可以看出：

（1）两组结构模型的拟合情况一致。模型拟合优度指数 χ^2（50，N=

362)＝70.865, p＝0.028, χ^2/df＝1.417, GFI＝0.963, AGFI＝0.918, CFI＝0.990, NFI＝0.966, IFI＝0.990, RMSEA＝0.034 都达到了可以接受的标准。因此，总体而言，两组样本的结构模型的拟合情况是可以接受的。

（2）从解释力来讲，国产类别组对网络口碑效应的解释力 R^2 为 0.774，进口类别组对网络口碑效应的解释力 R^2 为 0.851，很显然，进口组比国产组略具解释力。

（3）在两个组中，来源可信度、关系强度、自我一致性、论据一致性与网络口碑效应之间均有显著的影响关系，而信任倾向除了在进口组中不显著外，在国产类别组与网络口碑效应之间有显著关系。

7.3.3 不同产品类别模型之间路径系数的差异比较

从参数估计结果来看，不同组别结构模型的相应路径系数有的通过了显著性检验，假设关系得到了支持，有的没有通过显著性检验，假设关系没有得到支持。比较方法通常有以下几种：

（1）直接比较：若不同样本之间的路径系数一个显著，一个不显著，或者不同样本之间的路径系数均显著，但影响方向不同，一个为正，一个为负，都可以直接比较。

（2）如果不同样本之间的路径系数都显著，且影响方向一致，则要对不同样本中变量的路径系数大小进行统计检验，判断它们之间有无显著性差异。

由于在两个组中，信任倾向一个显著，另一个不显著，可以直接比较，而来源可信度、关系强度、自我一致性、论据一致性与网络口碑效应之间均有显著的影响关系，且方向一致，因此要运用统计方法比较不同组别相应路径系数的差异。本研究运用 AMOS 18.0 进行多样本检验，其值见表7-7。

表 7-7　　　　　　　　　　　分群组路径系数比较表

假设与路径	路径系数		比较结果	
	国产类别组	进口类别组	参数间差异的临界比值[b]	差异是否显著
来源可信度→网络口碑效应	0.225***	0.175**	-0.424	否
关系强度→网络口碑效应	0.211***	0.164**	-0.693	否
自我一致性→网络口碑效应	0.410***	0.454***	0.330	否
信任倾向→网络口碑效应[a]	0.103**	0.090	—	是
论据一致性→网络口碑效应	0.120**	0.197***	0.997	否

注：***$p<0.001$，**$p<0.01$，*$p<0.05$

a 表示可直接根据显著性程度或作用方向进行直接判断，判断标准详见上文中的比较方法。

b 参数间差异的临界比值可判断两个参数之间是否相等，如果其比值小于 1.96，表示两个参数可视为相等。

从表 7-7 可以看出，不同产品类别中，各自变量对网络口碑效应的影响大部分显著，这样可以通过参数间差异的临界比值来做进一步的判断，研究发现，各比值均小于 1.96，即表示两个参数可视为相等，也就是说不同组别在这四个自变量对因变量的影响中并无调节作用。

而在信任倾向对网络口碑效应的影响中，不同组别中一个显著一个不显著，也就是表明不同产品类别的调节作用体现在信任倾向对网络口碑效应的影响中。在国产类别中，信任倾向对网络口碑效应的影响更大。而在进口产品类别中，信任倾向对网络口碑效应的影响没什么变化。

7.3.4 品牌关系的多样本检验

与产品类别调节变量的检验方法一样,将品牌关系这一连续变量首先转变为类别变量,分成熟悉类与陌生类,采用全样本就影响因素结构模型进行参数估计,以比较其相应路径系数的大小。

从表7-8可以看出,在嵌套模型比较项下,在假设未设限模型为真的情况下,测量系数模型的 p = 0.004 < 0.05,表示不同品牌关系组在测量模型系数(因素负荷量)上显著差异或具有组间相异性。

表7-8　　　　　　　　　品牌关系组测量模型拟合结果

模　型	参数个数	卡方值	自由度	显著性概率值	卡方值与自由度比
测量系数	56	85.024	54	0.004	1.575
结构系数	51	97.468	59	0.001	1.652
结构协方差	36	139.522	74	0.000	1.885
结构残差	35	148.552	75	0.000	1.981
测量残差	30	162.623	80	0.000	2.033

从表7-9可以看出:

(1) 两组结构模型的拟合情况一致。模型拟合优度指数 χ^2 (50, N = 379) = 79.842, p = 0.005, χ^2/df = 1.597, GFI = 0.960, AGFI = 0.912, CFI = 0.986, NFI = 0.964, IFI = 0.986, RMSEA = 0.040 都达到了可以接受的标准。因此,两组样本的结构模型的拟合情况是可以接受的。

(2) 从解释力来讲,品牌关系为熟悉的类别组对网络口碑效应的解释力 R^2 为 0.851,品牌关系陌生类别组对网络口碑效应的解释力 R^2 为 0.743,显然,此模型中熟悉类别组比陌生类别组更具解释力。

（3）在两个组中，来源可信度、关系强度和自我一致性与网络口碑效应之间均有显著的影响关系，而信任倾向则在熟悉类品牌中不显著，在陌生类品牌中显著，而论据一致性在熟悉类品牌中显著，在陌生类品牌中不显著。

表7-9　　　　　　　　　　　分群组分析结果

假设与路径	熟悉类品牌		陌生类品牌	
	标准化回归系数	t值(p值)	标准化回归系数	t值(p值)
来源可信度→网络口碑效应	0.257***	4.511(***)	0.183**	2.517(0.012)
关系强度→网络口碑效应	0.209***	3.555(***)	0.222**	3.210(0.001)
自我一致性→网络口碑效应	0.380***	5.914(***)	0.398***	4.630(***)
信任倾向→网络口碑效应	0.024	0.561(0.575)	0.229***	3.621(***)
论据一致性→网络口碑效应	0.203***	4.444(***)	0.057	0.803(0.422)
解释比例 R^2	0.851		0.743	
拟合优度指标	$\chi^2=79.842$, df=50, p=0.005, $\chi^2/df=1.597$, GFI=0.960, AGFI=0.912, CFI=0.986, NFI=0.964, IFI=0.986, RMSEA=0.040		$\chi^2=79.842$, df=50, p=0.005, $\chi^2/df=1.597$, GFI=0.960, AGFI=0.912, CFI=0.986, NFI=0.964, IFI=0.986, RMSEA=0.040	

注：*** $p<0.001$，** $p<0.01$，* $p<0.05$。

从参数估计结果来看，不同组别结构模型的相应路径系数有的通过了显著性检验，假设关系得到了支持，有的没有通过显著性检验，假设关系没有得到支持。仍然按照上述的检验方法，由于信任倾向和论据一致性在两个不同组别中一个显著，另一个不显著，可以直接比较，而来源可信度、关系强度与自我一致性与网络口碑效应之间均有显著的影响关系，且方向一致，因此要运用统计方法比较不同组别相应路径系数的差异。本研究运用 AMOS 18.0 进行多样本检验，其值见表 7-10。

表 7-10　　　　　　　　　　分群组路径系数比较表

假设与路径	路径系数		比较结果	
	熟悉品牌	陌生品牌	参数间差异的临界比值[b]	显著
来源可信度→网络口碑效应	0.257***	0.183**	-0.488	否
关系强度→网络口碑效应	0.209***	0.222**	0.350	否
自我一致性→网络口碑效应	0.380***	0.398***	0.041	否
信任倾向→网络口碑效应	0.024	0.229***	—	是
论据一致性→网络口碑效应	0.203***	0.057	—	是

注：***$p<0.001$，**$p<0.01$，*$p<0.05$。

表 7-10 显示，无论在哪一组品牌关系中，来源可信度、关系强度以及自我一致性对网络口碑效应的影响均为显著，这样通过比较参数差异的临界比值可知，均在 1.96 以下，因此差异并不显著，也就表明品牌关系在此三个方面并不起调节作用。但是在信任倾向以及论据一致性对网络口碑效应的影响中却各不相同。信任倾向在熟悉品牌中，对网络口碑效应的影响不显著，但在陌生品牌中影响显著；论据一致性则刚好相反，在熟悉品牌中，影响显著，而在陌生品牌中影响不显著。

7.3.5 假设检验与效应大小比较

H9 不同产品类别会对各自变量与网络口碑效应之间的关系产生调节作用。

从群组分析结果来看，不同产品类别的调节作用主要体现在信任倾向对网络口碑效应的影响上面。在国产类别组，信任倾向对网络口碑效应的影响是显著的，而在进口类别组，信任倾向对网络口碑效应的影响却是不显著的。在其他四个自变量对网络口碑效应的影响中，不同产品类别的调节作用均不显著，因此，假设得到部分证实。

表 7-11 列出了不同组别中路径关系显著的自变量对因变量的作用效应。因为只涉及直接效应，未涉及间接效应，因此，总效应就是直接效应。故只列出了总效应。

表 7-11　　分群组效应结果

自变量	因变量	
	总效应	
	国产组	进口组
来源可信度	0.225	0.175
关系强度	0.211	0.164
自我一致性	0.410	0.454
信任倾向	0.103	—
论据一致性	0.120	0.197

从表 7 – 11 可知，对于国产产品而言，来源可信度、关系强度、自我一致性、信任倾向以及论据一致性对网络口碑效应的影响总效应分别为 0.225、0.211、0.410、0.103 和 0.120；对进口产品而言，这五个变量对因变量的影响总效应分别为 0.175、0.164、0.454、不显著和 0.197。由此可见，在两个组别中，自我一致性对网络口碑效应的影响最大。

H10 品牌关系会对各自变量与网络口碑效应之间的关系产生调节作用。

从群组分析结果来看，不同品牌关系的调节作用主要体现在信任倾向和论据一致性对网络口碑效应的影响上面。在熟悉品牌类别组，信任倾向对网络口碑效应的影响是不显著的，而在陌生品牌类别组，信任倾向对网络口碑效应却是显著的。在熟悉品牌类别组，论据一致性对网络口碑效应的影响是显著的，而在陌生品牌类别组，论据一致性对网络口碑效应的影响是不显著的。另外三个自变量对因变量的影响不受品牌关系的调节影响。因此，假设得到部分证实。

表 7 – 12 列出了不同组别中路径关系显著的几组自变量对因变量的作用效应。因为只涉及直接效应，未涉及间接效应，因此，总效应就是直接效应。故只列出了总效应。

表 7 – 12　　　　　　　　　　　分群组效应结果

自变量	因变量	
	总效应	
	熟悉品牌组	陌生品牌组
来源可信度	0.254	0.178
关系强度	0.210	0.225

续　表

自变量	因变量	
	总效应	
	熟悉品牌组	陌生品牌组
自我一致性	0.384	0.396
信任倾向	—	0.230
论据一致性	0.202	—

从表 7-12 可知，对于熟悉品牌类别组而言，显著的四个自变量对网络口碑效应的影响总效应分别为 0.254、0.210、0.384 和 0.202；对陌生品牌类别组而言，这四个变量对因变量的影响总效应分别为 0.178、0.225、0.396 和 0.230。由此可见，自我一致性对网络口碑效应的影响也是最大的。

第8章 关于网络口碑效应研究结果的讨论、结论与建议

本章以前面的相关性分析结果以及结构模型为研究对象,分析变量之间的关系及路径系数,对理论假设及结果做进一步的分析讨论。在此基础上对本研究进行了总结,并根据本研究的实证结论提出了实践建议,最后分析本研究的不足之处,并对今后的研究方向提出了一些建议。

8.1 研究最终模型及效应

研究假设及检验结果见表8-1。同时将结构方程模型中变量间的直接作用和间接作用关系,按照本研究模型中变量的顺序整理在表8-2中,最终模型图见图8-1。

从最终结构模型看,共有14条路径关系显著,它们证实了信任传递、感知价值与来源可信度、关系强度、信任倾向等以及自我一致性和论据一致性等与网络口碑对消费者的购买意愿的影响之间存在着内在的逻辑关系。

从原有的20个研究假设来看，共有18个得到数据支持，另有两个得到部分支持，绝大多数假设都得到了证实，可以说本研究的概念模型对于解释网络口碑效应有很好的适用性。

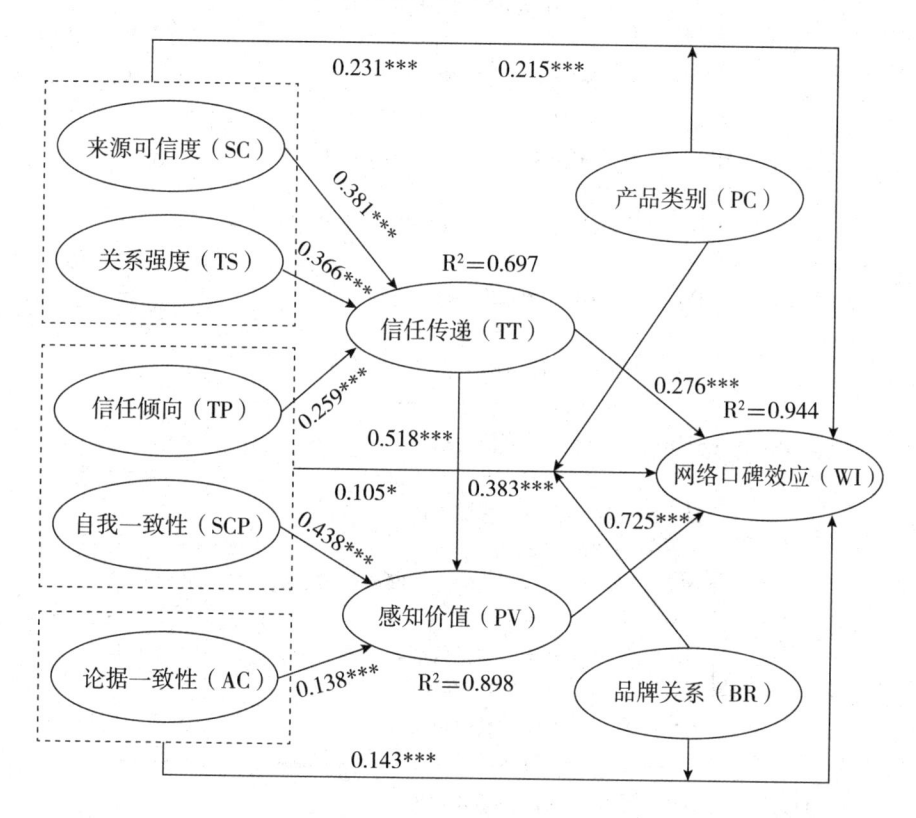

图 8-1　本研究最终模型图

注：*** $p<0.001$，** $p<0.01$，* $p<0.05$。

表 8-1　　　　　　　　　本研究假设支持情况

研究构面	假设路径	是否支持假设
传播者层面	H1a：来源可信度→网络口碑效应	是
	H2a：关系强度→网络口碑效应	是

续　表

研究构面	假设路径	是否支持假设
传播者层面	H1b：来源可信度→信任传递	是
	H2b：关系强度→信任传递	是
	H1c：来源可信度→信任传递→网络口碑效应	是
	H2c：关系强度→信任传递→网络口碑效应	是
个体层面	H3a：信任倾向→网络口碑效应	是
	H4a：自我一致性→网络口碑效应	是
	H3b：信任倾向→信任传递	是
	H4b：自我一致性→感知价值	是
	H3c：信任倾向→信任传递→网络口碑效应	是
	H4c：自我一致性→感知价值→网络口碑效应	是
信息层面	H5a：论据一致性→网络口碑效应	是
	H5b：论据一致性→感知价值	是
	H5c：论据一致性→感知价值→网络口碑效应	是
信任传递、感知价值、网络口碑效应	H6：信任传递→感知价值	是
	H7：信任传递→网络口碑效应	是
	H8：感知价值→网络口碑效应	是
不同产品类别的调节作用	H9：不同产品类别会对各自变量与网络口碑效应之间的关系产生调节作用	部分支持

续表

研究构面	假设路径	是否支持假设
品牌关系调节作用	H10：品牌关系会对各自变量与网络口碑效应之间的关系产生调节作用	部分支持

表 8-2　中介效应检验模型中变量间关系的作用效果标准化值

A. 直接作用效果

	来源可信度	关系强度	信任倾向	自我一致性	论据一致性	信任传递	感知价值	网络口碑效应
信任传递	0.371	0.354	0.276					
感知价值				0.451	0.115	0.514		
口碑效应	0.048	0.054	-0.033	-0.022	0.059	0.284	0.638	

B. 间接作用效果

	来源可信度	关系强度	信任倾向	自我一致性	论据一致性	信任传递	感知价值	网络口碑效应
信任传递								
感知价值	0.191	0.182	0.142					
口碑效应	0.073	0.288	0.169	0.217	0.227	0.328		

C. 总体作用效果

	来源可信度	关系强度	信任倾向	自我一致性	论据一致性	信任传递	感知价值	网络口碑效应
信任传递	0.371	0.354	0.276					

续 表

	来源可信度	关系强度	信任倾向	自我一致性	论据一致性	信任传递	感知价值	网络口碑效应
感知价值	0.191	0.182	0.142	0.451	0.115	0.514		
口碑效应	0.275	0.271	0.136	0.266	0.132	0.612	0.630	

8.2 网络口碑效应的影响因素结论讨论

通过前面的文献研究以及理论分析，本研究探讨了与说服理论有关的三个构面对网络口碑效应的影响。模型中的三个方面分别为传播者即来源构面、信息构面和个体构面。

实证研究结果发现，传播者的来源构面的两个因素即来源可信度、口碑信息传播者与接收者的关系强度对网络口碑效应有显著的正向影响作用。证实了假设H1a、H2a。而个体层面的两个因素中，信任倾向和自我一致性也支持了假设H3a和H4a。信息层面中，论据一致性也对网络口碑效应有着显著的正向影响作用，支持了假设H5a。

8.2.1 传播者构面对网络口碑效应的解释能力

网络口碑传播也是属于人际传播的类型，虽然这种人际关系是非现实环境中的人际传播，而是基于网络虚拟环境的人际传播。在传播环境中，传播予以控制的典型变量之一，就是对信息来源的选择。而自霍夫兰以来，信息来源的可信性等已经成为影响传播效果的重要影响因素。

在传统口碑传播中，传播者专业性对口碑效果的影响也已得到大量证实（Gilly et al.，1998；Bone Paula Fitzgerald，1995 等）。众多学者认为来源如果更具有专家性、更可信，那么信息更具有说服力。

从相关分析看，来源可信度与网络口碑效应之间有显著的相关关系（相关系数为0.712，属于高度相关），如果口碑信息接收者觉得传播者具有与推荐产品相关的专业知识，认为该口碑信息推荐者是有相关经验的，那么就会觉得口碑能够提供对其购买商品有帮助的信息，参照口碑建议购买该商品的可能性也比较大。

另外，从结构方程模型分析来看，来源可信度对网络口碑效应有着显著的直接的正向作用（路径系数为0.231，t值为5.063）。此结论与相关性分析结论一致，表明来源可信度是影响网络口碑效应的较为重要的影响因素。但是直接影响力较小（直接效应仅为0.048），通常来讲，如果直接效果大于间接效果，表示中介变量不发挥作用；反之，如果直接效果小于间接效果，表示中介变量具有影响力（荣泰生，2009：169）。本研究中的中介效应检验也证实了信任传递等中介因素的重要影响。因此，表明来源可信度主要是通过中介变量即信任传递和感知价值对网络口碑效应产生间接影响。

社交网络成员中的联结程度被称为关系强度，在本研究中，关系强度主要是指网络口碑传播者与接受者之间相互关系的紧密程度。Granovetter（1973）首先提出来将关系强度划分为强关系和弱关系。无论是强关系还是弱关系都会对口碑接收者产生影响（Chu 和 Kim，2011）。而本研究结果与此结论一致。

从相关分析来看，关系强度与网络口碑效应之间也存在显著的相关关系（相关系数为0.696），而且关系强度各个测量指标与网络口碑效应各指标之间的相关系数也都在中等强度以上，表明网络口碑效应受到关系强度影响的可能性比较大。结构方程模型得出的结论进一步肯定了关系强度对网络口碑效应的正向影响（路径系数为 0.215，t 值为 4.749）。在网络口碑传播中，口碑接收者和传播者之间的关系强度越大，越容易接受口碑信息而产生相应的购买行为。同样的该变量对网络口碑效应的直接影响力较小（直接效应仅为 0.054），主要是通过中介变量即信任传递和感知价值对网络口碑效应产生间接影响。

8.2.2　信息构面对网络口碑效应的解释能力

在信息构面我们根据扎根理论文献只考察了一个方面的影响，即论据一致性。此概念是根据访谈内容以及"论据质量"和"推荐一致性"等概念提出来的。在通过微信、微博接触到网络口碑信息后，接收者会通过网络、向他人询问等方式来证明口碑中提及产品的可靠性等。如果查找的论据一致，则接受的可能性就会大，反之，则会拒绝接受。无论是相关分析还是结构方程模型分析都证明了这一点。

从相关分析上看，论据一致性与网络口碑效应之间有显著的相关（相关系数为 0.604），这一结论在结构方程模型中也得到支持（路径系数为 0.143，t 值为 3.640）。说明论据一致性对网络口碑效应有直接的正向影响作用。但是该变量对网络口碑效应的直接影响力较小（直接效应仅为 0.059），主要是通过中介变量即感知价值对网络口碑效应产生间接影响。即只有当接收者通过查找到论据的一致性，才会感受到该网络口碑价值和产品价值，从而产生购买行为。

以上研究结果与前面综述中提到的有关论据质量（Luoa et al., 2014）等的研究结论一致。

8.2.3 个体构面对网络口碑效应的解释能力

个体构面也是本研究重点考察的一个方面，在以往的研究中，有考察个体接收者的专业性对口碑效应的影响，有考察接收者的风险感知以及对口碑的有用性感知和易用性感知等对网络口碑效应的影响。一方面是指个体自身的特性对网络口碑效应的影响；另一方面是指个体从网络口碑信息中所感知到的对个体来说的重要因素。

就个体自身特性而言，个体的信任倾向是考察得比较多的一个方面，具有较高信任倾向的人是会更容易相信他人是安全可靠的（Wang et al., 2015）。在本研究的相关分析中，个体原有的信任倾向与网络口碑效应的相关系数虽在中等程度（相关系数为 0.536），但相对于其他变量与网络口碑效应之间的关系而言却是最低的。在结构方程模型分析中，仍然证实该变量对网络口碑效应有较为积极的影响（路径系数为 0.105，t 值为 2.908）。但这种影响更多的是一种间接影响（间接效应为 0.169），即个体的信任倾向性越强，越可能进行信任传递，从而产生购买行为。

过去很多研究是以技术接受模型中的个体感知作为主要变量，本研究亦借鉴了此模型，将个体对价值的感知作为重要变量来考察。消费者感知到的价值不仅是受到价格和质量的影响，同时也会受到一些象征层面的影响。在文献研究的基础上，本研究将消费者从信息中所感知到的自我一致性，即产品形象与自身的形象一致性作为前因变量来考察。结构模型结果显示，自我一致性对消费者的购买意愿有显著的影响（路径系数为 0.383，t 值为 37.292）。表明网络口碑信息如果能让消费者产生品牌形象与其自身一致性的认知，那么其购买意愿会更大，这与广告信息中的一致性研究结论相符。从相关分析上看，如果个体觉得口碑中提及的品牌与他自身有某种联系的话，那么这样的口碑不仅能提供对购买有帮助的信息，而且还能协助消费者做出购买该品牌的决定（相关系数分别为 0.618 和 0.653）。

8.3 网络口碑对消费者购买意向的影响机制结论讨论

本研究中的网络口碑效应主要是指网络口碑对消费者购买行为的影响。在上文探讨了网络口碑效应的前因变量后，本节主要针对第 7 章的影响机制模型结果及相关分析对前因变量的作用机制做进一步的探讨。

在前面的文献研究部分，我们知道信任无论是在网络口碑中还是在电子商务中都是一个非常重要的中介变量，是网络口碑被采纳或网上购物行为发生的重要前提。而信任传递是一种认知过程，当信任主体基于对信任目标相关的一些其他实体或环境背景的信息而不是直接基于信任目标的相关信息来做出对信任目标的信任态度的初始判断时，信任传递的认知过程就开始了。信任主体所熟悉的一些人可以成为转移到其他人的信任的来源（Uzzi, 1996）。就像 A 与 B 相互熟识并且信任，同时 B 信任 C，那么 A 在一定程度上也会信任 C，这种信任来源于 A 对 B 的信任。

感知价值也是消费者购买意愿和行为发生的重要因素，本研究将网络口碑信息接收者从口碑信息中感知到的对商品的价值，作为网络口碑效应发生的重要机制进行考察。

实证数据支持了这些假设：来源可信度、关系强度以及个体的信任倾向均通过信任传递对网络口碑效应产生正向的影响；自我一致性以及论据一致性通过感知价值对网络口碑效应产生正向的影响，且都是完全中介效应，支持了研究假设 H1d、H2c、H3c、H4d 以及 H5c。而来源可信度、关系强度以及信任倾向也都是信任传递的重要前因变量，对信任传递有正向的影响作用，而信任传递对网络口碑效应也有直接的正向的影响作用，支持了假设H1b、H2b、H3b和H7。自我一致性和论据一致性是感知价值的前因变量，对感知价值有正向的影响作用，而感知价值对网络口碑效应又有直接的正向的影响作用，支持了假设H4b、H5b和H9。在两个中介变量的关系中，信任传递又对感知价值有直接的正向影响，支持了假设H6。

8.3.1 信任传递作为中介变量的结果讨论

通过文献综述部分可知，消费者信任是营销、电子商务领域中研究得比较多的一个话题。以往的研究发现，信任能增加在线使用者在网络商店上购买商品的意愿，同时也是影响普通消费者推荐信息被采纳、消费者决策的重要中介变量。但是信任传递作为一个探讨信任形成过程的一个中介变量也起着至关重要的作用。

从本研究的相关分析来看，信任传递与网络口碑效应之间有显著的相关关系（相关系数为0.847）。结构方程运算结果也符合以上的结论，信任传递对网络口碑效应的路径系数为0.284，在0.05的水平上显著。表明信任传递对网络口碑效应有直接的正向作用。

那么哪些因素会影响消费者的信任传递呢？实证研究发现，来源可信度、关系强度以及个人信任倾向对信任传递有直接的正向作用（路径系数分别为0.371、0.354和0.276，t值分别为6.763、6.456和5.886）。表明网络口碑信息接收者认为传播来源可信度越高，与传播者之间关系越强，个人的信任倾向性越强，则信任传递的可能性越大。

结构模型研究还发现，"信任传递"这一中介内因变量被"来源可信度""关系强度"和"信任倾向"三个外因变量解释的变异量为70%（$R^2 = 0.697$），解释力比较高，说明在影响消费者信任传递方面，这些变量起着重要作用。而且根据表 8-2 可知，来源可信度和关系强度对信任传递的影响最大（总效应分别为 0.371 和 0.354）。

对与因变量路径关系显著的五个自变量进行中介效应的检验后发现，信任传递在来源可信度、关系强度和信任倾向与网络口碑效应之间存在着显著的中介作用，表明信息接收者会因为来源可信度以及关系强度而进行信任传递，从而对购买意愿产生影响。

通过中介效应检验结果发现，信任传递也是个体信任倾向对网络口碑效应产生影响的关键因素。个体信任倾向越强，越有可能进行信任传递，将信任转移到对信任的物上，从而产生购买行为，影响网络口碑效应。

8.3.2 感知价值作为中介变量的结果讨论

感知价值（customer perceived value）自 20 世纪 80 年代末 Zeithaml (1988) 等人提出来后，一直到现在在营销、消费者行为领域等方面都是研究的热点。在这个概念没有提出来之前，学者们关注的是企业提供什么样的产品和服务，而在此概念被提出后，学者们更多地关注消费者从产品和服务中感知到什么样的价值，从而对他们的消费行为产生影响。感知价值不仅发生在实际购买或使用产品之后，也发生在产品购买或使用之前。网络口碑对消费者产生影响，不仅需要消费者对口碑信任，而且还需要从口碑信息中感知到产品为其带来什么样的价值。因此，在文献研究和访谈的基础上，本研究将感知价值作为一个重要的中介变量加以考察。

实证研究发现，感知价值在前因变量对网络口碑效应产生影响的过程中扮演着重要角色。首先，从相关分析上看，感知价值与网络口碑效应之间显著正相关（相关系数为 0.828，属于高度相关），表明感知价值对消费者的购买意愿是有影响的。如果口碑信息中描述的产品品牌能激发消费者的喜爱，也就是具有情感价值，那么不仅能提供对购买有帮助的信息，而且还可以协助其做出购买决策（相关系数分别为 0.708 和 0.669）。表明产品的情感价值在感知价值的四个维度中是最重要的。而涉及价格的功能价值能使消费者参照口碑信息，而消费者感知到的质量价值才对其购买决策产生更大的影响（相关系数分别为 0.560 和 0.669）。

从结构方程模型分析，感知价值对网络口碑效应有显著的直接的正向作用（路径系数为 0.638，t 值为 3.878）。一般来说，口碑信息接收者如果从口碑中感知到的产品或品牌价值越大，那么其购买意愿也就越大。因此，此结论与相关性分析的结论保持一致。消费者从口碑信息中感知到的产品价值会影响到消费者的购买意愿，这一结论与 Zeithaml（1988）、Monree 和 Krishnan（1985）以及 Gruen et al.（2006）等前人的研究结论一致。

同样，哪些因素会影响到消费者的感知价值呢？在以往的研究中，价格感知和质量感知一直是被考察得比较多的感知价值的前因变量，也得到大量证实。但是却忽视了其他具有象征意义的因素对感知价值的影响。而 Zeithaml（1988）很早就明确指出，质量和价格只是评价产品或服务的一部分，而价值以更高层次、更加抽象和概括的概念出现，也必然不仅仅只受到价格和质量的影响。因此，本研究在文献研究的基础上重点考察了消费者从网络口碑中感知到的品牌形象与自我形象的一致性，以及接收者通过多种渠道收集的论据一致性这两个方面对消费者感知价值的影响。

从相关分析来看，自我一致性和论据一致性对消费者感知价值有显著的影响（相关系数为 0.815 和 0.604，也属于中高度相关）。相比之下，自我一致性与消费者感知价值更为相关。网络口碑信息接收者如果认为口碑信息中描述的产品品牌与其自身形象一致，那么感知到的产品品牌价值就越大。

结构方程模型研究结果证实了这一结论，这两个方面对消费者感知价值有显著影响（路径系数分别为 0.451 和 0.115，t 值分别为 10.132 和 3.248）。研究还发现，本身作为中介变量的信任传递对消费者感知价值也有显著的正向影响（路径系数为 0.514，t 值为 8.979）。在现实生活中，当消费者相信网络口碑时，才会感知到信息中所描述的产品对其的价值和意义。而且"感知价值"被"自我一致性""论据一致性"和"信任传递"等中介变量解释的变异量高达 90%（$R^2=0.898$），具有很高的解释力，说明在影响消费者感知价值方面，作为象征意义的产品品牌形象与消费者形象的一致性以及论据一致性方面是两个重要的前因变量，而且促进消费者的信任传递行为，也有助于消费者对产品价值的感知。

因为作为个体层面的两个自变量与因变量之间具有显著的影响关系，因此，在对感知价值进行中介效应检验后发现，感知价值在这两个变量中都表现出完全中介效应，也就是说感知价值是这两个前因变量对消费者的购买意愿产生影响的关键因素，消费者从口碑信息中感知到的产品品牌形象与自身形象一致性越大、论据一致性程度越高，那么感知到的产品价值也就越大，从而产生购买意愿的可能性也就越大。

以上分析表明，要提高网络口碑效应，一方面要促使消费者进行信任传递，同时也要让消费者感知到口碑提及的商品价值。

8.4 产品类别与品牌关系的调节效应讨论

本研究除了考察网络口碑对消费者购买意愿影响的因素之外，还重点研究了作用机制，同时前因变量不仅通过中介变量对因变量产生影响，还会受到调节变量的影响。也就是说在不同的情况下，自变量对因变量的作用强度或方向有可能不完全一样。本研究中的调节变量主要考察产品类别和品牌关系。

8.4.1　产品类别的调节效应讨论

产品类别有多种划分方法，有的划分为耐用品和非耐用品、体验品和非体验品等，本研究中根据扎根理论访谈资料以及前人研究成果将产品类别分为进口与国产。访谈资料显示，网络口碑接收者在听到是进口类产品时，更容易相信且更容易接受，而对于国产品，特别是一些体验类的国产品，如果没有亲自试用相信的可能性比较小。那么这种经验性的结论能否得到数据的支持？本研究通过重新编码生成新的变量，将样本主要分成国产类别组和进口类别组，并根据直接影响模型进行 AMOS 多群组分析。实证研究结果发现，此调节变量的研究假设得到数据支持。

通过模型的路径系数运算结果可知，在国产组与进口组别中，虽然其他四个自变量对因变量的影响不受到产品类别的调节作用，但是不同组中，信任倾向对网络口碑效应的影响表现出一个显著另一个不显著，也就是表明不同产品类别的调节作用体现在信任倾向对网络口碑效应的影响中。在国产类别中，信任倾向对网络口碑效应的影响更大（路径系数为 0.103，t 值为 2.194）。而在进口产品类别中，信任倾向对网络口碑效应的影响没什么变化（路径系数为 0.090，t 值为 1.371）。这也表明，当网络口碑中提及的是国产品时，只有当信任倾向程度越高时，消费者接受口碑而产生购买行为的可能性才越大。同样，对于一个本身信任倾向程度较低的人而言，接受推荐的国产品的可能性是比较小的。而当推荐的产品为进口产品时，该口碑接收者无论其信任倾向如何都不受影响。实证研究证实了不同产品类别的调节作用。

从解释力来讲，国产类别组对网络口碑效应的解释力 R^2 为 0.774，进口组对网络口碑效应的解释力 R^2 为 0.851，因此，相比较而言，对于进口组产品，本研究从三个构面提出的影响因素对网络口碑效应的预测能力要高于国产组产品。因为国产组中有五个自变量对网络口碑效应有显著影响，而进口组中只有四个自变量有显著影响，但解释力 R^2 却大于国产类别组。这从一定程度上说明了本研究模型对于进口类产品更具解释力，也就是对于进口类产品而言，来源可信度、关系强度、自我一致性以及论据一致性就解释了网络口碑效应 85% 的变异，表明对于进口商品而言，在进行口碑推荐时，要注意来源可信度的问题，增强传播者与接收者之间的关系强度、强调品牌形象与自我的一致性以及论据的一致性；而对于国产类产品而言，五个自变量共解释了网络口碑效应 77% 的变异，除了上述几个要素的影响外，对接收者的信任倾向程度也有一定的要求。两组解释力虽略有差异，但都属于中高度以上。

8.4.2 品牌关系的调节效应讨论

品牌关系是近年来品牌研究中的一个热点，其内涵比较深广。但本研究主要考察口碑接收者对所推荐产品的了解和熟悉程度等认知层面，因而将问卷中的连续量表转化成分类变量，即分成熟悉与陌生两组。在扎根理论研究的访谈资料中，受访者对于自己熟悉和听说过的品牌接受的可能性会更大一些，对于陌生品牌会因风险而谨慎选择。对于同一品牌中不同类产品尝试的可能性也要大一些，这种接受程度是否受到品牌关系的调节影响呢？本研究根据直接影响模型进行 AMOS 多群组分析。实证研究结果发现，品牌关系作为调节变量的研究假设得到数据支持。

本研究模型的路径系数运算结果显示，在熟悉组与陌生组的不同品牌关系中，来源可信度、关系强度与自我一致性这三个变量对网络口碑效应的影响均无差异，但是与产品类别组一样，信任倾向在不同品牌关系中也表现出一定的差异。在熟悉品牌中显示不显著，在陌生品牌中显著。表明对于熟悉品牌而言，个体的自身信任倾向并不起到调节作用（路径系数为

0.024，t 值为 0.561），即对于熟悉的品牌，无论个体信任倾向程度高低，网络口碑效应都不会受到较大影响；但是对于陌生品牌而言，则个体信任倾向程度越高，网络口碑发挥作用的效果才会越好（路径系数为 0.229，t 值为 3.621）。从另一个方面也表明对于个体信任倾向程度较低的人要尽可能推荐其熟悉的品牌，对于陌生品牌其接受的可能性要小得多。数据结论与现实中的情况非常相符。

与信任倾向相反的是，不同品牌关系对论据一致性对网络口碑效应的调节作用是不一样的，对于熟悉品牌而言，论据一致性程度越高，对网络口碑效应的影响就越大（路径系数为 0.203，t 值为 4.444）；而对于陌生品牌，该变量对网络口碑效应则没什么影响（路径系数为 0.057，t 值为 0.803）。也就表明，口碑信息接收者对于他们熟悉的品牌，仍然会通过多种渠道去查找信息，来获得对口碑中提及的产品较为一致的质量、价格等信息；而对于陌生品牌，无论论据质量是否一致，其接受的可能性都比较小（路径系数为 0.203，t 值为 4.444）。也更进一步证明，在网络口碑推荐时对于接收者而言熟悉的品牌更容易被接受。由此可知，提高品牌的认知度和知名度就变得尤为重要。

从解释力来讲，熟悉品牌组对网络口碑效应的解释力 R^2 为 0.851，陌生品牌组对网络口碑效应的解释力 R^2 为 0.743。相比较而言，对于熟悉品牌组，本研究从三个构面提出的影响因素对网络口碑效应的预测能力要高于陌生品牌组。表明此模型更适合于解释熟悉品牌中的各自变量对因变量的影响。但是无论是熟悉类还是陌生类品牌，都要重视来源可信度、接收者与传播者的关系强度、接收者的自我形象与品牌形象的一致性。对于陌生品牌而言，更强调个体自身的信任倾向程度，要求个体信任倾向程度较高的才更有可能接受陌生类品牌；对于熟悉品牌，更强调信息质量的一致性，强调信息的整合统一性。

8.5 研究结论总结

本研究通过理论探讨和实证研究，在信任等理论视角上，探讨了在微信以及微博环境中，信任传递及消费者感知价值视角下的网络口碑对消费者购买意愿的影响以及作用机制。同时对调节变量也进行了比较全面的探讨，并得出本研究的以下几个重要结论：

（1）本研究的大多数假设都得到了数据的支持，说明本研究提出的理论模型在解释微信、微博环境中的网络口碑对消费者购买意愿的影响时具有一定的适用性。但是在解释不同的产品类别以及品牌关系时，网络口碑效应的影响因素模型有所差异。对于网络口碑中涉及的进口类产品而言，该影响因素模型具有更高的解释力；相对而言，对于熟悉类品牌，该影响因素模型也具有更高的解释力。

（2）网络口碑信息接收者在参照口碑建议产生购买意愿时，各个层面的影响因素与网络口碑效应之间都有较显著的影响关系。即网络口碑接收者在接收网络口碑信息时除了通过口碑信息本身来判断外，还会通过一些外围信息比如来源信息是否可靠、传播者与接收者之间的关系强度等进行判断。同时还会通过各种途径来证实口碑信息的一致性。这些信息对于接收者的信任传递和感知价值都有着直接的正向的影响作用，同时对口碑效应也有直接的正向影响。

（3）个体自我的信任倾向以及自我感知的一致性也决定着网络口碑的效果。个体自我信任倾向程度越高，则进行信任传递的可能性越大，接收网络口碑信息的可能性也就越大；个体从口碑信息中感知到的产品品牌形象与自身形象的一致性程度越高，则产生购买意愿的可能性也就越大。并且在本研究提及的所有影响因素中，个体感知的自我一致性影响是最大的。表明网络口碑信息中提及的产品形象与接收者的自我形象一致更能让接收者采纳网络口碑意见从而产生购买行为。

（4）信任传递是网络口碑对消费者购买意愿产生影响的重要中介变量，信息接收者根据来源可信度的判断等产生信任传递，从而信任口碑信息中提及的产品品牌并产生购买意愿。除了来源可信度外，传播者与接收者之间的关系强度、个体信任倾向等都是信任传递的重要来源，由于对来源可信度的信任，而将这种信任传递到所推荐的产品品牌或购买平台上；在关系强度上，由于对传播者的信任，因而也连带地信任其推荐的产品品牌；同时个体自我的信任倾向也导致其更易于进行信任的传递。这三者通过信任传递对网络口碑效应产生完全的中介作用。

（5）除了信任传递这一重要中介变量外，感知价值即个体从网络口碑信息中感知到的对产品品牌的价值，也是网络口碑对消费者购买意愿产生影响的重要作用机制。接收者感知价值对网络口碑效应有直接的影响作用。而论据一致性以及自我一致性则完全通过影响接收者的感知价值的大小来对网络口碑效应产生影响。

（6）对于推荐的不同产品类别以及不同品牌关系而言，网络口碑效应影响因素的作用大小是不一样的。相对于进口产品而言，在国产类别中，信任倾向对网络口碑效应的影响更大，也就是如果推荐的产品为国产品，则需要接收者的信任倾向程度更高才有可能接受口碑推荐。而对于进口产品，信任倾向的程度大小对网络口碑效应则并无影响。

对于熟悉品牌而言，论据一致性程度越高，对网络口碑效应的影响就越大；也表明对于个体信任倾向程度较低的人要尽可能推荐其熟悉的品牌，对于陌生品牌其接受的可能性要小得多。

8.6 研究成果在理论完善方面的贡献

根据研究内容和研究设计，本章共研究了关于网络口碑的三个主要问题，即网络口碑效应的影响因素问题、网络口碑对消费者购买意愿的影响机制问题以及不同产品类别和品牌关系在网络口碑作用机制中的调节效应问题。

上述研究均是基于国内外已有的相关文献的基础上，通过理论分析、小范围访谈和实证研究相结合，在规范的科学方法下逐一进行的。此研究不仅拓宽了人际传播中的口碑传播的研究领域，也检视了在互联网环境下的人际传播理论的适用性，对于进一步理解网络口碑的影响具有重要的理论意义。

8.6.1 对影响网络口碑效果因素的新尝试

本研究借鉴 Gilly et al.（1998）和 Bansal &Voyer（2000）等前人的研究，根据说服理论的三个重要构面：传播者来源、信息构面和个体构面，结合信息采纳模型、技术接受模型（TAM）中的关键的个体感知要素等，并在扎根理论研究的基础上提出了网络口碑效应的整合模型。此模型不仅是对传统口碑效应模型在网络环境中（本研究中主要指微信与微博）的适用性的检验，更是对社交媒体中网络口碑影响因素及作用机制的新的探索。实证结果表明，本研究提出的理论模型对于网络口碑效应的影响因素及对消费者购买意愿的作用机制有较高的解释力，且对于不同的产品类型以及品牌关系而言，影响因素表现出不同的作用力。

传统环境下的口碑效应及机制方面的研究已相对成熟，网络口碑研究也日益增多。但是更多的是关于论坛、企业网站以及评论网站中的口碑研究，对于微信与微博中的网络口碑研究甚少。与这些平台网络口碑不同的是，信息本身的影响力是一个方面，传播者以及接收者特性等也是重要的影响方面。

本研究表明，理论框架中提出的五个网络口碑效应影响因素全部都对因变量有着显著影响。即传播者来源可信度、关系强度、论据一致性、信任倾向以及个体一致性等都正向影响网络口碑效应。研究结论验证了Brown、Broderick和Lee（2007）通过定性分析得出的理论框架中的变量间关系。其中，在线联结强度对口碑效应没有显著影响，这与以往一些虚拟环境中的口碑研究结论不同，如王遵智（2004）研究通过电子邮件传播的口碑信息，结果显示，关联强度显著影响口碑效应。本研究的结论表明，虚拟社区中的在线"弱联结"也有可能产生巨大的口碑效应，符合传统社会学中的"弱关系"理论。

8.6.2 对网络口碑作用机制的进一步揭示

本研究提出的有关网络口碑效应的整合模型，主要是基于两个角度：一是消费者的信任传递角度。一直以来，"信任"都是网络营销和电子商务领域内的重要研究对象，信任能增加在线使用者在网络商店上购买商品的意愿。Lee和Turban（2001）在对消费者在线购物的影响研究中，认为在线信任是重要的作用因素。而消费者信任在线购买则要受到多方面的影响：对网店的信任、对作为购买中介的互联网的信任、环境因素以及其他因素等，个体信任倾向是很重要的前因变量。

本研究在此基础上又进一步探讨了信任的一个重要方面即信任传递在网络口碑效应中的重要中介作用。消费者在信任传播者、信任熟悉产品等的基础上，会将这种信任传递给与其相关的人或物。如来源可信度越高，就越有可能将对传播来源的信任传递到推荐的产品上，从而使他人产生购买意愿及行为。本研究还表明，除了来源可信度对信任传递产生正向的影响外，传播者与接收者的关系强度也会正向影响信任传递，传播者与接收者的关系强度越大，则信任传递的可能性就越大。

二是基于消费者感知价值的角度。本研究认为，消费者的信任传递是一个方面，消费者从口碑信息及通过外围信息所感知到的关于产品的价值对网络口碑效应的影响也非常重要。消费者感知到的商品价值对于自身来说越大、越重要，其产生购买意愿的影响才越大。关于感知价值对消费者购买意愿的影响已有很多的文献进行了探讨，但是对于消费者如何从网络口碑信息中感知到对商品的价值从而产生购买意愿目前鲜有涉及。网络口碑信息如同其他说服性信息一样，只有当消费者从中感知到有用的价值时，被说服的可能性才会越大。这种价值不仅体现在价格优势上，也不仅反映在很高的质量上，还包括情感等其他方面。要激发消费者感知到情感价值、社会价值，那么在口碑中单纯地提到物美价廉或是物有所值只是一方面。因此，本研究不仅重点考察了感知价值作为中介变量对网络口碑效应的作用，还在文献研究以及扎根理论研究基础上，对感知价值的前因变量进行了新的探索，在消费者价格感知和质量感知对消费者感知价值已得到大量实证研究的基础上，提出消费者从口碑信息中所感知到的品牌形象与自身形象的一致性，以及口碑接收者所查找的论据一致性等两个因素对感知价值都有着直接的正向影响，本实证研究已得到证实。Zeithaml (1988) 很早就明确指出，质量和价格只是评价产品或服务的一部分，而价值以更高层次、更加抽象和概括的概念出现，是顾客在获得与付出的感知基础上对产品效用的整体评估。本研究这一结论不仅是对 Zeithaml (1988) 不能仅仅用价格、质量来衡量消费者感知价值的建议的验证，也更进一步明确了影响消费者感知价值的因素。

本研究借鉴前人的研究成果引入信任传递变量，同时引入消费者"感知价值"这一变量，提出了一个新的整合模型，主要探讨消费者信任传递、消费者感知价值和网络口碑对消费者的购买意愿影响问题。这些研究成果丰富了在不同环境下的信任理论、感知价值理论以及网络口碑效果的现有成果。整合模型的简化形式如图8-2所示。

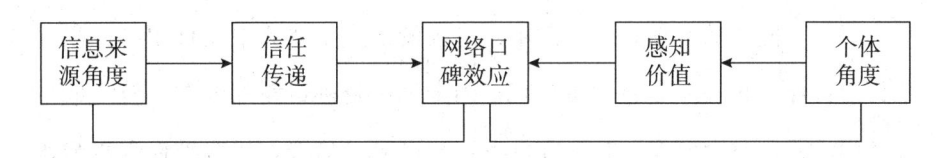

信息来源角度 → 信任传递 → 网络口碑效应 ← 感知价值 ← 个体角度

图8-2　本研究整合模型简图

本研究是基于以上两个研究角度进行的，但作为中介变量的"信任传递"和"感知价值"是否是自变量对因变量产生作用的关键因素，还需要通过科学的方法来加以检验，才能使结论更加可靠和完善。

本研究按照目前普遍认可的中介效应检验方法对这两个角度的中介变量进行了检验，结果表明信任传递在本研究中、所有自变量对因变量的影响中发挥着完全中介作用。

而关于"感知价值"这一中介变量的检验不仅为以往研究提供了实证依据，更为重要的是，在网络口碑传播研究中，首次将其作为中介变量考察，而中介效应检验证实了感知价值在网络口碑效应中起着至关重要的作用，不仅拓宽了感知价值的研究领域，也丰富了作为说服性传播的网络口碑传播研究成果。

同时，本研究还考察了消费者信任传递与感知价值之间的关系，实证研究结果表明，消费者对网络口碑信息的信任传递对其感知商品价值有着直接的正向影响。

8.6.3 分组研究：不同产品类别以及品牌关系的比较研究

基于上述研究，本研究还对消费者所推荐的产品类别以及产品与接收者之间的关系进行了分类，以研究对于不同产品类别即国产品以及进口产品、熟悉品牌以及陌生品牌而言，与网络口碑传播相关的三个方面即传播者层面、信息层面和个体层面与网络口碑效应之间是否存在显著差异。

对于不同产品类别的调节作用，过去的研究主要集中在日用品、耐用品以及产品类和服务类等方面，对于国产类以及进口类却鲜有提及。但是在扎根访谈研究中发现，对于进口类别的产品，消费者的接受程度更为普遍，而对于国产类的产品持怀疑态度得较多。因此，在本研究中，将这两个方面归至产品类别中并将其作为调节变量来加以考察。实证研究发现，产品类别确实起着调节作用。尤其是对于那些自我信任倾向程度较低的人而言，接受国产类产品的可能性非常小。但是对于进品类产品而言，接收者的自我信任倾向程度对其口碑接收效果并无显著影响。

作为熟悉与陌生品牌的品牌关系，在实证研究中也被证实存在着调节作用。在扎根理论研究的访谈资料中，受访者对于自己熟悉和听说过的品牌接受的可能性会更大一些，对陌生品牌会因风险而谨慎选择。而实证结果也表明，虽然对于熟悉的品牌，个体信任倾向程度对网络口碑效应的影响大小没什么变化；但是对于陌生品牌而言，则个体信任倾向程度越高，网络口碑发挥作用的效果才会越好。

与信任倾向相反的是，不同的品牌关系对论据一致性对网络口碑效应调节作用是不一样的，对于熟悉品牌而言，论据一致性程度越高，对网络口碑效应的影响就越大。而对于陌生品牌，无论论据质量是否一致，其接受的可能性都比较小。也更进一步证明，在网络口碑推荐时消费者更容易接受熟悉的品牌。

8.7 研究实践建议

本文的相关研究结论,不仅在网络口碑传播、消费者行为和营销领域具有一定的理论贡献,而且对于互联网环境中网站运营、商家口碑营销、企业产品的改进等都具有较大的实用价值。

8.7.1 促进消费者的信任传递

现在提起网络口碑,"水军""五毛党"和"网络推手"等几乎成了其代名词,而这些词的含义已超出了网络口碑更为正面的意义,这种被称为"网络黑社会"的网络现象更是引发了网络环境下的消费者信任危机。

信任在口碑及网络口碑研究中都是重要的中介因素,而作为一种认知过程的信任传递,是信任主体基于对与信任目标相关的一些外围信息的判断来做出对信任目标的信任态度的初始判断。也就是消费者在接收网络口碑信息初期,并非直接信任网络口碑信息本身,而是基于该口碑信息的传播者、平台等做出是否该信任的判断,如果信任这些外围信息,那么就会自然地将这份信任传递到接收到的网络口碑信息上。如此来说,促进消费者的信任传递也就显得十分重要了。

本研究突破传统的直接考察信任的做法,将消费者的信任传递作为中介变量进行考察,实证研究证实信任传递是个重要的中介变量。而口碑来源的可信性、传播者与接收者之间的关系强度等都会影响消费者的信任传递。也就是口碑来源越可信、传播者与接收者之间的关系强度越大,越能促使接收者进行信任传递,从而更有可能接受网络口碑信息而产生购买行为。

在以往的研究中，个体的信任倾向对消费者的信任有着重要影响，在本研究中，这种信任倾向对于信任传递同样有着正向的影响，也就是说个体的信任倾向程度越高，进行信任传递的可能性也就越大。而要提升个体的信任倾向程度不是一蹴而就的，受多方面因素的影响，比如个体自身性格、人格特质的影响、外界环境等不安全影响因素的影响，甚至是媒体拟态环境所呈现出来的信息环境的影响等都会影响到个体的信任倾向程度。

除了通过来源可信度、传播者与接收者之间的关系强度以及提升个体的自我信任倾向等促进消费者的信任传递外，还需要弄清楚信任传递的信任源。

信任传递可以来自很多的信任源。比如信任主体所熟悉的一些人可以成为转移到其他人的信任的来源（Uzzi，1996）。这些作为中介桥梁的人或物又都需要具备上述条件，比如让接收者感受到来源是可信的，关系强度是比较紧密的，等等。

8.7.2 注重产品价值挖掘

对于企业来说，寻找"网络推手"，雇用"水军"对产品进行炒作，不是长久之计，不利于产品品牌的建设。更为重要的是要收集消费者关于该产品品牌的讨论信息，仔细聆听，弄清楚哪些是消费者认为有价值的、值得讨论的东西，这样有助于企业改进产品，而且利于营销人员指导消费者就产品有价值的这些方面进行讨论。

企业提供的产品价值并不等同于消费者感知到的价值。一方面在于企业提供的产品价值有可能并不是消费者认为重要的价值；另一方面在进行产品宣传时并没有明确产品的独特价值，在消费者购买之前并不能感知到产品存在的价值。因此，挖掘产品价值需要从消费者出发，根据消费者感知到的价值来进行推广传播。消费者感知价值不仅发生在实际购买和使用之后，也发生在购买之前。发生在前的需要通过间接经验比如从口碑处获得，而发生在后的则是与之前对该产品品牌的价值期望进行对比后得出的评价。作为营销管理人员，需要对消费者所感知的这两方面的价值进行收集，更有利于进行精准的产品品牌推广，获得消费者的认同。

价格对很多消费者而言都是购买考虑的因素之一，对感知价值也有着显著的影响，因而价格战也是商家常用的营销手段之一。但是本研究的扎根访谈结果显示，在网络口碑中，价格并不是打动消费者的主要因素。而实证研究结果也显示，消费者所感知到的品牌形象与自身形象的一致性对于消费者价值感知有着直接的正向影响，因而要改变单一的价格竞争为主导的竞争策略。

随着网络购物的发展，价格因素将不再会成为人们选择网络购物的首要原因，在人民生活水平日益提高、科技日新月异的今天，那些基于价格进行竞争的商家只能吸引低购买力的消费者，必定走不了多远。低价同时也意味着低质，消费者一旦获得这样一种对产品的印象，就很难感知到产品的真正价值，只有提升品牌的自身实力，靠卓越的质量和顾客价值才能最终赢取消费者的信赖。

8.7.3 注重消费者—品牌关系

伴随市场经济的发展，企业竞争加剧，逐渐由产品之间的竞争上升到品牌之间的竞争，"做产品不如做品牌"已经成为 21 世纪很多专业人士和企业家的普遍共识。注重消费者与品牌之间的关系也成为企业日益重视的议题。

品牌关系是品牌与消费者之间通过互动而形成的亲密、持久的关系，包括消费者对品牌的态度和行为以及品牌对消费者的态度和行为之间的互动。品牌关系不仅仅是让消费者熟悉品牌，更重要的是要使品牌形象与消费者个体形象保持一致，甚至是让消费者参与到整个品牌的建设过程中，从最开始的品牌设计到推广等各个环节都要与消费者保持着紧密联系。在这方面，目前有很多企业有着成功的经验。备受游戏玩家欢迎的雷神游戏电脑本就诞生于 30 万条评论和 6 个 QQ 群中。这个创业团队为了能开发出一款真正满足用户需求的游戏本，首先在各电商网站上搜集了 30 万条用户对于游戏本的评论。最后根据这些评论的建议整合现有的技术，创造了游戏爱好者当中的传奇。

美国无线 T 恤 Threadless 同样通过收集网友设计的 T 恤图案，并以网友评分的方式选出设计得分最高的作品投入生产，对订购达到一定数量的产品进行批量生产，这样从消费者中来用于消费者、各个环节都与消费者保持紧密联系的做法使得该平台成为无线 T 恤之王。

从以上例子中可以看出，企业和消费者一起共同创造了双方都获利的价值。这是价值共创的作用体现，也是建立消费者—品牌关系的重要方面。

价值共创是早已出现、如今因为"互联网+"时代的到来而在多个学科领域都颇受重视的一个概念。早在 2000 年时，Zaneta Piligrimiene 等学者就开始使用这个词。到了 2004 年，他们将之定义为为企业和顾客带来共同价值的一种营销和商业策略，从而备受学界和业界欢迎。

到了"互联网+"时代，消费者有了更多的平台接触互联网，也有更多的机会能参与到企业的生产制作过程中。在消费使用产品之后，也有了更多的机会对品牌进行二次传播，无论是在生产过程还是在消费过程中，都有了更多参与的可能性。如果企业不意识到这一点，不充分发挥消费者的能动性，重视消费者的体验，则与消费者之间的黏性就会大大降低，也会影响到消费者与品牌之间的关系。

对品牌进行网络口碑营销的目的是为了让受众能够熟知这个品牌、接受这个品牌，最终达到盈利的目的。在进行网络口碑营销时，要想获得一时的热度可以说难度不大，但是，当受众都被这个品牌所吸引而去购买或下载时，发现这个品牌并没有传说中的那么好，于是，心里的落差会让受众的失望度进一步加大，从而对这个品牌失去信心，一旦过了这个热度便会被大众遗忘。而在网络口碑传播中，人际传播带来的品牌会给受众一种更值得信任的感觉，受众也更容易选择通过口口传播而得到验证的事物。当一件商品因自身质量或使用舒适度而给受众带来了不好的体验时，坏信息往往会比好信息给人留下更深的印象，因此，若是品牌在进行网络口碑营销的同时，不能更好地确保自身品牌的实力，反而会给品牌带来不利的消极影响。

8.7.4 社交平台的有效利用

消费者品牌关系的建立除了在初创设计阶段实现与消费者的联盟、共创价值外，还需要充分利用社交媒体平台进行品牌的推广，一方面有助于扩大产品知名度，另一方面也有利于消费者信息查找的一致性。

Web2.0时代，社交媒体已经渗透到大众生活的方方面面，在微博、朋友圈等社交媒体中大量投放营销广告，对受众进行密集式宣传也是品牌营销的策略之一。这样不仅会增加受众的熟悉度，也会引起受众的关注，使他们想要主动了解具体的品牌信息，从而增强品牌的知名度。但是在进行这一策略时也需注意投放的力度，不可过急过多引起受众的反感。例如笨NANA最开始在香港上市，就走红于深圳网友发的一条微博。随即，"那些年，我们一起吃过的笨NANA"之类的话题在微博上经久不衰，每天点击率过百万，网友成为笨NANA的"代言人"，主动传播相关话题，最终让晒"笨NANA"成为时尚，广大消费者成为笨NANA的免费宣传者。另外，奔驰在销售 Smart 限量版时也是首先选择京东作为网上销售阵地，并利用电视户外网络预热，结合微博为活动造势，随后，Smart 还在 5 个重要销售城市的影院展出，并出现在中国当红娱乐节目"非诚勿扰"中。这样密集式地在社交媒体上的造势，使 300 辆 Smart 在 89 分钟内销售一空，获得了巨大成功。

  在社交媒体进行大量投放宣传，离不开舆论领袖、公众号的推波助澜。通常，品牌在进行网络口碑营销时，最常用的方法就是先在社交媒体上进行一定范围的传播，然后再利用舆论领袖、营销账号的号召力，通过他们的大量转发而引起更多受众的注意，最终在全民中获得一定的知名度，因此，舆论领袖和营销账号的转发也是口碑营销中不可或缺的一项。国产电影，尤其是粉丝电影就通常运用这一手段进行宣传造势。2013 年赵薇的《致青春》上映前，凭借自身的号召力，官微建立之初就吸引了 18 万粉丝的关注，随后，明星好友、商界大 V 的转发引起了更为广泛的关注，其中的 24 个明星账号，粉丝总数接近 3.7 亿，在没有去重的情况下已经占了微博总用户量的 80%，除明星的直接参与外，网友主动传播的话题也为电影的营销起到了推波助澜的作用，像#有一种友情叫作赵薇和黄晓明#，#长得好看的人才有青春#这样的话题更是引发了粉丝极高的参与度，使得赵薇的电影不断打破票房纪录。无独有偶，韩寒的电影《后会无期》的前期宣传也是韩寒先以"韩式幽默"的调侃配文在自己的微博上发出，从而引起众多网友脑洞大开出现许多"神评论"，而相关营销大号再将这些"神评论"汇总发出，使高质量的用户自创内容得到了有效的二次传播。而随着影片的上映，剧中各主角的经典语句又被制成九宫格图片传播，在燃起网民们创作热情的同时，在话题性上做足了噱头，使得电影票房不断被刷新。可见策划产品在微博微信朋友圈营销时，独特新颖的话题是必不可少的。

微信朋友圈的关系大部分为相互之间较为信任的熟人关系，一旦朋友圈中都在刷屏同一个新鲜事物，为了不落伍，能够跟上朋友的潮流，大多数人也会对这个新鲜事物产生兴趣想要进一步了解，从而推动某一品牌的产品在朋友圈中的传播。

8.8 研究局限及建议

虽然本研究尽可能广泛地借鉴国内外关于网络口碑的相关研究成果，并在此基础上力求创新，但限于人力、物力等原因，也不可避免地存在一定的研究局限。这些研究局限既是不足，也为未来的进一步研究提出了可行的方向和建议。

8.8.1 研究局限

本研究局限主要体现在以下几个方面：

（1）口碑来源的限定。随着网络技术的不断发展，消费者进行网络口碑传播的平台越来越多，但是本研究主要是以微信（包括微信群、朋友圈、公众号等）以及微博两大平台中的口碑为主要研究对象，由于平台的限定，使得研究对象范围较小，但微信、微博是目前较热的两类社交媒体，虽然平台有限，但研究这些平台中出现的口碑传播现象，仍具有一定的代表意义。只是还可以采用更多的方法比如网络民族志的方法等对一些即时性的网络口碑信息进行进一步的研究。

（2）研究方法本身的局限。本研究在扎根的理论研究以及对国内外文献进行广泛研读的基础上，主要采用了定量的实证研究方法，由于定量研究方法本身的局限性，可能会导致研究结论的非一般性问题。另外虽然问卷调查有比实验研究等其他方法优越的地方，但在调查时，关于网络口碑的研究必须依赖被试回忆接触口碑的经历加以填写，尽管要求是回忆其印象最深且最近的一次口碑，但仍不可避免被试填答与实际不一致的情况发生，为了减少这一环节的影响，在收集样本前进行了机器和人工结合的排查，尽量保证收集有效的样本。

（3）研究变量的有限性。本研究在建立概念模型和提出研究假设时，综合考虑了传播者层面、信息层面以及个体层面等不同因素的影响，并采纳了两个不同的调节变量如产品类别以及品牌关系等，虽然实证研究结果表明，模型的解释力都较高，影响因素的五个方面都对因变量有着显著的影响，但不可否认的是，在社会科学研究中，各个影响因素通常都是相互作用、互相交织在一起的，因而在每一个构面中都必然存在着其他的影响因素，但这些在本研究中暂未提及，可以考虑在未来的研究中，在本研究模型的基础上结合新的理论基础，改变或增加其他相关的研究变量，从而进一步完善研究模型中影响因素和调节变量的构成。

8.8.2 未来研究建议

鉴于以上研究局限，本研究提出未来进一步研究的空间和建议。首先，可以选取不同平台的网络口碑，比如社交媒体平台以及评论站点的网络口碑，以比较不同传播渠道的口碑的形成和作用机制，甚至可以是人际口碑与网络口碑的比较研究。

其次，在方法上可以突破单一的问卷调查方式，可以运用社会网络分析方法、网络民族志等方法来对复杂的网络口碑进行更为全面的研究。实验研究在发现因果关系上也有着不可替代的优势，而且在我国还没受到足够的重视，建议未来的研究结合实验验证的方法，进一步发现网络口碑的作用机制以及影响网络口碑效果的因素。

最后，在研究变量的选取上还可以结合新的理论模型进行变换，本研究显示品牌自我一致性的影响力最大，也提示网络口碑的研究可突破传统的人际传播理论，可多借用管理学等多学科中的模型来证实新的可能的影响因素。

实践篇

第 9 章 微信群中的网络口碑传播

本章主要是以一个旅游类的达人群"住百家"为例,通过对该群相关群体的访谈、参与观察等方式来考察微信群中的网络口碑传播情况,通过深入了解群主、群红与群员之间的互动,来进一步了解网络口碑传播者等意见领袖的特征,以及网络口碑传播效果。

微信群是本课题研究中网络口碑传播的主要渠道之一。作为社群的一种表现方式,微信群是基于某种共同爱好而结合在一起的社群,是各个元素叠加后的产物,如情感相聚、相同价值观、较为相似的行为等(秋叶、秦阳,2015)。2016 年中国社交应用用户行为研究报告指出,九成以上用户都会使用微信等即时工具,而八成以上用户都会使用微信群聊、朋友圈等。微信最早的群上限是 40 人,现改为 500 人,进一步扩大了群成员之间交流的可能性。在微信群的交流方式上,可以采用图片、视频、语音聊天、红包、名片推荐、位置共享、图文阅读等多种途径,为成员之间的沟通、分享和交流提供了更加便捷、稳固的模式。

在微信社群中进行口碑推广,是以非商业的目的对特定话题进行讨论、传播、分享及意见指导等,或是采集其他消费者所提供的产品信息、分享成果、品牌体验、话题讨论,在参与企业互动中所引发的情感认知,产品认同的传播行为(刘向阳,2006)。它的实质是通过建立人和人的连接、人和企业的连接，从而培养群成员的黏性，并将这种黏性转化为对企业产品的消费和口碑的传播。

微信群中的网络口碑推广更多的是企业作为主体来聚拢一批具有相同价值观的消费者或潜在消费者进行信息分享、价值推广和文化认同。在这样的口碑推广中，每一个成员之间处于环形的平等平行关系，严格意义上来说没有上下级的分别，因此有较强的互动性，且因为微信的特性，这种网络口碑有着高频的参与和持久的探讨。它不同于过去的一对一或一对多的传播方式，更多的是一对多、多对一、一对一、多对多这种具有良好互动性方式相结合的传播。

从微信群属性上来说，它具有平等交流、深度热议的特点，更易引起群成员的情感共鸣，若在此基础上就某一话题或口碑进行讨论和分享，这时候大家就会更容易相互感染，加强对某个观念、某个事物或某种情感的认定。就像古斯塔夫·勒庞说的那样：不论构成群体的个人是谁，他们的生活方式、职业、性格、智力有多么的相似或者不相似，但只要他们融入了同一个集体，他们的感觉、思考以及行为方式就会和他们身处独立状态时是有很大的不同（勒庞，2004）。而在此熟人基础上的口碑传播将会更具说服力，也更易激发人们的消费行为。

微信社群的网络口碑传播是在群成员的强弱关系的不断转换中完成的。在开始入群时群成员之间是一种弱关系展现，通过了解后彼此之间会形成强关系，加强彼此的联系，也加强成员和企业间的联系。当这种强关系辐射到彼此的朋友圈时，对于企业来说虽然是一种弱关系的连接，但借助于信任传递，这种连接下的口碑仍然会进一步地扩大。作为一个借助于达人群进行口碑传播的"住百家"在这方面有着成功的经验。

9.1 "住百家"达人群的建立

"住百家"是一个面向国内旅客的境外旅行品牌，类似于 Airbnb 这一品牌，都是通过"共享经济"模式，将出境自由行群体对特色民宿的需求与国外优质房源进行整合，帮助中国出境自由行旅客入住海外的短租公寓、民宿等。

"住百家"达人群是由社区过渡到社群的，不同于其他旅游品牌直接找旅行达人包装的方式，"住百家"最开始是在豆瓣、微博等平台上不断宣传自己，征集、吸引、聚集一批热爱旅游并且已有成熟旅游经验的达人，并将他们发展成自己的社群人员。

这些达人在加入群时有一定的门槛，经过管理员的对话筛选，进群后会修改群名片——昵称+旅行过的国家，让这些达人们不仅有归属感而且有自豪感，因为这标志着在这一领域他有着相对的话语权。达人在入选后必须履行一定的职责：认同"住百家"精致出行的理念；下载"住百家"APP，在"游客问答"社区活跃（三个月增长不到50积分的将视为放弃达人资格）；在达人群里积极活跃，以擅长的方式分享旅行经验和照片，可以是游记、攻略等，互助解决问题（退群视为放弃达人资格）；积极参与"住百家"线上线下活动，积极协助管理员的管理工作，比如进群后将自己的昵称改为"名字+熟悉的国家"；在群内潜水超过三个月，没有任何分享贡献的达人将被去掉达人资格。

达人们在群里，不仅会谈论旅游，帮助群里群外的人提供旅行帮助，还会进行不同话题的探讨，配合管理员管理达人群，加入线下活动中，并且乐于分享。管理员们一方面引导着话题，另一方面又不断地加入探讨中来，增强自己与达人的关系，除此之外还会经常分享有用信息，进行内容输出，配合公司内部的营销计划和商业开发。

从2015年4月建群以来，"住百家"共拥有30多个达人群，群成员高达数万人。从此数量上来看"住百家"达人微信社群有着良好的可复制能力，且达人活跃度保持在较高的层次。在这些群中，有着完善的群规，然后根据用户的属性分成不同的达人群类别，这种制度保障了达人群的良好交流环境。

9.1.1 群规：激励与惩罚

"住百家"有着完善的奖惩制度，并且能够根据不同的群，形成不同的管理方式，每个群都有对应的管理员监测制度的实施。这种奖励制度不只是物质上的，更有精神上的奖励，而后者的奖励是成员们在社群中获得情感认可和文化认同的最佳方式。"住百家"的成员，在入群时，就被赋予"旅游达人"的称号，增强了他们的身份认同感，同时每一位达人入群后会将自己的名字改为"昵称+熟悉的国家"，当群内有人咨询该国家信息时，一方面方便管理员的查找，另一方面当该成员在信息分享时，产生优越感的同时，他对群文化和群氛围的认同感会增加。另外在这种完善的奖惩制度下，"住百家"的达人们都能够自觉地在群里发言，群氛围有一个良好的控制，群成员的满意度也会不断提升，对群的好感和使用率就会加强，口碑传播的切口也更容易掌控。多样化的激励方式和福利，如可以兑换成鼓励的礼物和积分，甚至免费出国游的机会，让成员们在无压力的情况下，自觉地生产出高质量的消息，而这样的消息既非软文也非硬广，更有利于口碑的传播和广告。这种来自激励机制的内容产出是网络口碑推广中传播的重要方式。

但若达人们在群中无贡献，或者脱离组织的话，不但会被剥夺达人身份，还将无法享受到一些实质上的福利，因此每个群成员也分外珍惜自己达人的身份，并且会积极完成自己作为达人的职责，但遗憾的是"住百家"的监测制度并未形成良好的反馈，因此未能在最大限度上激起达人们的活跃度。

在激励制度下形成的话题讨论，能更大意义上激发群成员的活跃度和参与感，也能在较大程度上连接每一个群成员，让他们对你持有好感，积累到你想要的口碑。同样，适当的惩罚制度能够使群成员在压力感中参与到社群活动中来，但是过度的惩罚和盛气凌人的对话，很可能使群成员的体验感减差，弱化你的口碑，或者直接退群。

9.1.2 价值理念：精致出行

一个社群对于品牌的口碑推广，绝不仅仅是靠热情和愿景来吸引一群志同道合的人聊天就能解决的，它需要一个共同的价值观，用以指导社群成员行动，在这样的行为之下能够形成社群自身的亚文化，这样才能让社群更紧密地联结，才能形成良好的生态，才能让品牌传播更持久更有力。认同感是联系群成员之间最重要的纽带，无论是有用信息的输出，还是价值观、亚文化的共建，都是为了加强群成员对于社群的认同感，加强成员对于企业品牌的认同感。

企业要根据自身的文化衍生出自己内部人员的价值观，在内部人员和管理员的带动下形成独有的社群价值观，在此基础上加强社群的凝聚力，形成传播能量。其次在亚文化的引导下，慢慢走向开放，吸引更多外部活跃的粉丝或者用户，形成内部社群和外部社群的双向交流。"住百家"将自己定位为高端的出境休闲，在群文化的价值输出中，"住百家"衍生出来的高端旅游和民宿文化，能够深入地团结社群中的力量，达人们能够将所感受的文化进行多次分享，在"住百家"提供的旅游中体会到自由生活、休闲度假，精致出行的价值观已在群里生根发芽。"住百家"达人 Ruth 坦言："我很喜欢群里对于高端出行的讨论，并且很乐意分享给我的朋友们，在现在生活压力大的情况下，'住百家'的精致让我很惬意，除此之外，他们对每一位成员精准精致的服务，也让我很感动。"

就如同 Ruth 一样，"住百家"的达人们用"家"来形容他们所在的社群，他们在这里畅谈、分享，自愿产出内容，且质量非常高，同时他们愿意成为这种文化的传播者，将这些信息通过朋友圈、微博或口头等传播分享，通过自己的人脉圈，扩大"住百家"海外短租的影响力。另外"住百家"赋予了每一个社群成员"达人"这个称呼，并且有完善的激励制度，会让达人们在认可自己的身份后，经过自身体验后更忠诚于自己的品牌，产生强烈的认同感。群文化的认同，意味着人们生活在有契约的群体中，这种共同的契约和集体共识会转换成对于此品牌的忠诚度和认同感，而这些的建立远远超过了口碑推广本身，因此，加强群文化认同感，是将品牌和社群成员联系的强力黏合剂，而认同感则会让这种联系更持久、更耐市场的挑战。

一个有生命力的社群，群内是有共同认可的价值观的，并基于这种价值观能够形成自己社群的文化，这样有情感归宿和价值认同的社群，它所面临分裂的可能性更小，因为成员之间有一种看不见的"契约"，这种精神指引着整个群的运作和发展。微信社群本来就是基于兴趣和同好而建立起来的群，所以群成员之间建立强关系的可能性更大，在一个有文化和价值观的社群里，成员会更容易找到存在感，发现群的乐趣和价值，也会更乐于分享群内所产生的内容，将信息和品牌分享给潜在的弱关系关系户。对于企业来说，比较容易把控这种社群文化和价值观，并以此为基础更好地宣传自己的品牌和价值，做更适合群成员认同的营销活动，让群成员自身产出更优质高产的东西。这样大家才会乐于传播口碑，这样企业的口碑推广才会朝着一个更好的方向前进。"住百家"在这一点就做得很好，社群中不仅是管理员和群红在输出，几乎每一个普通成员都在不定时地输出优质的旅行信息和内容。

9.2　达人群中的意见领袖

一个良好的社群中，要想有充分的舆论和口碑传播氛围，就需要一批有魅力的舆论领袖，在微信群中，社群管理者常常会扮演这样的角色，除此之外，那些在社群中有着较大个人魅力又善于言谈的成员也具备这样的潜质。这些人一开始就较其他人具备一定的权威性，并且更值得信赖。在他们的引领下，大家参与话题讨论，形成热议，达到"全员开花"的局面，最后完成口碑的传播与积累，并将传播趋势进一步扩大。

9.2.1　群主的职责

在一个社群里，社群管理者的魅力有着极大的作用。群体的关系、社群的氛围、谈论的话题以及互动的程度等都和群主有着极大的关系，因此群主必须要能够活跃群氛围、善言谈，却又不失风度并且有亲和力。"住百家"微信达人群共有4个管理员，平均年龄约为25岁，有着较大的活力，这些管理员平均分配在每个群中，但自己又有集中负责的群，同时这些管理员是可以在任何群中进行交流和管理的，既有着区别和自我的主要责任，又可以交叉互动交流，形成更大的信息流动和活跃氛围，在信息更替和潮流动态中，他们始终把控着最新的方向。

其次，作为一个群主，不仅是要管理成员，更重要的是学会倾听和交谈，与成员建立互动关系，形成自己的"领袖魅力"。"住百家"的群主不仅在线上和群成员建立了良好的关系，据大多数达人反映他们在线下也建立了深厚的友谊，经常一起聊天约饭。群主们对每位达人的经历都有着精确的掌握，能够建立起深厚感情以获得成员们最大的信任。

同时，群主应该是社群中制度的监测者，并能够将监测结果及时反馈。"住百家"的管理员们在线记录着达人们的活跃指数，并根据这些活跃指数，不定期地寄出相应的礼物，或者与公司进行协商，对活跃度极高的达人提供免费出国游的机会，因此这些管理员们在群里有着很好的影响力和调动能力。但比较遗憾的是，这种激励制度只是在管理员手中操作，并未形成良好的数据反馈。

此外，由于群主对成员和企业都具有相当的了解程度，因此协调好群成员与企业的关系，引导群成员对企业形成良好印象，引领口碑的发展趋势以及配合企业制定相应的营销活动是群主的又一重要职责。

9.2.2 群主与新力量群红的联动

一个良好的社群，不是管理员的独角戏，尤其是在微信社群中，因为大家具有平等交流的机会，更多的是一种环形结构关系，所以据此"住百家"在群中还培养了一批群红。群红就是指群里一些比较有名望，活跃指数高，并且有一些追随者的群成员。他们乐于和别人交流，但不仅仅是群里的活跃分子而已（有些活跃分子在群里说话可能不会有人理）。"住百家"群主 Sam 介绍说，这些群红中有些是在群中自发形成的，有些是"住百家"私下与某位用户沟通形成的，这些群红对于整个群的活跃度有着极大的贡献。

群红有着较高的威信，在社群中拥有自己的粉丝、追随者，因此往往他们引发的话题讨论会更容易引发热议。除此之外,"住百家"的群红们对高端出行有着相对资深的话语权,因此他们的意见和建议也成为其他群成员消费和传播口碑的重要参考依据。

群主和群红组成的舆论领袖是"住百家"达人群长期活跃的方法之一,他们让口碑传播有了方向和活力,这种机制下的话题讨论更容易控制,也更容易被企业运用。利用领袖的魅力扩大网络口碑传播的力度和范围,不加软文又不加硬广,仅仅是在谈话中就能培养一批口碑传播的成员,这种省时又省力的传播方式不失为一种聪明的做法。

9.2.3 高黏性的群成员

从最开始的社群中的舆论领袖组建到培养出一批群红,再到群红与更多的群成员互动,构成了一个金字塔形状,只是这种金字塔各部分不是孤立存在而是互动紧密的,从而使得整个群黏性非常高,各成员间因为线上讨论线下活动等也联系得非常紧密。最终每个成员又成了很好的代言人,通过各自的朋友圈等各种自媒体方式将口碑信息传播出去。

9.2.3.1 群成员的力量:隐秘而伟大

目前"住百家"拥有 30 多个达人群,群成员约 8000 人,这些达人来自不同地方,分布于不同国家,有着不尽相同的习性、学识、职业以及年龄,这对于"住百家"用户的积累和口碑的传播有着极大的帮助。

从年龄层来看,"住百家"成员中年轻人居多,但跨度也大,从还在上学的学生到年长的老顽童都有,但主要年龄段集中在 30—35 岁,这些具有消费资本和时间的人。

成员职业构成也具有多样化的特征,但主要还是设计师、公司高管、职业摄影师、自由职业等这些具有高消费力的人群。这在一定程度上让"住百家"的口碑推广有了很大的资源入口,也让成员进行信息交流和交换范围更广阔，也就意味着这个群对它的作用越大，吸引力越强。

"住百家"达人每个人都有自己的特长和所熟悉的国家，因此每个人在群里又有自己的作用，此时，每个达人又扮演着"蚂蚁"的角色，自觉地在群内解疑答问，并且会产出一些相当高质量的文章，供大家使用。达人们还会将自己在旅行中的照片随时发表在群中，引起讨论，形成新一轮的话题传播。达人们还会将自己的旅行经历及"住百家"民宿的体验分享至朋友圈，真真切切成为"住百家"的代言人。

前面提到的舆论领袖和群红们平时就和群成员建立了良好的关系，因此，很多成员都愿意自主地产出内容，这些有用产出比做任何活动和营销都有用。这些群成员被称作达人。达人们有的会在朋友圈发图，有的会写推文给"住百家"的公众号，有的会积累自己的经验写攻略，在"住百家"的社区回答，或者将它组成一场分享会，分享给其他的达人等，而这种流动的口碑传播就是"住百家"口碑传播的最大力量。从这一点不难看出达人们或者说群成员们对口碑传播的贡献，尤其是这种在互联网环境下的口口相传，抓住群成员的力量，借势传播，将会使企业省时又省力。

9.2.3.2 强弱关系的嬗变：拉近成员关系

仅仅是从网络口碑推广的角度，每一个公司都要思考如何围绕自己的产品建立社群。但是企业要完成从"强关系"到"弱关系"的连接转化，培养用户对社群和品牌黏性，却不是简单地建立几个用户群，派几个人当管理员，制定一些规章制度就能够实现的（秋叶、秦阳，2015）。如何完成强弱关系间的连接，让用户群体和品牌之间的黏性更加强化是企业所要考虑的问题。

"住百家"先是在社区中建立了弱关系，将这些达人们聚集，并且通过社群一步步地强化彼此间的关系，企业和达人间的，达人和达人间的，精准地把握达人的经历和喜好，并通过管理员和其建立强关系，形成更好的互动。在此基础上，开展新的弱关系连接，因为每一个旅游达人在他们的朋友圈内，也是旅游达人，而这些旅游达人的身后还有着一群的目标客户群，而且这些客户群和达人们有着较强的关系连接，达人们只是通过简单的晒图分享，或者自愿的攻略撰写，简单的分享过程就将达人朋友圈这个隐秘的弱关系带动起来了，形成新一轮的口碑推广和传播。

达人群能够通过多次的传播以及强弱关系间的转化，提升达人、消费者和企业的连接亲密性，同时会使广告投入量大幅度下降，不断扩大品牌口碑营销的宽度和广度。达人们在分享信息中，享受着信息带来的权威、地位以及认同感，也加大了达人以及他的关系圈对于产品和品牌的认知与黏性，并且这种黏性伴随着每一次的分享更加牢固。

据"住百家"群主 Ace 介绍，达人和群主可以经常约见，或者喝一杯咖啡，或者吃一顿简餐，这都是正常不过的了，甚至还会收到来自世界各地达人们的礼物，彼此间有着很亲密的关系，从一开始的不熟悉到密友的状态，这就是一种改变。另外达人和达人之间，因为相同的爱好走近了，而且他们之间的友谊也更加坚固了，他们分享信息、互相帮助，有些达人也会约出去一起游玩，大家的关系都比较亲密。由此可见，把握好成员之间的渐变关系，利用好强弱关系之间的转换，将会对大大增加成员对社群和企业同嗜的黏性。

一方面，微信用户基数在不断增加，人们的在线时长和使用频次也在不断增加，用户群聊比例也在不断增加，方式不断改变；另一方面，微信群的产品逻辑就决定了群成员进入关系是相对平等的，人们之间的联系是横向连接的，而且具有深度交流的可能性，它的情感性会更强，所以利用微信社群做好网络口碑的推广，收获的不只是这些不断增长的群体，甚至可能是他更亲密的人。因此，把握好用户的黏性和强弱关系的转换力量是企业在社群中进行口碑推广应注意的事项。

9.2.3.3 口碑制胜法宝:"同嗜"下的成员黏性

社群中口碑传播的最终目的是连接成员与成员、成员与产品,即培养成员对于社群及产品的黏性,黏性越大,口碑传播范围越大,名声越持久,产品消费也就越多,而建立在"同嗜"基础上的成员黏性会更大,对于口碑的传播也就会更有力,成员间的连接也就更便捷。

"同嗜",在消费行为学里指的是那些具有相同爱好的人,而微信社群本来就是基于这样的性质所建立,大家有着共同感兴趣的话题,因此在一定程度上这个社群已经对大家有了吸附作用,也保证了一部分成员黏性产生的可能,所以把握好同好关系是培养成员的黏性的基础。

虽然大家有着相同的兴趣,但这并不意味着你可以时时刻刻在社群中发布消息,获得关注。现代生活中,人们的时间很有限,每个人有着不同的工作学习和生活时间,每个社群、营销号都在想尽办法抢夺着用户的时间,培养用户的使用习惯,因此最大限度合理地吸引群成员的注意力,培养黏性是社群运营的关键。这就需要社群的产出有优质而有用的内容,良好的议题设置和活动策划可以让成员在被连接时的好感上升,其次固定的时间点发布不同的内容,能够培养用户点开社群的时间和行为习惯。

"住百家"达人群中每天早晨发布的"小住早报"会引起一个小范围的讨论,而在人们上下班节点时,"住百家"又会推出适当的内容,既不引起人们的反感又会增加话题的讨论。再加上丰富的营销活动,延长用户与产品的接触时长,他们的黏性都得到大幅度提升。培养用户的黏性是用户从围观者到自家人的过程,这个过程贯穿社群运营的始终,并不是一时一刻形成的,关键还在于群成员中大量内容的产出及互动。

9.3 社群口碑内容的产出

社群中网络口碑传播的内容不同于传统的硬广和软文，它的氛围更轻松，形势更多样，方式更多元。首先，社群中有用信息的输出是保障口碑能够继续推广和积累的必备条件；其次，利用多种途径来推广传播是口碑走向更广更远的方法；最后，作为一个社群来说，要想长远发展，就必须做到要"全员开花"，做到普通成员也能输出内容。

9.3.1 有用信息：吸引用户眼球

一个正常的社群生命周期大概有两年，一个是因为管理的问题，另外一个原因就是一般而言一个社群在两年之内已经完成了商业价值的转换。如果一个社群中都是灌水消息，群成员的信息需求得不到满足，那么这个群会很快走向沉寂，所以，一个群要产生价值，就必须要输出有用信息，带动群成员之间的信息交换，形成良好的互动和用户内容生产，更大程度上推进网络口碑的传播。

在有用信息中，"住百家"每天会发布小住早报，这些信息来源于各种渠道，有的来源于达人提供，有的来源于旅行方面的消息等，就是为了给用户提供最完整的信息服务。这些信息每天早晨会像固定的小型早报一样，发布在群里，包括新奇好玩的旅游新闻、重点的社会报道、民宿消息、争议景点、热门景区等，既为达人提供了有用的信息，也培养了达人对于该微信社群的使用习惯，在固定的时间点，达人们就会打开这个微信群，了解他们对于旅行感兴趣的事。除此之外，"住百家"达人群里的达人会随时对自己的旅行进行图文直播，常引得群里一阵尖呼，不断巩固话题的热点。另外这些达人之间还会进行信息共享，对彼此的旅行提供帮助，进行交流，彼此也会对一些国家的风俗习惯发表自己的看法，引发更深层次的交流。而在此过程中，成员觉得自己在这个社群中获得了有用的帮助，实现了自我肯定，也加深了对"住百家"这个品牌的认可。除此之外，群主对于出行会推出最佳的民宿安排，会不定时更新签证的最新信息，免税店购物以及国外饮食等，会时刻汇报"住百家"的最新活动，吸引达人。达人之间也会进行信息共享，组织线下线上分享会，交流互动，除此之外达人们还会在"住百家"的网页中写推文，回答普通客户的问题等，把这种有用信息和品牌的价值再次扩大。

9.3.2 多角度营销配合：巩固用户黏性

一个社群中，如果单靠线上交流，是很难将品牌的推广落到实处的，这样的虚拟感情一旦受到实质性的挑战就很容易松垮，如何在快速的时间内推广口碑到最大效果又不至于因为过度营销而引起用户的反感？答案就是除了线上交流之外还应适度地举行一些其他的营销活动配合社群的运营，通过同步和异步多次多级地进行口碑传播，延长用户对品牌的接触时间，长时间话题的热讨论，不仅能让群成员熟记活动、产品或品牌，加强成员和产品之间的黏性，还会让他们成为口碑的最佳代言人。

首先，要做的就是每次营销都要有针对性，有针对性的用户目标，有针对性的方法和策略；其次，多角度思考的精彩营销方案能够吸引更多的人加入。当然，那些简单粗暴、缺乏人性化的营销活动在开始阶段就会面临用户的挑战，一个社群中，过度的营销一定会让用户群反感，他们惩罚你的方式就是潜水，甚至退群，所以采取适度的营销次数、适当的营销时机是企业在社群运营中需要注意的问题。

《2015年中国社交应用用户行为研究报告》显示，不少企业在利用节日网民的"焦虑性消费"这一特点进行营销，"住百家"也抓住这样的时机，在2015年七夕，"住百家"召集管理员和模特在三里屯举行街拍爆照，并且和社群内部成员呼应，让成员们说出七夕愿望，抽中者就会由这些街拍的"颜值团"送上鲜花和祝福，这次爆照和营销几乎炸出了群里的所有人，并且引起了群内成员很长时间的围观和热议，除此之外，"住百家"还在七夕开启了情侣游优惠活动。"住百家"群主 Eve 说起那天的活动还记忆犹新，"记得那天大家对于活动参与的热情很高，可能是因为模特们太美了吧，感觉颜值的吸引力太强了。"但在"住百家"达人 CC 的眼里，这样的活动真的很能调动大家的积极性，"我个人非常喜欢参与'住百家'的活动，因为很喜欢'住百家'推行的理念，以及在这种理念下推出来的活动，比如潜水、摄影等，真的很吸引人，能让我放松很多"。

在2015年圣诞节，"住百家"发起了送手绘台历的活动，并且在圣诞节当天发送到每一位达人手里，不少达人都认为这样的营销活动很人性化，很贴心。线下的茶话会、分享会等，社群成员之间相互倾听彼此的故事，反映对"住百家"和对社群内部的管理建议等，这些都是其他营销方式酝酿出的甜果。当然，除了通过本企业的多种营销外，还应和其他企业合作将这种成果推广扩大。"住百家"推出的烘焙课、打车礼包、全球 Wi-Fi 免费使用等，都是和其他企业合作推出的适合本社群成员的营销活动。

据"住百家"达人群群主 Sam 介绍说，在2016年春节推出行走活动后，公司的口碑发生了质的变化，不论是社群中的达人的黏性，还是订单的增加都得到了极大提升。

9.3.3 社群狂欢：达人分享会

微信社群的多样化、随机化、碎片化以及临时化等特点，决定了微信社群在内容传播上要有多种方式，单一的传播方式只会让信息在时间流中沉没。同时，即时通信技术的发展，也为多种传播方式提供了可能，文字、语音、视频、图文、图片、推文、朋友圈、线上分享会等，这些都在为企业能够在扩大品牌进行内容传播多样化上提供着新的方向。在"住百家"的调查中，群成员最喜欢的方式是分享会，因为这种干货的输出，大多数成员觉得对自己的帮助很大，另一方面对于群成员来说，这是他们自己的狂欢，是他们自己参与分享的过程，更能激发他们的积极性。

目前"住百家"已经举办过线上线下 30 余场分享会，分享会采取线上报名的方式，每次会有 200—300 人参加，分享会场场爆满，不少达人甚至会拉上自己的亲朋好友一起来，不仅仅是获取干货，更重要的是学习更好地生活的态度。分享会的主角大多都是"住百家"自己的达人，达人讲自己的故事，因此对于群内成员有着较大的吸引力，在分享会结束后，这些达人会再次成为传播的新渠道。线下的达人群分享后，大家会形成深入的交流。而线上的分享会，有着较严格的群规，此群一般会在三天之内保持火热状态，超过三天后，将会自行炸群，一是这个群已经完成了它创建的意义，二是如果群过长时间的保留将会变成死群，对别人造成困扰，这就是"住百家"达人分享会比较自由的一点。除此之外，"住百家"根据达人不同内容的分享，会奖励积分兑换奖品和免费出游的机会，在这种激励下，达人们更乐意自产内容并且分享，而且这种分享的内容和质量都很高，通过线上分享或者线下见面，资源完成了对接，每一位达人都成为这些资源的参与者或者购买者，同时这是很好的二次营销机会，这对于"住百家"的口碑传播有着极大的推广作用。

但"住百家"达人的口碑分享绝不止于此，"住百家"还会通过自己网站上的问答社区，让达人参与提供用户旅行信息、分享攻略等来激活达人的兴趣，扩大自己的口碑和品牌知晓度。同时由于微信社群的即时性特点，每一位达人在旅行地随时秀图、秀攻略等，都会在社群中形成新的热议，如果碰上那种美女帅哥的旅行照，那么这场讨论会更加持久。

随着移动互联网和通信设备的不断发展，人们个性化的发展需求也越来越多，因为相同兴趣爱好而建立的社群也越来越多。微信群作为拥有庞大基数用户的一个平台，成了企业口碑传播的最佳阵地。目前微信使用人数越来越多，在未来，这部分人数还会大大增加，微信社群已经成为人们寻找归属、沟通感情、建立认同的重要途径。而在各种移动营销推广中，微信营销推广也最受企业欢迎。因此从趋势上来说，利用微信社群进行网络口碑推广具有很大的发展空间。

在微信社群中进行口碑传播，不仅应该在它的社群构建中遵循一定的原则，把握好奖惩制度、构建良好的文化价值理念，在意见领袖的选择上、传播内容的普及上以及受众关系的把控上，也要做很大的努力。

在社群中，管理者不仅要做好自己分内的职责，发挥领袖魅力，更应该在社群中培养一批群红，配合自己完成群内话题的热讨论，激发普通群成员的话题输出能力，最好能够全员开花。

另外在传播内容上，一定要输出有用信息，减少灌水性质的信息，要在有效的时间内完成群价值和商业价值的转换。良好精彩的多渠道营销活动，可以延长群成员与社群、企业以及产品的接触时长，对于口碑的传播有着极大的作用，在这一点上一定要注重干货的输出，好的干货能够吸引更多成员的参与和分享。微信社群中口碑传播的实质，还是要建立人和人之间的连接，因此要发挥群成员的力量，把控好成员之间的强弱关系、黏性的变化，这是加强群成员和企业、产品的最大联系，并且能最大限度将它转化为口碑传播和产品消费。最后要利用互联网思维做好服务，形成良好的持久的用户体验，留住用户才是传播口碑的最佳方式。

第10章 "RE CLASSIFIED 调香室"网络口碑实战策划案例

结合前面理论篇章对信任以及信任传递下的网络口碑效应的研究，以及微信群中的群红、达人等意见领袖的研究，本章主要是选取一个国产香水品牌进行网络口碑推广策划的案例。

选取的品牌为"RE CLASSIFIED 调香室"（以下简称 RE 调香室）。我国国产香水品牌不多，RE 调香室是近两年来逐渐发展的一支国产香水品牌，区别于其他品牌盲目的模仿外国品牌，RE 追求自己的品牌文化和特色产品，在消费群体里已经有了正面口碑的基础，但是还没有利用好该"口碑"扩大品牌知名度。

在这种消费环境下，将其选取为推广策划的品牌，通过对我国先前香水市场的分析，制定出具有"网络"和消费者"口碑"相结合的特色品牌推广策划，以求在有效可行的网络营销行为中，使该品牌在最短的时间内被大众所了解、认识，并且获得相应的正面口碑，从而为其下一步培养消费者忠诚度奠定基础。

因此，本次策划的主要目的，是在网络社交媒体和虚拟社区中，通过设置话题、调香大赛等活动，吸引现有消费者以及潜在消费者群体通过朋友圈、微博等社交媒体进行口碑传播，从而有效提高 RE 品牌的知名度。

10.1　RE 品牌定位及发展现状

RE 调香室品牌诞生于上海，是首家提出"轻沙龙"理念的原创香水品牌，致力将沙龙香水普及中国每个角落，为那些真正懂香、爱香的人提供更多、更好的选择。

RECLASSIFIED 调香室主打"轻沙龙"这一核心理念。RE 就是沙龙香水品牌中的一员，沙龙香水又称小众香水，是香水中优雅的象征。

早期的欧洲贵族们选择到沙龙香水店定制属于自己的香水，不仅适合自己，更能凸显其高贵与不凡的品位。夜幕降临之时，他们盛装打扮参与上流社会的聚会，使用的香水更需强调个性与风范。久而久之，这种用于出席沙龙聚会所用的香水就演变成小众香水。

现在的小众香水不仅保持了"强调风范，突出个性，接受定制，选材天然、留香时间短"的特点，而且随着时代的进步，调香师们用天马行空的思路，创作出很多意想不到的香味搭配。同时小众香水也有自己的品质规则，摒弃了奢华的瓶身、繁复的包装及高额的广告宣传，只用其独特的香气来表达使用者的优雅与高贵，阐述香水的更高境界，吸引爱香的人。

RE 调香室更注重该"轻沙龙"的品牌特点，表现为如下三个方面：

1. 艺术性——沙龙香水是具有代表性的嗅觉艺术作品，轻沙龙香水是在其基础上的创新，不受限于传统模式，衍生成一种自由主义的艺术表达方式。它蕴含着思想、哲学，通过气味传递文化。

2. 简洁性——轻沙龙香水去除繁杂，简单到只剩下素材和文化本身。同时选择环保材料和可循环的包装，以朴实的价格还原了商品价值的真实意义。轻沙龙香水真正达到了设计简洁、用料环保、价格平实的三合一。

3. 生活化——由于传统的沙龙香水面向小众，留香时间较之商业香水略短，容易出个性但是也容易造成接受度不高的局面。轻沙龙香水意在改变这一点，让沙龙香水变得更为大众熟悉。它现在可适用不同场合，平易近人更具有现代生活气息的节奏，是一种轻松的生活态度。

目前，"RE 调香室"在全国拥有门店 76 家。从门店分布的整体情况来看，上海的门店数量最多，有 15 家，浙江和江苏并列第二，为 11 家。其他省份的店面数量都在十家以下。由此可见，RE 的发展重点主要以上海为中心，并向周边省份延伸。一方面是因为首家 RE 店面诞生于上海；另一方面可能与企业的发展战略有关，因此后期围绕重点发展地域的城市文化，开发一些独具城市风格的产品也是值得思考的方向。在装饰风格上，RE 极简与精致的设计理念贯串了产品造型和店铺视觉。这是 RE 线下门店概况，而 RE 线上门店仅入驻淘宝天猫，产品种类与线下相仿。

10.2　RE 品牌核心价值

"RE 调香室"的品牌文化以真实不虚、物有所值、差异化定位和追寻设计真谛为主的价值观，致力于为我国消费者提供卓越的香氛产品和使用体验，促进中国市场对香氛产品的认知与需求，扩大香氛产业整体规模，提升顾客的生活品质。在外国大牌香水垄断我国香水市场份额的状况下，RE 可以根据我国消费者青睐的香型和情感诉求，做出独属于中国味道的国产香水品牌。

为此"RE 调香室"针对不同诉求提出了三条独具特色又能体现产品调性的广告语（slogan）。下面将一一介绍。

10.2.1 用香气发掘生活的哲学/Fragrance of Philosophy

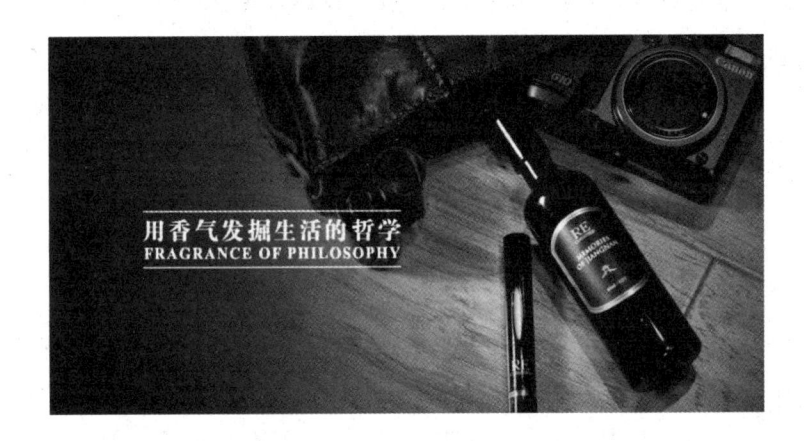

RE 专注沙龙香水的简约精神融入了整个品牌，用迷人的哲学美赋予每一款香水，并相信这种简约与精致的语言将融入未来年轻人的生活。

10.2.2 一瓶香水一个故事/Scent of Stories

这种哲学性主要体现在 RE 调香室的核心特色：一瓶香水一个故事。

RE 旗下的"沙龙香水"系列中，每一瓶香水都拥有一份独特的文案。以"当我遇见你"这款香水为例：

在第一次见到的时候，好像就突然间确信了荷尔蒙这种看不见摸不着的东西的存在。仿佛一瞬间脑子里就走马观花地出现了未来的影子，而画面变成了两个人。那种气与气之间的合拍，冥冥中觉得不会就此结束的第六感，那些曾经不屑一顾的"怦然心动""一见钟情"都变成了遮也遮不住的笑容。

而不管故事的结局是什么，都是人生最惊喜的经验。无论经历了多少次物是人非、时过境迁，都会想起第一次遇见的时候。那种油然而生的对生命的感恩，那份满溢而出的幸福的温度，能一直温暖之后的人生。人生若只如初见，何事秋风悲画扇。等闲变却故人心，却道故人心易变。骊山语罢清宵半，夜雨霖铃终不怨。何如薄幸锦衣郎，比翼连枝当日愿。

这份文案细细描绘了两人初见时，一方的内心活动，并由此衍生出关于人生的思考：不论后来结局如何，重要的是初见时那份独特的情绪。充满哲思的文案配以柑橘香型的清甜，这就是"用香气发掘生活中的哲学"所阐释的品牌价值。

10.2.3 做自己的调香师/Be Your Own Perfumer

RE 提倡的是香氛业界首个开创在门店自主 DIY 调香的品牌，不仅满足香水爱好者的需求，还可提供亲子、情侣、朋友之间的亲密互动，定制

世上独一无二的礼物。同时，RE 为了满足更多香水爱好者的愿望，正在研发完全敞开式自主 DIY 调香。RE 的 DIY 调香活动是"沙龙香"的完美回归，是个性与风范的优雅展现。

RE 为了满足香水爱好者们可以体验制作香水的活动过程，就必须分解和简化整个调香过程，让大家既能自己动手体验调香乐趣，又不用太复杂，所以经过一年多的研发，RE 调香师将数百种香料通过预调的方式，将调香流程简化，于 2015 年 7 月正式推出 6 款可"DIY"的香型供爱好者们选择。并在之后陆续推出了 5 款新香型，以满足不同人群，各类喜好的客人挑选使用。

目前上市的 11 种香型包括：柔美花香、海风辛香、清新柚木、热带果甜、浓粉甜美、花香木质、经典西普、轻雪兰香、粉色依兰、春日花园和芳香皮革。

每款香型均由 7—9 种预调的香基构成，可以调配出 2 瓶 80mL 的香水所需要的香精，这两瓶顾客可以选择是先按调香师给到的配比表调配，还是按自己的喜好调配，因为预调过程已经严格把控了风险，所以即使顾客自己随意搭配，也不会调出太奇怪的味道，所以，RE 官方鼓励顾客自由调配，最后，挑选自己满意的香精制成香水。

10.3　网络口碑推广策划

在对前期香水市场整体环境以及品牌诊断分析的基础上，通过对目标用户的再定位以及对品牌核心价值的再提炼，根据品牌形象与消费者形象的一致性理论对该品牌进行网络口碑推广提出了具体措施。

10.3.1 前期分析

前期分析包括对整个香水市场的分析、消费者分析、RE品牌优劣势分析以及该竞争品牌分析等。

10.3.1.1 香水市场环境分析

根据我国产业调研网发布的，2016—2020年中国香水市场深度调查研究与发展前景分析报告来看，我国是一个非常重要的香水市场——消费者都很年轻并了解奢侈品。随着可支配收入的稳步增加和西方文化与价值观念的不断传入，越来越多的消费者会发现倾向于香水这个之前被我们淡化的化妆品。这种需求随着中国消费者对品牌的香水文化的认知不断加深和拓展，也在不断升级。近年来，中国奢侈品行业以20%以上的速度保持增长，中国产业调研报告（2016年）显示，未来中国奢侈品市场的将超过日本，成为世界首位的奢侈品消费大国。由此可见，香水行业的发展潜力在中国是非常大的。

目前我国市场上的香水产品主要分为高档香水、中偏低档香水和低档香水三类。高档香水以进口的国际品牌为主，包括迪奥、CK、香奈儿、古奇、纪梵希、范思哲、巴宝莉等。中国产业洞察网数据显示，2013年，占据中国香水市场份额前10名的公司都是外资公司，而这10家公司的市场份额约为整个中国香水市场的48.8%。中偏低档香水主要是价位在50—100元之间，以国产品牌香水为主，其销售模式分为香水加油站、香水专柜和"流通批发——化妆品专卖店"。低档香水主要是价位在50元以下的廉价低质香水，产品以小容量玻璃装包装为主，向三、四级市场销售。

从国际市场来看，香水市场是个市值438.9亿美元的产业，每年有至少300种新品上市。中国产业洞察网数据显示，奢侈品品牌或设计师制造的香水，欧洲市场的年销售额是90亿美元，美国市场是40亿美元，而在中国的年销售额在 12 亿美元左右。护肤产品占到中国化妆品市场 60% 以上的份额，彩妆占到近 30% 的份额，而香水仅占 5% 左右。在法国，香水和衣食住行一样不可或缺，而占全球约 20% 人口的中国却只占了全球香水销量额的 1.5%。国内消费者并没用使用香水的习惯，购买的香水常常在出席特殊场合才使用。可是近年来，中国消费者的消费心理正在发生改变，中国香水产业正在走向春天。因此，越来越多的国外香水品牌开始加大在我国市场的布局。

中国产业洞察网（2014）在报告中就提到，香水在中国的增长速度目前远高于其他品类，增长率达到 30%，并且市场尚未完全开发，潜力巨大。但是我国的香水市场，特别是高端市场，基本上被国外产品垄断，对于国内企业而言，一个能够专为东方人肤质调制的高端国产香水品牌，亟待出现。这使得"RE 调香室"有着非常广阔的发展前景和良好的市场环境。

10.3.1.2　消费者分析

正如前文对市场环境分析的一样，香水在我国的增长速度远高于其他品类，增长率达到 30%，并且市场尚未完全开发，潜力巨大。面对这样潜力巨大的消费市场，研究其消费群体的重要性不言而喻。我国目前香水市场的总体消费水平正在逐年增加，30% 的增长力让香水产业的发展很有期望。

有研究表明，对大多奢侈品牌而言，它们的买主是正在成长中的中产阶层，他们才是奢侈品牌购买的中坚力量。可是近几年来，随着"90 后"的成长，我国香水市场的消费群体正逐渐呈现低龄化的趋势，学生、白领构成了香水产业的主要消费群体。这类人群受教育程度较高，多分布在一、二线城市，对生活质量有着较高的追求。当然，除了这些年轻化群体以外，中高年龄层的商务人士也是香水产品的目标消费人群。在此，我们可以简单地对我国香水市场的消费群体做一个归类，其分类大致有以下四种：

60年代出生的群体。这类群体受传统思想影响较大，中国传统的审美观念强调天人合一，强调自然的美丽，中国文化多崇尚中庸之道，人们不欣赏浓香等有强烈气味的香型。所以，这一群体中，男性较少使用香水，他们通常扮演着家庭长辈和社会长者的角色，在家庭和社会中都希望自己受到尊重，香水对于这个年代的男性来讲过于浮夸和矫饰，多为不必要的产品。这一群体中女性使用的香水多为别人赠送的，少部分群体自己购买香水，香味也多为显示女性大方得体香型的香水。

70年代出生的群体。相比于上一群体，这一群体的接触到的是社会更多的变迁。这类群体现在是社会上的坚实力量，经济状况大多稳定，有自己的家庭。这一群体接受了部分知识教育，对香水的认可度稍好于上一群体，所以这类女性在办公室等日常场合会使用到香水，对于香水的认可度与信赖度也要好于60年代的人。该群体的男性则常使用车载香水。

"80后"群体多为现在社会上的打拼阶层，他们多在努力地找寻自己的社会定位与更多的认同感，再加上多元文化的影响，他们又更加希望自己与众不同。所以他们对于香水有了新要求，对于香型的不同化、包装的新颖化等一切都要求体现出自己的与众不同的品位。男性喜欢的香型开始多样了，除了古龙香、麝香等传统香型，更增加了或者运动香型，或者清新香型的香水。这一群体的女性喜欢的香型种类更加繁多，从浓香到淡香，从运动香型到高雅馨香型，从大气型到婉约型，总之多元化的香型正好可以满足她们多种多样的要求。

"90后"群体现在同样成为一个不可忽视的消费群体，他们是逐渐走向市场的主体，属于16—26岁的阶层，符合我国香水市场消费者逐渐低龄化的现实。与"80后"相比，"90后"群体更加强调个性、多元和年轻化。另外，由于进一步受到西方价值观的影响，香水使用率和普遍程度也更高。对高端品牌的热爱和暂时不够充分的经济能力，是这类消费者群体的消费特点。香水此时此刻就不再单纯地用于遮挡原有体味、展现自己的时尚性，而是用于体现自己独特的品位的工具了。香水变成人与人交流的气味工具，我们甚至可以凭借一款香水的使用来区分个人与个人、个人与群体了。香水这种产品，对于国人来讲，到了现在的时代才真正展现出它本身所含有的魅力。

可是，虽然我们现在有了逐渐庞大的消费群体，但目前我国香水市场多被外国品牌所垄断，所以消费者的购买倾向也多为外国奢侈品牌的香水。因而，培养我国中高端的本土香水品牌，是一个需要攻克的难题。

10.3.1.3　RE 品牌特点分析

由于现如今，我国香水市场几乎被国外大牌香水垄断，可是大牌香水价格昂贵，多为几百上千元，中小型的国产香水虽然价格低廉，但是香型刺鼻，制作粗糙，有的甚至危害到人体健康。所以，"RE 调香室"最有优势的地方，就是可以填补这块市场空白，抓住该市场机遇，既在品质上做到不逊于大牌香水，保持自己的香型和特色，又在价格上具有相对优势。

RE 香水主打"轻沙龙"的理念，强调的是个性和舒适，其定位为轻沙龙香水和香氛产品及定制业务。以"用香气发掘生活的哲学"（Fragrance of Philosophy）为主题的全系列产品，很好地填充了中国香水市场的空缺领域。

RE 调香室区别于其他香水品牌的特点体现在以下五个方面：

1. 主打轻沙龙的理念，强调个性和舒适，这对于追求个性和舒适的"90 后"和"80 后"消费群体而言，是一个很好的消费倾向。

2. 价格合理。RE 自身定位在中高端的国产香氛，无论是用料还是包装抑或是香味上都颇有自己的味道，其价格大多定位在 200—400 元之间，这个价位既能让消费者普遍接受，也能拉开与国产中低档香水的差距，让消费者有一定的自我满足感。

3. 香水类型多样。"RE 调香室"不仅有香水，还有香薰挥发液、香薰蜡烛和车载香水几大类，既可以满足消费者不同的生活需求，也可以满足不同年龄、不同性别的消费者的购买需求。

4. 实体门店，可以自主调香。RE 有一个很好的消费市场，就是自主调香，它可以吸引更多的消费群体前往 RE 的实体门店，进行自主调制适合自己的香水，进一步锁定消费群体并且提高其品牌忠诚度。

5. 国产品牌，更了解我国消费群体的消费习惯，为我国消费者定制适合他们的香水。

但是，"RE 调香室"也存在着自身的不足。通过在网上搜索关于 RE 产品的消费评价，已经购买该品牌香水的网友指出：RE 品牌香水的味道不够醇厚，留香时间短，还存在部分香型的味道不够让大众消费人群所接受的缺点；也有网友指出，虽然 RE 想做的是有创意的沙龙香水品牌，但因其自身创造力和香型的创新度不够，所以还不能成为一个高端的沙龙香水品牌。另外，还有很大部分未购买该品牌的网友对 RE 品牌几乎没有认知，也体现了该品牌不够为消费者所熟识，品牌宣传力度不够等现实问题。

10.3.1.4　RE 品牌优劣势分析

1. 优势：RE 调香室的产品针对小众群体，倡导原创，可进行香水定制，这使其拥有独特的创意以及深厚的内涵；RE 调香室崇尚独特个性，这一特点现在备受年轻群体，尤其是"90 后"和"80 后"消费者群体的推崇；RE 在全国各地都拥有自己的实体门店，线上入驻天猫平台，有自己较为完备的经销网络。其中，武汉地区的汉街店、光谷 K11 店均位于繁华商业区；香水品类丰富，基于 DIY 自主调香的制作过程，可以创作全新香味，满足不同消费者的需求；相较国外高档香水品牌，RE调香室产品定价相对合理。

2. 劣势：市场占有率低，品牌知名度不高，众多消费者不知道该品牌的存在；就年轻群体而言，在国产香水品牌中，RE价格虽合理，但在品牌知名度尚且不高的情况下，许多消费者对该价位存疑；RE香水的味道不够醇厚，留香时间较短，部分味道不被消费者所接受；品牌现有发展因其创造力不足，和自身愿景仍存在一定差距。品牌诉求不够明确，与目标市场稍有错位。

3. 机会：轻奢品需求增长强劲，市场下沉，未来三、四线城市或成为消费主力。香水有着广阔的潜在市场；消费者群体呈年轻化趋势，他们更加追求独立、个性而非大众的美，且更愿意为自己投资。

4. 威胁：我国香水市场几乎被国外大牌香水垄断，中小型的国产香水虽然价格低廉，但是部分香型刺鼻，制作粗糙，有的甚至危害到人体健康；国人对国际大牌的香水的推崇，以及对国产香水"劣质"的刻板印象短时间内难以转变；众多国际香水制造商纷纷进驻中国市场，并努力提升其在中国市场的名气与占有率，这使得市场竞争更加激烈。与国际香水公司相比，先天不足的国产香水获得成长则需要付出更多努力。

10.3.1.5 竞争对手分析

如前文所分析，占据中国香水市场份额前10名的公司都是外资公司，而这10家公司的市场份额约为整个中国香水市场的48.8%。所以目前我国本土的国产香水品牌的主要竞争者为国外的奢侈品香水品牌。可是国际香水品牌一直占据着我国的一线城市，还没有正式占据二、三线城市。因此，香水的流通品牌只能是依靠销售。在我国的香水市场上，大多数的本土品牌要么是通过流通渠道销售；要么是定位中低档，靠外资香水品牌没有占据的中低档市场来得以生存和发展。

香水的品牌形象是尊贵、高品位的国际顶级时尚品牌,品牌定位是奢侈品和高档品,一般是针对社会中高端阶层的成功人士的高档消费品。又由于我国的消费者对香水的研究并没有像其他化妆品一样对其功效了解的非常清楚,多数消费者在选择香水品牌时先是注重品牌知名度然后才是香型的选择,所以国外知名品牌依靠品牌背书,在我国香水市场上几乎取得了垄断的地位。

而在中国,很少国产香水企业是真正在做自己的产品,很多企业所谓的系列产品,总是能找到模仿国际知名品牌香水的痕迹,而这种模仿主要集中在包装和品牌上,并没有创造属于自己的品牌文化,也没有其产品系列香型的独特理念和有效卖点。所以,国内低端价位的香水总给消费者一种错误的诱导信息——廉价、粗糙。即便是消费者有了使用香水的意识,没有一线品牌的消费能力,也难以屈尊使用国内的中低端价位香水。

10.3.2 RE 品牌推广策略

10.3.2.1 目标用户的再定位

"RE 调香室"之前对目标用户的定位是:以沙龙香水、香熏蜡烛、香熏挥发液、车用香水等为主要产品系列,适合喜欢新奇事物、爱创意、爱旅行、爱家庭、关心环境等各类人士。

这个目标用户的定位过于模糊,且和香水并无过多的联系。于是对目标用户进行再次定位,将其定位为18—35岁之间的青年人,这一群体他们追求个性、品位与情怀,是主要定位的消费者群体。

所选取的年龄段,同样也正是人生经历多变而丰富的阶段。定位关键词中有情怀,是因为这个阶段有人正值青春年少,他们或刚步入大学校园,或刚拥有一段初恋,或轰轰烈烈地喜欢上了一个明星。同样,也有人在三十多岁,这个青春的尾巴上,回望自己的过去。是否有一些年少时的遗憾,或者是美好的记忆,在回顾的时候才变得深刻,涌上心头。很多热烈和冲动都是年轻人才拥有的,而回味与沉淀后的情感,则是三十多岁的轻熟男女才能体会的。我们用香水中的故事引起他们的共鸣,激发他们或潜藏或深埋的情怀。

而关键词中的个性在于,我们之所以是自己,是因为我们经历的事情无可替代。我们的故事成就了我们的今天。在现代这个彰显个性的社会中,没有人愿意活得和别人雷同,甘愿平庸。我们瞄准这样的青年人,希望为他们提供属于自己的一款香型。我们了解这样的消费者,他可能不需要一款名牌的大众香水,相反,他需要找到一款小众的、不烂大街的独特香味,它具有个性、特立独行,最好只属于自己。

关于年龄在 18—35 岁之间的这群人的品位也应考虑在内。这一年龄段的青年人,或是学生,或是刚刚步入职场,或是事业的上升期。多半都还在奋斗与拼搏,在社会中摸爬滚打,体会人间百态。但这样的阶段,并不能阻碍他们对于生活品位的追求。也正是在这一阶段,他们开始追求一种对于自己的包装,他们开始在意自我的形象,他们需要装饰自我。于是,拥有合理价位和丰富种类的 RE 便是很好的选择。

10.3.2.2 品牌诉求的重塑

品牌诉求,是关于品牌精神和内涵的一种责任语言。在品牌营销体系中,诉求占有重要地位。一句好的诉求往往让消费者对一个品牌产生深刻印象,促进其购买,形成良好传播,积淀无形的品牌价值;反之,一个没有良好诉求的品牌则像一个没有一双美丽眼睛的姑娘,纵然漂亮但总是缺少些灵气。因此,长期以来,无论是什么行业的企业,大多都对诉求非常看重。

```
                    ┌ Ⅰ.用香气发掘生活的哲学
                    │   "哲学"一词过于高深,难以让消
                    │   费者,尤其是人生经历较少的年轻
                    │   人引起情感共鸣。
                    │                                      ┐
   RE               │ Ⅱ.一瓶香水一个故事                    │ 品牌诉求与
CLASSIFIED  ────────┤   该广告语不具号召力,不易让受众         ├ 目标消费群
   调香室           │   产生沉浸式体验。                    │ 体不匹配
                    │                                      ┘
                    │ Ⅲ.做自己的调香师
                    │   经过实体门店考察后,我们发现RE
                    │   调香室的门店经营中并未凸显这块
                    └   特色服务。
```

以上三条广告标语是 Re 调香室原有的。第一条是"用香气发掘生活的哲学"。"哲学"一词太过深沉与宽泛,对于年轻人来说这个词太过高深,很难让人生经历较少或缺乏阅历的消费者引起情感共鸣,从而产生购买欲望。

第二条广告标语是"一瓶香水一个故事"。它旨在凸显"Re 调香室"的每一瓶香水都有属于自己的名称与故事这一内涵。但"香水的故事"并不代表一定就是属于"我的故事",没有与消费者产生关联的故事,是不会被关注和引起兴趣的。这便是问题所在,例如"Re 调香室"旗下香水"红妆",它的故事简介平铺直叙,缺乏互动感也没有使顾客有沉浸式的体验。受众没有代入感,便很难让人主动地、发自内心好奇地去消费。

第三条标语是"做自己的调香师"。经过实体店面考察我们发现,很少有人关注到实体店有 DIY 自制调香的服务,这一特点并未作为 Re 调香室的主打服务进行推出,自然也没有形成这一品牌特色。

如此,我们不难得出,这几条广告语缺乏典型性,代入性。没有特点便很难让消费者产生共鸣,从而达到开拓市场,促进品牌推广的效果。

因此,基于上述品牌诊断,将 RE 的品牌诉求调整为:你的味道,是

个故事。并围绕该诉求，提出几则广告语：

> 你的故事是什么味道？
>
> 你的香水有什么故事？
>
> 用香气发掘你的故事。
>
> 不只是香水。

以上几条旨在提炼品牌内涵，以故事为主打，调动消费者关于自身故事的共鸣与探求。主要适用于18—35岁的所有目标群体。

> 时光永恒（记忆永存），闻香识人。

该条广告语旨在彰显品牌内涵，突出品牌个性。寓意沙龙香水尽管因其产品特质留香时间短，但蕴藏在产品中的意义不仅因人而异，且历久弥新。该条广告语一方面展示产品特性：定制、个性化；另一方面诉诸感性，适合30—35岁，轻熟，略有人生经历的群体。

我们强调的不仅是香水，还有香水背后的故事，当这些香水被赋予了故事，那么一款香气便被赋予了情怀。若我们往日里对一款香水的要求是来自外在的——我们在意别人闻到它的时候，对这款香水产生一系列的评价（它的味道如何，它是否能体现持有者的品位并体现他的气质，等等）。而如今，它不再仅仅只是对外展示，而是一种情怀的体现。它代表了你的经历，你的向往，你的渴望——代表着你所追求的内在感受。当一段香气被故事所填满，它便能够承载回忆，能够让人怀念，从而得到一定的升华。而"RE调香室"仿佛就变成了一间香气画廊。我们走过这个画廊，看见墙上的每一幅画，有的是我们的回忆，有的是我们的向往。走下来的感受层次丰富、回味无穷。

因而，我们不仅贩卖香水：它的品质、它的气味，我们还贩卖故事和情怀。我们为消费者提供了更多购买的理由，让产品拥有更加丰富的层次感，并且让他们感到不仅是购买了一份产品，还是一份情怀与感动。

10.3.2.3 服务理念的升级

很多人喜欢香水，是喜欢它的香气。更有一部分人喜欢香水，是想做个有品位的自己。

现代人越来越多地使用香水，在公共场合、在聚会约会之地。这些芬芳的气味不仅会使周围的人身心愉悦，它更代表着使用者自身的形象。香水要与自己相称，要协调地融合，才是真正适合自己的香氛。少女使用太过妖冶的味道、职场女性使用太过轻飘的味道，总归是格格不入的。

那么如何去寻找一款适合自己的香氛呢？我们曾去武汉的一家"RE调香室"做过调研。

当我们在店内走动，因为一款香水的名字、感兴趣想要试香的时候，一旁的店员并没有询问我们平时是否有使用香水的习惯，是否有购买香水的体验，也没有为我们详细地介绍这一款香水。

"您手上这一款香水的味道偏甜，留香还是很持久的。"这是当时她对我们手头香水的唯一介绍。以至于我们两手空空地离开，我都不知道这一款香水的基本构成是怎样的。作为顾客感到没有得到合适的照顾。作为一名想要购买香水、想通过购买香水提升自己品位的客人，需求在店员的服务中没有得到满足。

因此针对这一服务上的缺陷，我们对 RE 的服务理念进行了升级，而新的服务理念能更好地满足顾客对于香水的一系列需求。

我们帮助顾客喜欢香氛，更喜欢懂得香氛的自己。

我们满足顾客对于香水的需求：她想寻找一款怎样的香水，她适合怎样的香型，留香的时间长短如何，它的前调、中调和尾调是怎样的。

我们还需要找出顾客也许喜欢的味道，并且告诉她喜欢的这几款香水是否具有共性，香水里有哪几种成分所形成的味道是这一款香水的核心。比如有的顾客就喜欢佛手柑的味道，那么有可能她喜欢的几款香水里都包含着佛手柑这种原料。

而对于需要 DIY 定制香水的顾客，我们需要对他们有更多的耐心与服务：详细地介绍每款香精原料、调制的流程、注意的事项和经验等。

久而久之，顾客就会因为慢慢增长的香水知识，更加懂得怎样的香味适合自己，喜欢的是香氛里的哪一种原料的味道，偏爱哪一种香型。而在我们服务的这一过程中，我们也向顾客传达了服务团队的专业性——不是盲目地导购，而是科学地为顾客寻找合适的香氛。如此便会形成一种良性的循环。服务的专业性使顾客对香水更加了解，顾客也会因此对 RE 这一品牌更加信赖，从而达到更好的品牌塑造的目的。

10.3.3 RE 品牌推广的落地实施

活动主题："你的味道，是个故事"

活动目的：提高 RE 的品牌知名度，树立 RE 香水故事的品牌概念和个性化、高品质的品牌形象，吸引并扩大目标消费群体。

目标市场：我国一、二线城市

目标人群：以"85 后""90 后"人群为主

活动时间：2017 年 12 月—2018 年 2 月

活动方式：①线上：以微博、微信朋友圈等社交网站，豆瓣、天涯、贴吧、知乎等与香水有关的虚拟社区板块；②线下：各城市实体店所处的商圈。

具体内容：

（一）线上媒体投放——制造讨论热潮，引起网络口碑推广

首先，撰写 RE 品牌宣传、产品系列等方面的公关稿，对 RE 的新产品上线做媒体宣传。尤其对"RE 调香室"在客户 DIY 香水活动和产品故事

的推荐上做着重的宣传报道。将公关稿件发布在各大新闻门户网站中，购买百度关键词排名。为后期的营销活动做预热。随后，通过网络社交媒体进行品牌营销传播。

第一阶段（7天）：

挑选不同香调中有代表性的香水，每一款以一个故事为依托，以微博、微信为主要平台，进行品牌和产品介绍的前期推广。

RE官方微博每天定时推荐一款经典沙龙香水，具体形式为故事软广告，同时圈定几大香水类时尚博主和美妆博主，帮其转发。同时，RE微信公众号要配合微博播文，每天定时推送一款香水及其背后的独特故事。

第二阶段（10天）：

撰写软文，发布在豆瓣、天涯、知乎等社区，并同时与微信和微博KOL（意见领袖）合作，对其进行转载评论，引发用户对话题的参与和讨论。

在造势之后，随即在微博上设立一个互动话题，即"你的味道，是个故事"，对此话题购买微博热门话题的广告位，进一步扩大该话题的互动讨论量，邀请用户分享自己的爱情故事。同时购买微博信息流广告位，定向将博文推广给18—35岁的女性，这大大增加了目标消费群体的有效阅读，尽量节省广告成本。

继续在微博发酵该话题，RE官方微博赞助几大时尚博主，在关注和评论下面抽取客户赠送不同奖励。奖品分别是：沙龙香水、香薰蜡烛、优惠券（可以在线下进行DIY调香时使用）等，并以赠送优惠券为主。

第三阶段（5天）：

该阶段以店铺引流、增加实体店铺的知名度为主。RE官方微博、微信发布博文宣传香水DIY，提出"做生活的调香师"的广告语，并且分享消费者在店内学习自制香水的场景，同样以关注评论的形式，抽取受众赠送优惠券。

你的味道，是个故事

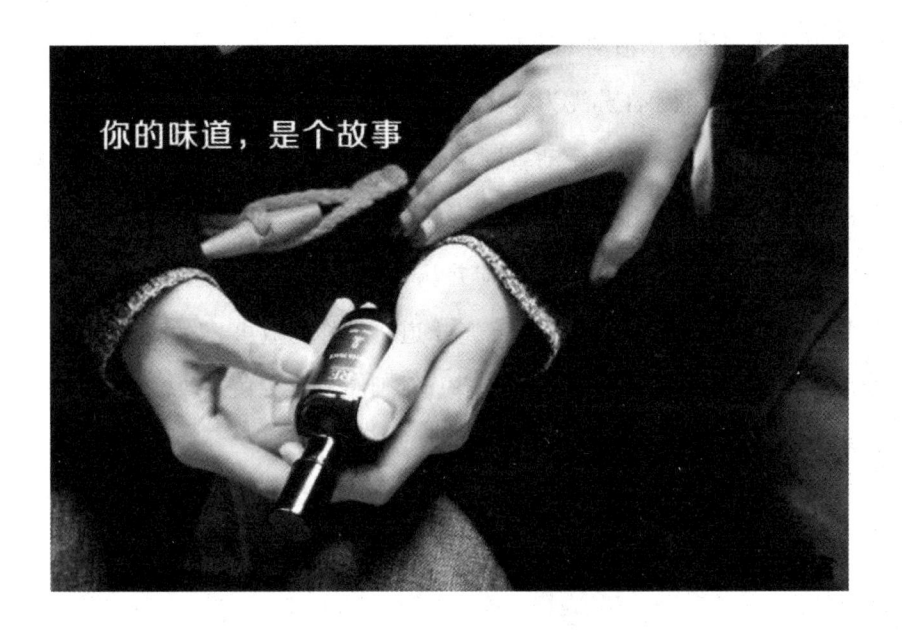

另外，针对其他媒介渠道，分别制作平面广告和视频广告。其中平面广告投放在地铁站的墙体上，目标是针对上班群体和学生群体，起到直接的感官刺激。视频广告则更多地投放在视频网站和楼宇广告中。

（二）线下活动延续热潮——保持口碑回流，加强品牌强化

1. 举办地区调香大赛

以地区为单位，在微博和微信上向用户征集他们的情感故事，选举出最有意义的十个故事，随后鼓励大家报名调香比赛，对相应的故事制作出属于这些故事味道的香水，随后由故事提供者选出最符合心中味道的调香师，由 RE 为双方提供奖品和奖金。

2. 情书征集代发活动

在线上推广情书征集活动，对有想要表达感情对象的用户，进行情书代写，并对其指定的香水进行情书的浸染，最后将带有指定香型的情书和香水小样以礼盒装的形式邮寄给用户的表白对象。整个过程仅收取 52 元的服务费。

3. 邀请明星演唱活动主题曲

邀请内地男歌手汪苏泷为本次主题活动演唱主题曲《专属味道》，以情感诉求为核心，将本次活动主题"你的故事是什么味道？"通过歌曲的方式演绎，通过歌曲和品牌故事 MV 的线上线下整合传播，借助汪苏泷微博首发，朋友圈引爆，让受众认知并认可 RE 品牌所传递的情感价值观，即 RE 不仅只是一瓶香水，也是专属味道，是你的故事。本策划案的目的就是把品牌打造成 IP，探索"社会化媒体＋情感＋娱乐＋数字化"的整合营销传播模式。

（三）广告表现策略

1. 第一阶段的推荐博文

个性与独特——选一款适合你的香水最重要

每个人都有属于自己的味道。不同的个性，需要有不同的表达。已经厌倦了没有特色的大众香水，那就给自己挑一款属于你自己的味道。可是怎样挑选一款适合自己的香水呢？我们可以从不同性格、不同职业、不同年龄层次来入手。

适合在校学生的：

甜美的果香往往给人活泼开朗热情的印象，柠檬西柚类会给人振奋精神的感觉，而杜果菠萝桃子等不论出现在前调还是中调都能给人心情愉悦的感受。

对于文静的女孩子，水韵花香能给人文雅恬静的感觉，味道也不饶人。对于香水入门者非常合适。

而男生则可以选择海洋香调或者清新木质调的香水，既阳光又充满青春朝气。

适合上班族的：

年轻的女孩子使用清甜的花果香调或者温柔的花香都很合适。玫瑰和茉莉是目前香水中使用最多的花卉原料，不仅能给人大方温柔的印象，根据不同的调配比例，也会展现出或甜美或文静的感觉。除此之外，橙花、铃兰、栀子花、鸢尾、紫罗兰等花卉也经常被使用。橙花偏清苦，铃兰偏清冷，栀子花偏甜美，鸢尾和紫罗兰偏甜粉，大家可以根据自己喜爱的方向来选择。

而对于职场中的高层或者年纪稍长的女性，不那么浓重的东方花香会是很好的选择。东方调的香水除了辛辣的香料元素以外，还能使用它的人具备一定的气场，广藿香、琥珀、香根草、没药等的存在能给人一定的阅历感和信任感。

对于职场男性来说，木质调是最好的选择，偏清新也好，偏东方也好，因为木质元素的存在都能给人成熟稳重，可以托付的感觉。

适合在家冥想的：

在家用的香水就可以完全只考虑自己的感受，不用顾忌他人。这个时候使用的香水往往才是真爱。你可以使用让自己忘却烦恼、心情愉快的香草、巧克力类的美食调。也可以坐下来静心阅读使用一些檀香、焚香或者沉香为主木的能让人心情平和的东方调香水。

适合约会晚宴的：

甜美的花果香或者性感的东方香型可以满足不同年龄和场合的需求。以麝香、顿加豆、龙涎香、劳丹脂等香料作为尾调的香水，往往能给人一种暧昧和诱惑的感觉。大家购买时可以注意一下这些成分。但香水不是催情药，只是一个加分的工具，个人修养才是最重要的。

RE 用香小诀窍　打造完美的你

最适宜的场合，最完美的你

无论在什么场合，若能巧借香水为我们增添几缕暗香，举手投足间幽幽袭人却又丝毫不张扬，无疑能令闻者对你好感倍生，留下良好的第一印象。然而，香水味儿是有个性和语言的，不同的香味述说着不同的心语，给人的嗅觉印象是不一样的。因此，当我们要借助香水来为自己生香增"色"时，一定要懂得如何根据场合来选用香水。

日常工作、学习、休闲、外出游玩时宜选用清柔自然香型的香水，给人的香味印象是清新怡人，十分女性化，这种香型尤其适合不想特别彰显个性、生活简单快乐的女人。如果是单身女性使用它，能博得同样崇尚简单生活或希望返璞归真的男性的嗅觉好感。

如果要走自然风的森女系，在挑选香水的时候也应该以花香调为主，才会在派对中凸显你婉约的女人味。如茉莉、铃兰、紫罗兰等小朵花香宁静优雅，细腻的香味是含蓄的代言人，适合森女系一改清风扑面的形象，若其中再加入略带清凉感的含羞草，顿时唤醒你的小性感。

出席一般夜宴与晚间约会时宜选用成熟神秘香型的香水，它给人的香味印象是醇厚妩媚，成熟女性可以使用这种香型，能让自己更性感神秘、高贵典雅，具有魅惑力。出席隆重夜宴与晚间约会时香型依然以成熟神秘型为最佳选择，给人以神秘高贵、不张扬的香味印象。玫瑰、百合、牡丹等馥郁的花卉香味感性张扬，搭配白檀或麝香结尾，当然是 party 女王范儿的不二选择。

看艺术画展，听古典音乐会时可以选用温柔浪漫香型，它能给人高雅沉静的香味印象。而想要尝试一次萝莉路线的话，不仅妆容要粉嫩无辜，香味也应该选择桃花、樱花等甜美的花香型，搭配李子、梨等酸甜果香调，瞬间让你重温青涩岁月的甜美。

打高尔夫球、露天茶会、野餐时可选用爽朗自然香型的香水，它给人如下过雨的青草地般清新干净、清爽怡人、天然朴实的香味印象。

参加家庭 party 时适合选择温柔浪漫香型的香水，带着橙花的甜蜜香味，给人快乐温暖的香味印象。

2. 第二阶段的营销软文

2011，我们的故事就是从这一年开始的。那年入冬寒风凛冽，跑完实习任务我和你没赶上最后一班的公车，你摸遍全身口袋，掏出仅剩的几块钱给我买了杯温热的橙汁，我抿了一口，略带酸甜的味道。路面还是一场大雪后留下的痕迹。枝丫上的雪落到你的头发上，雪越落越多，我打趣我俩就像走在时光的隧道上，我看着你渐渐老去。你没搭理我，继续往前走，当我以为你没听见时，一坨雪白的东西朝我飞来，砸了我个猝不及防。我佯装生气地揍你，你大叫着往前跑，却摔了个大趔趄。

我永远难以忘记那个夜晚——临近圣诞节，街边商家摆满了圣诞树，冰冷的雪地也被映衬得温暖无比，我俩仿佛身处童话世界，你摔得四脚朝天，我在旁边笑得直不起腰，还有温热的橙子香夹杂着雪花丝丝的清甜，仿佛刚刚熟悉的我们，青春、炙热却又克制。

你说你想开家香水店，你说怕人海茫茫再熟悉的两个人也会走失，你说每个人的味道都是独一无二的，走丢的两个人也能找到彼此。

再后来，我们还是走散了。当我走出象牙塔，当我扎进汹涌的人潮，开始体会到孤单原来是常态，我开始审视自己，那种恋爱时青涩又微苦的感觉开始沉淀为另一种味道，尽管我们在人生的道路上渐行渐远，可曾经一起经历的岁月都慢慢化为血液中流淌的味道，在以后的路上影响着我们，并且教会我们成长。

以至于以后我路过每一家香水店的时候，都在想会不会再次遇见你。再次遇见你时的我，会不会从容又美好一些？

每天都在努力，都在续写自己的故事。

以至于我而言，每天都是新开始。

(四) 视觉识别

1. 概念海报

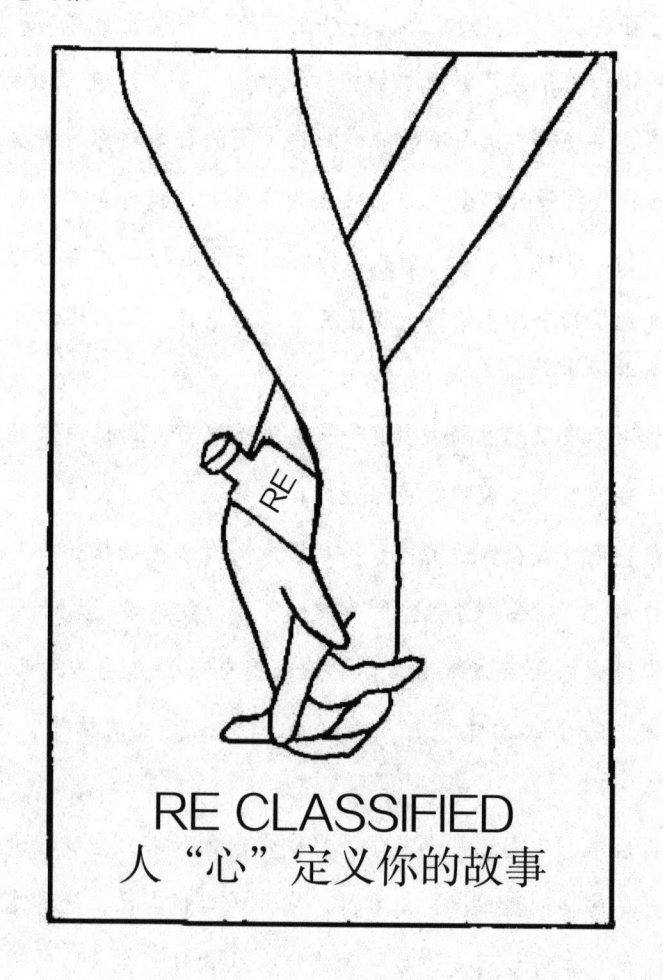

两手因 RE 紧握，寓意"故事从这里开始"。

从"心"借用重新的谐音，诠释品牌名称 RE CLASSIFIED，即重新定义之意。

2. 配合主题活动的瓶身设计

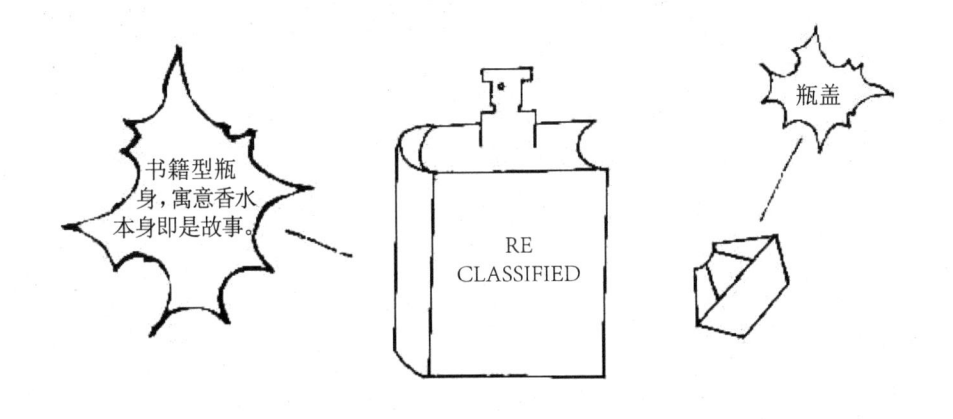

书籍型瓶身，寓意香水本身即是故事。

RE CLASSIFIED

瓶盖

小　结

"口碑"的好坏历来是我国各大商家所看重的影响其销售量的一项重要评价，也是消费者所购买某品牌产品时作为参考的一项重要指标，尤其是在 web2.0 时代，互联网共通使得我国社交网络和一些虚拟社区的网民异常活跃，大家纷纷积极地在网上分享自己的购物经历和产品使用感受，高互动的网络行为使得"口碑"和"网络"紧密地结合在一起，也使得在如今社会中，谁抢占了"网络口碑"这块阵地，谁便有了营销商品的利器。

此次策划旨在通过一系列的营销推广活动（以线上为主），促进 RE 品牌的网络口碑推广，加强"RE调香室"的品牌知名度和用户对产品的熟悉度，扩大消费群体。

在线上媒体投放阶段，邀请各大虚拟社区和社交平台上的相关意见领袖以及朋友圈等进行转发，使用户从对这些意见领袖或熟人朋友的信任传递到信任"RE调香室"的产品和品牌，从而产生较好的网络口碑效应。

附录1 扎根理论访谈及典型个案

1.1 访谈提纲

1. 您是通过以上两种网络口碑来源中的哪一种或几种而产生购买行为的呢?您觉得这个口碑信息来源可信吗?

2. 您购买的是什么产品或服务?您经常购买该品牌或服务吗?它们是您信任和满意的吗?对同类产品,您是否会经常转换不同品牌?

3. 如果将您和品牌之间的关系用"家人关系、好朋友关系、合作伙伴关系、熟人关系和陌生人关系"来区分,您认为您与您购买的品牌之间是属于哪一类呢?

4. 推荐口碑信息的人是您熟悉的吗?是朋友还是仅仅认识?您相信他们推荐的这些信息吗?在什么情况下您会相信?

5. 平常生活中您会相信这些网络口碑信息吗?

6. 遇到关系很好的朋友在朋友圈发布口碑信息时,您是否会碍于人情面子而购买产品?

7. 您是否相信熟人推荐的陌生的产品，哪怕您对这个产品一无所知？

8. 在采纳这些口碑信息时，您更看重信息中产品的具体描述，还是根据与推荐者的关系来做决定？

9. 您通过什么方式来判断此产品对您是有价值或是有用而值得购买的呢？

10. 在平时的人际交往中你愿意信赖他人（包括陌生人）的程度如何？是高还是低？

另附简单个人信息（必填）：

性别＿＿＿＿　　年龄＿＿＿＿　　教育程度＿＿＿＿　　职业＿＿＿＿

1.2 访谈典型个案

1. 梁女士：微信网购跌打损伤的药（产品 商品类别），因为自己家里有老人有腰伤（a1 需求），也是主动问了微信里的一些朋友，我之前也上网查了一些资料（主动查找），主要是结合这些所有的意见，当然最主要的还是朋友的意见，因为我本人并不是很相信网络上的不认识的人的意见（信任朋友），特别是我身边的一些朋友他们其实都有遇到过和我一样的问题，都是爸妈或者亲戚腿脚不好（相同经历），他们等于说是过来人，有经验（传播者有经验），而且你中途用法之类的都可以向他们慢慢问，特别是一起去讨论这个老人的病情或者其他的一些治疗方法。朋友就说这种药挺好，然后一看是香港那边的（商品来源）我觉得如果你给我推荐什么国内的药，或者说是内服的药，我觉得可能毕竟是药品，风险还是比较大的。

2. 章同学：我印象最深的是微信上找朋友代购日本护肤品（产品商品类别）。有一次和好朋友（口碑来源）吃饭时，其中一个女生，和我关系也很好，在做代购，就给我详细介绍了护肤流程，原本只想买化妆水的，但因为她讲了先用水再用乳之类的（专业、并且有体验），所以连带地把马油也买了。因为那款化妆水很便宜（价格），而且量大保湿效果也不错（超值），而且屈臣氏里也有卖的（购买便利），所以我一直在用。我觉得找熟人特别是这种特别熟的好朋友去网购的话，不一定是在于真正地去买到好的东西，而是能够了解到我不熟悉的我需要的那些信息（获取信息），至于买到真正好的东西，我觉得也是靠谱的，毕竟不会涉及售后的纠纷之类的，而且这个同学家里也不差钱，所以主要还是买着比较放心（风险意识），顺便还可以增进一下朋友情谊之类的（消费需求：情感需要），感觉钱花的还是蛮值的（物有所值）。

3. 冯小姐：有段时间因为皮肤出了很大的问题，长痘痘特别严重（需求诊断），被所有人问：你的脸怎么了？本来自己没当回事的，后来发现事情的走向有点不对劲，再后来发现自己好像真的破相了，去医院看过，但是效果不是很好。然后就咨询了我的发小（口碑来源），因为她对护肤品了解得比较多（传播者专业性），刚好她自己也长痘痘（相似经历）。我发小的朋友同学（熟人介绍）出国交换或者留学的比较多，因为他们都是学霸，也不知道为什么学霸出国以后都喜欢关注各种打折信息（价格影响），大概是因为国外的化妆品比国内便宜很多（质优价廉），所以他们购物也比较疯狂，各种品牌的护肤品包包（国外品牌）可能都安利给我发小了。于是，她给我推荐了理肤泉，是一个法国的品牌（知名品牌），据说比较好用。再然后，她告诉我，她室友还是同学啥的最近要回国，问我带不带，我算了一下，比国内真的便宜近一半的价格，于是就加了她（发小）室友的微信。看了她的朋友圈，觉得理肤泉产品口碑很好，很多人都回购了（参照群体的影响）。于是我也剁手了。这是通过微信找人代购，当然，也算不上网购。不过这一次尝到了甜头（购物体验好的，满意的，会促进下一次的购买），确实代购很划算（便宜）。然后在发小的推荐下，微信又加了她一个做美国代购的同学（关系网、弱关系、信任传递）。这位同学在美国待了一年还是半年，这都不重要，重要是加了她以后每天朋友圈各种折扣信息轰炸，看着很动心啊（折扣促销），我发小也经常找她买东西（参照群体，从众）。当然，因为我发小也经常找她代购而且又是高中同学，发小说她非常靠谱，于是就很信任。当然，第一次在美代那里买了什么真心记不太清楚了，不过从那以后，就会在微信上买东西了。除此之外，室友的姑姑（信任传递）在台湾，于是室友就做了代购，卖的大都是台湾的面膜，因为很方便直接在室友那里拿货也不用快递（便利），所以很长一段时间买面膜都在室友那里，不过后来她没有做了。其实感觉，微信熟人代购还是很方便的。但是，坚决不信任微商，就算是熟人做微商也不信任。说实话，用淘宝也是在我妈的带动下开始的。

4. 陈某：我在堂哥的朋友圈推荐下买过奶粉。我宝宝刚满周岁，一直在纠结买什么奶粉给他。正好有天堂哥在朋友圈推荐说某品牌的奶粉好。因为我晓得堂哥之前做过相关的销售并刚生宝宝不久，觉得他蛮专业，就找他咨询小孩吃奶粉的相关事宜。得知他的小孩正在吃某品牌的奶粉，说那个品牌的奶粉非常好，于是推荐我买。我觉得堂哥是自己家人（自己人），肯定不会骗我，所以就查了下各个品牌的奶粉以及注意事项，得知其口碑也挺好。于是我就在他的推荐下买了某品牌适合一周岁至三周岁宝宝使用的奶粉。

5. 张某：我是个吃货，嘿嘿嘿嘿。所以平时很喜欢去微博上看看美食推荐啥的，也经常在美食达人的推荐下买零食。上次微博上那个印尼的丽芝士纳宝帝威化饼特别火，好多人都在推荐，其中还有不少明星大咖。一开始也有些犹豫，毕竟口味这东西，人人都有偏好嘛。于是我也买了两盒回来试试。结果味道确实比之前吃的威化好很多呢。后来我就经常买了，还推荐我朋友也买这个吃呢。

6. 王某：我买了娇韵诗的护肤品。先是我姐微信给我分享的一个俄罗斯代购，因为我平时要带小孩，也没有那么多时间出去逛街买东西，所以正好在缺护肤品的时候，加了这个俄罗斯代购。我加了有一个月，一直在观察代购，她会做代购直播啊，晒机票啥的，然后里面还有不少买家给的反馈，而且我表妹在她这里买了不少东西，跟我说很好用。所以我觉得这个代购很真实，于是也在她那里买了。

7. 杨某：首先，我要说明一下，我从来不考虑微信上推荐的东西（口碑渠道或来源），包括微信公众号，我觉得微信上面好多人本来就是奔着赚钱来的（不喜欢的目的：商业味太重）。

一般如果我需要什么护肤品、化妆品，在我还不知道买什么品牌的情况下（购买前提），我第一时间会选择上微博搜一搜。微博上有很多美妆博主（口碑传播者；可信赖：有知名度、专业），会分享自己使用某个品牌的产品后的使用心得（传播者亲身体验：有经验的）。这不同于微信公众号或者微信朋友圈里面的广告，她并不是为了卖她的产品而分享，单纯的只是为了写出自己的使用心得（口碑传播动机：分享心得），我觉得这一点就比微信上少一些功利性。而且微信上大多都是熟人，如果买了她的东西，体验后觉得并不好，也不好说她什么（熟人间面子问题）。反而微博上面更加广泛，大家互不认识，只是把自己用过觉得好的产品分享出来，如果你觉得这个分享对你有用，你就可以采纳。比如说最近流行的

YSL口红，由于种类和色号太多，根本不好选择哪个色号更适合自己，这时候上微博搜搜，就会看到很多美妆博主发的关于YSL口红试色图片，还说了哪些颜色适合肤色较白的女生，肤色较黑的女生适合哪几个颜色，等等（口碑细节描述、论据特点），这样就给了没买过的人一些方向，使他们知道自己可能更适合哪个色号，买的时候会更加有针对性。后来我就养成习惯了，只要需要什么护肤品、化妆品，就会首先去微博上搜一搜，看看大家的推荐。一个产品一个人说好用的时候可能不算什么，但是当几千条评论里面一大部分的人（评论数量、信息量和质）都在说好用的时候，可能它真的还不错。

最近在微博上搜的是关于美白保湿的水，刚好聚美优品在举办"聚美301"周年庆活动，很多品牌都在打折，就想到自己刚好缺个水，之前用的悦诗风吟快用完了，该囤点货了，但又不想继续用悦诗风吟，想换牌子，于是就在微博上搜搜看有没有博主推荐。由于我是干性皮肤，所以就输入关键词"干皮水推荐"（主动搜索），就看到下面很多人推荐兰蔻粉水，400mL的，粉红色的大瓶，俗称"干皮救星"，我想这刚好是我皮肤需要的，充分补水保湿。我就去聚美优品上搜索，进了兰蔻的官方网站，很有目的性地就搜了兰蔻粉水，看了下产品的成分描述以及用户评价，都说是针对干皮的一大救星，我自己之前在朋友那里住的时候用过几天她的粉水，觉得用后皮肤很保湿、也很光滑，味道也很喜欢，玫瑰的香味。刚好聚美上也在打折，比平时便宜了几十块钱，就立即入手了，400mL可以用一阵子了。

8. 许某：我的圈子里倒是经常有人喜欢发美食（产品类别），比如哪个位置新开了一家什么店，顺便附上几张菜品照片，如果看起来比较有食欲我就会去吃。前阵子有个同事发了一条朋友圈，说光谷新开了一家做新疆菜的，味道超正，特别有新疆特色，看到他发的图片（口碑细节描述，论据质量）之后下班我就立马去了，回来我也发了个朋友圈推荐朋友去吃（结果：购买并再次传播）。还有比如说我比较喜欢吃麦当劳、肯德基这类快餐，尤其独爱汉堡（消费对象：品牌忠实用户，如果有人推荐，并且价格优惠会直接购买），前阵子闲来无事在浏览朋友圈的时候，看到有同学晒出吃麦当劳新推出的关于"巨无霸"汉堡的活动，持续三周，每个汉堡仅售10元，这是相当给力的促销活动，作为汉堡的忠实粉丝，我当天下班就直奔光谷的麦当劳，点了两个巨无霸汉堡，感觉很满意（结果：满意）。

9. 方某：之前在实体店购买水乳和面膜都没有买到自己合适的产品，买过很多品牌的护肤品，总觉得不是特别尽如人意（自己尝试了很多失败了）。后面在朋友圈看到我姐姐（口碑传播者 与其关系：家人关系）发的代购信息，关于"真珠美学"的产品介绍，因为是第一次听说这个品牌，比较陌生，不敢贸然尝试，于是就问我姐这款产品怎么样。她了解了我的皮肤状况之后（我是偏油性皮肤）觉得这个产品比较适合我，之前我也在她那里拿过别的品牌的产品，也都不错（效果好连带信任其他品牌）。但是我觉得最了解自己的人还是我自己，于是就在"小红书"上（另一条口碑来源）搜了一下产品成分介绍，是感觉产品成分比较适合我的皮肤（产品适合性：一致性），价钱相对于其他平台上来说也比较便宜（价格因素），而且因为卖家是我的亲姐，她总不会骗我的吧（信任），她自己也在用（推荐者是有经验的），还把买家反馈的记录发给我看了，感觉比较真实可靠（可信赖性）。

另外，我还去咨询了微信上别的陌生代购，假装自己有兴趣需要买"真珠美学"这款护肤品，她给我介绍了很多关于这个产品比较全面的信息，还顺带问了一些护肤小诀窍，一般微信上的代购都挺好的，但是我的真实目的只是了解一下产品，并不会真的在她那里买，相对于微信上一些微商，我肯定是更信任我姐啦。最后我还咨询了身边用过的朋友，都说还不错，于是就入手了这款产品。用过之后，确实还不错。有的是自己求证，通过百度、淘宝等，还有的问其他的朋友，甚至是陌生微商，总之，是通过多种方式来求证陌生品牌是否适合自己（信息一致性）。

10. 林某：最近一次购买是朋友圈熟人推荐（口碑来源：熟人）的化妆品，出于相信朋友（可信赖性）就尝试性地买了，因为价格觉着实惠（购买因素：价格），买来用过之后效果还可以，就接着购买，可以说是最开始相信朋友，然后再到相信产品（信任转移，强关系更能使信任转移情况发生。关系强度：强关系），觉得不错。毕竟一系列产品各种功用不同吧，有的效果好有的效果没有介绍得好，但总的来说还是可以接受的。我会根据效果来选择产品，不会只用一个品牌，如果一个品牌，就拿化妆品来说，涉及很多产品，没有十全十美的每样效果都很好的，总会有的产品没有达到想要的效果，就会尝试其他品牌的。我觉得我个人和品牌的关系属于"陌生人关系"，因为是第一次接触的品牌，虽然是熟人介绍的。朋友自用的东西说效果很好，出于相信朋友就买了，一般选择相信熟人（强关系），陌生人的这些信息不会相信，还有就是会根据需要（购买动机：需要），再对比斟酌之后购买不是很熟悉的人推荐的产品，不需要的产品不会购买，也就是熟人推荐的陌生产品只是看看，不会买。我会选择相信熟人，应该是会从推荐者的关系购买。我觉得我买东西是根据需要的（购买动机：需要），在这个前提下，东西的效果也会考虑吧。倾向于相信关系比较近的人，中等程度。

11. 李某：去年在微博上看到一个博主推荐的驱蚊水，是我第一次接受陌生人的推荐买一个陌生的品牌。我女儿特别招蚊子，几乎用遍了所有常见的驱蚊水，都没有效果，我微博关注了一个美妆博主他自己也开淘宝店卖自家的产品,恰好夏初的时候,他介绍了如何用精油防蚊,并推出了自己的驱蚊水,因为精油我自己平常也用,天然的东西也觉得比较安全,而且价格也合适(购买影响因素:价格),因为实在需要(购买动机:需要)嘛,就想买来试试看。驱蚊水的效果真的很好,给身边的朋友也推荐了(口碑行为后果:购买并再推荐),今年马上快夏天了也打算回购,如果效果一直好的话,就打算继续使用下去,毕竟驱蚊水也就夏天用一用,平时用到的很少。一般买东西,当然会选择相信熟人啊(强关系),实际用过的效果(口碑推荐者专业性:有经验的,亲身体验的)最能说服人了。感觉自己不太会相信别人(信任倾向维度:相信、不相信、有条件的相信),更不会相信陌生人,我会去尝试,但怀疑始终会有。

12. 王某:因为我平时喜欢刷热门微博,偶然一次看见了一条美妆博主(口碑可信赖性:专业性、有经验的)的微博,内容是推荐一款"你最喜欢的护肤或者化妆品",然后我就看见下面有不少评论(口碑信息方面:量和价)在推荐一款叫 AH 果酸身体乳的,评价说这款身体乳比较适合干性皮肤使用,而且去角质的效果特别好,而我又是干性皮肤,所以我觉得这款可能比较适合我(产品与消费者一致性),所以我就去淘宝上面搜索了一下这款产品,逛了几家店铺,看了一下买家的评价(多方求证,整合信息的统一性),发现评价都还不错,所以我就决定买一款试一下,发现效果真的不错。

13. 瞿永恒:女,23 岁,教师。购买经历描述:我朋友在微信上跟我说,她用过有一款面膜非常好用,推荐给我。不过是韩国的牌子,不知道这个时候说会不会不合时宜,但是的确很好用。这款护肤品叫"春雨",我就叫香港的朋友给带了两盒。先是试用,后来发现效果的确很好,而且价格也合理,然后就作为我长期的面膜储备了,后来还给我的好闺蜜也寄了一盒过去，不知道她用后感觉如何。另外，就是朋友圈的另一个朋友吧，也是穿着打扮都很时髦，皮肤非常好，有一次我看她卸妆后，皮肤并不是很好啊，她告诉我，其实是化妆效果，她就给我推荐了她用的气垫，雪花秀（也是韩国的），后来我也托朋友从泰国买回来，现在用来也是很好的。我觉得，女孩子都是爱美的，经常会关注微博、朋友圈啊那些美女是很正常的事情，然后潜移默化地就想跟上她们的步伐，然后自然而然地就会关注她们用的哪些牌子，哪些色号，等等。（参照群体效应）

14. 魏某：之前一直有关注一个公众号，觉得里面的文章写得特别好，尤其是广告软文写得特别好，我就特别佩服，就一直看，发现里面推荐的一款面膜还不错，就去推荐的店铺看了一下，看了一下买家的评论，自己也去百度（多方求证，整合信息的统一性）了一下面膜的成分、效果、什么的，观察了以后觉得还可以，就买了一盒试了一下，觉得包装还挺好看的，效果也还可以。

15. 李某：看微信上推荐，购买了一款国外很火的巧克力 lindor，还有韩国的蜗牛面膜，购买后觉得还不错，和推荐的内容还蛮相符的，巧克力是给我孩子吃的，这款巧克力的口碑一直不错，我觉得也还可以，面膜是给我自己买的，用了之后觉得脸变光滑了，这次购买经历还算满意吧。我觉得与国内相同价位的东西比较，微信推荐的东西还可以，有些人为了赚钱还是在做一些真实的事情。

1.3 第15个模板

第15个模板 XAA15

访谈资料收集及整理 a	概念化 A	范畴化 AA	范畴的维度
微信网购跌打损伤的药（a1 口碑来源：微信），因为自己家里老人有腰伤（a2 健康需求），也是主动问了微信里的一些朋友，我之前也上网查了一些资料（a3 主动查找），主要是结合这些所有的意见，当然最主要的还是朋友的意见（a4 信任朋友），因为我本人并不是很相信网络上的不认识的人的意见（a5 信任倾向），特别是我身边的一些朋友他们其实都有遇到过和我一样的问题，都是爸妈或者亲戚腿脚不好（a6 相同经历）。等于说是过来人，有经验（a7 传播者有经验），而且你中途用法之类的都可以慢慢问，特别是一起去讨论这个老人的病情或者其他的一些治疗方法。朋友就说这种药挺好，然后一看是香港那边的（a8 产地）我觉得如果你给我推荐什么国内的药，或者说是内服的药我觉得可能毕竟是药品，风险还是比较大的（a9）。但是一个是香港的药，第二个本来就是外用的，也不会有什么特殊或者不良反应，所以我感觉这个药本身我个人还是比较放心的，首先我就倾向于这个药的一些特质（a10 商品质量），熟人再一推荐，我一看完全没有需要担心的地方（a11 风险），就有尝试的这个意愿在里面（a12 结果：购买意愿）	大品牌直接购买；陌生品牌会查找验证，口碑信息统一才会购买	可信赖性关系强度需求信任倾向品牌关系信任感知价值产品类型	专业的、有经验的、名人等知名度高的人超值 风险：售后不好因碍于情面而不能追究熟人的责任 风险：产品口味选择不一样 风险：陌生品牌 多方求证，整合信息的统一性 （有的是自己求证，通过百度、淘宝等，还有的问其他的朋友，甚至是陌生微商，总之，是通过多种方式来求证陌生品牌是否适合自己） 信息一致性 试用—满意—重复购买与再推荐

1.4　22 个范畴

1. 口碑信息来源：微信、公众号、微博（A1、A30、A52）

2. 需求：健康需求、安全需要、信息需要、情感需要（A2、A16、A17、A51）

3. 问题确认：出现问题。不知道购买品牌、自己尝试失败（A19、A38、A41）

4. 主动查找（A3）

5. 多方求证（A46 求证陌生人、多种途径。）

6. 整合信息的统一性（A49）

7. 信任对象（与口碑传播者的关系）：朋友、家人、亲戚、熟人、陌生人熟悉产品、熟人的朋友、陌生人陌生产品（A4、A20、A21、A24、A27、A35、A48）

8. 参照群体（A26）

9. 信任倾向：不信任、信任、条件信任（A5、A29、A37）

10. 信任传递：信任好品牌的其他产品、信任朋友到信任产品（A45、A47）

11. 消费者特征：品牌忠实用户（A41）

12. 传播者可信赖性：专业的有经验的、知名的、相同经历的（A6、A7、A31）

13. 产品：国产的、进口的（港台的）/知名的、不知名的（A8、A22、A50）

14. 价值感知：好用的、超值的、特超所值的、价廉物美的（A10、A14、A36）

15. 价格：便宜、折扣（A13、A25）

16. 口碑的量与质（A23）

17. 口碑细节描述 论据特点（A40）

18. 渠道便利：购买便利、取货便利（A15、A28）

19. 产品适合（A44）

20. 风险：质量、产品类型、价格、不熟悉品牌（A9、A11、A32、A43）

21. 面子问题引起的售后问题（A39）

22. 结果：购买意愿、满意、超出预期、再推荐（A12、A18、A33、A34）

附录2 网络口碑对消费者购买行为的影响调查问卷

问卷编号：＿＿＿＿＿＿＿（无须填写）

尊敬的先生/女士：

您好！我们是国家社科基金项目"信任视域下的网络口碑效果研究"课题组，目前正在开展相关的调查，**如果您有通过微信、微博接受他人推荐（网络口碑）而产生购买行为的经历**，希望能得到您的信赖帮助填答此问卷。

本问卷为匿名填写，答案无对错之分，您所提供的宝贵信息将直接影响本研究的最终结论，恳请您根据实际情况作答。本研究会对所有个人信息保密，只做纯粹的学术研究之用。非常感谢您的支持与合作！

"信任视域下的网络口碑效果研究"课题组

2017年4月

A：基本情况（请选择相应的数字代码或在其上画"√"，无特殊说明均为单选）。

A1. 最近令您印象深刻的一次网络口碑信息是在哪种平台上获得的：

1. 微信（包括好友、微信群、朋友圈、公众号等）　　2. 微博

3. 其他（调查中止）

A2. 为您进行口碑推荐的人是＿＿＿＿＿＿（请直接填写）

A3. 您购买的产品/服务是＿＿＿＿＿＿（请直接填写产品类别或品牌名）

A4. 这个产品/服务属于：

1. 国产　　2. 外国/进口　　3. 不确定

A5. 对于这个产品/服务您之前的了解情况：

1. 很喜欢　　2. 很熟悉　　3. 比较熟悉　　4. 听说过但不了解

5. 从没听说过

B：请您根据此次口碑信息接收情况的感觉与感受，对以下表格中的陈述，根据实际情况按照同意程度在右边相应的方框内画"√"。**每行必须且只能画一个"√"。**分值说明：7 = 非常同意　6 = 同意　5 = 有点同意　4 = 不好说　3 = 有点不同意　2 = 不同意　1 = 非常不同意。下同。

表1

	问题描述	7	6	5	4	3	2	1
我认为该口碑推荐者：	1. 具有与推荐产品相关的专业知识							
	2. 是较为知名的							
	3. 具有相关的使用经验							
	4. 是可靠的							

表2

问题描述	7	6	5	4	3	2	1
1. 我对这个口碑推荐者很了解							
2. 我经常与他（她）交流							
3. 我觉得和他（她）交流很重要							

表3

问题描述	7	6	5	4	3	2	1
1. 我通常都会相信他人							
2. 我觉得人性是可以信赖的							
3. 我觉得人一般是可靠的							
4. 我倾向于信赖他人							

表4

	问题描述	7	6	5	4	3	2	1
本次口碑信息中提及的产品/服务品牌	1. 符合我的需要							
	2. 符合我的身份							
	3. 我个人很认同							
	4. 和我有某种关联							

表 5

问题描述	7	6	5	4	3	2	1
1. 我通过多种渠道来证明网络口碑推荐信息的准确性							
2. 我通过多种途径来证明网络口碑推荐信息的有用性							
3. 我在其他网站上查到的产品评价信息与口碑推荐中的产品信息是一致的							
4. 我通过其他渠道了解的产品信息与口碑推荐中的产品信息是相符的							

表 6

问题描述	7	6	5	4	3	2	1
1. 我信任口碑信息提供者，也因而信任他们推荐的陌生人							
2. 我信任口碑信息提供者，也因而信任他们推荐的产品							
3. 我信任大品牌，也因而信任该品牌的不同产品							
4. 我信任这个口碑传播平台，也因而信任这个平台推荐的产品/服务							

表7

问题描述		7	6	5	4	3	2	1
该口碑描述的产品/服务	1. 是我所喜欢的							
	2. 是能得到他人认可的							
	3. 是物超所值的							
	4. 是质量很好的							

表8

问题描述	7	6	5	4	3	2	1
1. 该口碑提供了一些对我购买该产品有帮助的信息							
2. 该口碑改变了我对购买该产品的想法或态度							
3. 该口碑提到了一些我未曾考虑到的有关该产品的注意事项							
4. 我购买该产品时会参照这个口碑信息的建议							
5. 该口碑可以协助我做出购买该产品的决定							

C：个人基本信息（请选择相应的数字代码或在其上画"√"。）

C1. 您的性别： ①男 ②女

C2. 您的年龄： ①18 岁以下 ②18—30 岁 ③31—45 岁 ④46 岁以上

C3. 您的受教育程度：

①高中及以下　②中专　③大专　④大学本科　⑤硕士研究生　⑥博士研究生　⑦博士以上

C4. 您的职业：

①全日制学生　②生产销售人员　③市场/公关人员　④客服人员　⑤行政/后勤人员　⑥财务/审计人员　⑦技术/研发人员　⑧教师　⑨专业人士（如会计师、律师、建筑师、医护人员、记者等）　⑩其他

C5. 您的平均月收入：

①1500元及以下　②1501—3000元　③3001—5000元　④5001—10000元　⑤10000元以上

C6. 您接触微信或微博（依据本次口碑接收的平台为准）的时间：

①1年以内　②1—2年　③2—3年　④3—4年　⑤4—5年　⑥5年以上

C7. 您平均每次访问该平台的时间：

①小于10分钟　②10—20分钟　③20—30分钟　④30—60分钟　⑤1小时以上

C8. 您浏览该平台信息的频率：

①每天1次或以下　②每天2次　③每天3次　④每天4次　⑤每天4次以上

问卷至此结束，麻烦检查是否有漏答的题目。再次感谢您的合作！

参考文献

中文文献

[1] 阿尔文·C. 伯恩斯、罗纳德·F. 布什：《营销调研：网络调研的应用》，梅清豪等译，中国人民大学出版社 2007 年版。

[2] [美] 埃里克·尤斯拉纳：《信任的道德基础》，张敦敏译，中国社会科学出版社 2006 年版。

[3] 毕继东：《网络口碑对消费者购买意愿影响实证研究》，《情报杂志》2009 年第 11 期。

[4] 陈蓓蕾：《基于网络和信任理论的消费者在线口碑传播实证研究》，博士学位论文，浙江大学，2008 年。

[5] 程秀芳：《虚拟社区网络口碑对消费者决策行为影响研究》，博士学位论文，中国矿业大学，2011 年。

[6] 崔金红、汪凌韵：《在线反馈系统中消费者网络口碑传播动机的实证研究》，《现代图书情报技术》2012 年第 10 期。

[7] 丁学君：《网络口碑可信度的影响因素》，《技术经济》2012 年第 11 期。

[8] [英] 弗兰克·韦伯斯特：《信息社会理论》（第三版），曹晋等译，北京大学出版社 2011 年版。

[9] 韩振华:《人际信任的影响因素及其机制研究》,博士学位论文,南开大学,2010年。

[10] 何佳讯、卢泰宏:《中国文化背景中的消费者——品牌关系:理论建构与实证研究》,《商业经济与管理》2007年第11期。

[11] 何立华:《中国的信任问题研究》,博士学位论文,武汉大学,2010年。

[12] 何晓兵、孙先艳:《企业网络口碑的竞争情报监测与控制》,《情报资料工作》2014年第3期。

[13] 侯杰泰、温忠麟、成子娟:《结构方程模型及其应用》,教育科学出版社2007年版。

[14] 黄芳铭:《结构方程模式:理论与应用》,中国税务出版社2005年版。

[15] 黄孝俊、徐伟青:《口碑传播的基本研究取向》,《浙江大学学报》(人文社会科学版)2004年第1期。

[16] 黄英、朱顺德:《二十一世纪的口碑营销及其在中国的发展潜力》,《管理现代化》2003第6期。

[17] 胡祥培、尹进:《信任传递模型研究综述》,《东南大学学报》2013年第7期。

[18] 纪淑娴、信任:《电子商务的基石》,西南交通大学出版社2010年版。

[19] 蒋玉石:《口碑营销概念辨析》,《商场现代化》2007年第3期。

[20] [美]凯文·凯利:《必然》,周峰等译,电子工业出版社2016年版。

[21] 赖胜强、唐雪梅、朱敏:《网络口碑对游客旅游目的地选择的影响研究》,《管理评论》2011年第6期。

[22] 李欣:《网络口碑、感知价值对顾客购买意向的影响研究》,《河南社会科学》2010年第3期。

[23] 林家宝、卢耀斌、章淑婷:《网上至移动环境下的信任转移模型及其实证研究》,《南开管理评论》2010年第13期。

[24] 刘萍:《网络口碑对消费者行为意愿的影响研究——以网络涉入为调节的中介模型》,《消费经济》2015年第6期。

[25] 卢泰宏、周志民:《基于品牌关系的品牌理论:研究模型及展望》,《商业经济与管理》2003年第2期。

[26] 卢纹岱:《SPSS for Windows 统计分析》,电子工业出版社2006年版。

[27] 马丁·威茨曼:《分享经济》,中国经济出版社1984年版。

[28] 尼克拉斯·卢曼:《权力》,上海人民出版社2005年版。

[29] 聂玲:《负面网络口碑信息对消费者品牌转换意愿的影响研究》,硕士学位论文,浙江大学,2012年。

[30] 彭兰:《网络中的人际传播》,《国际新闻界》2001年第3期。

[31] 邱政浩、林碧芳:《结构方程模型的原理与应用》,中国轻工业出版社2009年版。

[32] 任晓丽:《基于网络口碑的企业品牌传播研究》,硕士学位论文,河北经贸大学,2012年。

[33] 荣泰生:《AMOS 与研究方法》,重庆大学出版社2009年版。

[34] [美]史蒂芬·M.R.柯维:《信任的速度》,王新鸿译,中国青年出版社2011年版。

[35] 汪涛、李燕萍:《虚拟社区中推荐者特征对推荐效果的影响》,《商业经济与管理》2007年第11期。

[36] 温忠麟、侯杰泰:《隐变量交互效应分析方法的比较与评价》,

《数理统计与管理》2004 年第 3 期。

[37] 希夫曼：《消费者行为学》，中国人民大学出版社 2007 年版。

[38] 夏胜男、余明阳：《论"品牌即关系"——关系生态下的品牌新构建》，《广告大观》（理论版）2009 年第 5 期。

[39] 许玉、宗乾进、袁勤俭、朱庆华：《微博负面口碑传播研究》，《情报杂志》2012 年第 7 期。

[40] 阎俊、蒋音波、常亚平：《网络口碑动机与口碑行为的关系研究》，《管理评论》2011 年第 12 期。

[41] 喻国明：《互联网逻辑与传媒产业发展关键》，《南方电视学刊》2014 年第 3 期。

[42] 万文海、王新新：《共创价值的两种范式及消费领域共创价值研究前沿述评》，《经济管理》2013 年第 1 期。

[43] 杨庆：《消费者对网络商店的信任及信任传递的研究》，博士学位论文，复旦大学，2005 年。

[44] 杨宗辉：《费者网络信任传递模式分析》，《中国商贸》2009 年第 13 期。

[45] 杨中芳、彭泗清：《中国人人际信任的概念化——一个人际关系的观点》，《社会学研究》1999 年第 2 期。

[46] 余明阳、戴世富：《品牌战略》，清华大学出版社 2009 年版。

[47] 翟学伟、薛天山：《社会信任理论及其应用》，中国人民大学出版社 2014 年版。

[48] 张辉：《消费者信任转移研究——企业线下信任如何促进在线购买》，《商业经济》2011 年第 36 期。

[49] 张晓飞、董大海：《网络口碑效果的测评方式》，《市场营销导刊》2009 年第 2 期。

［50］张孝德、牟维勇：《分享经济：一场人类生活方式的革命》，《人民论坛·学术前沿》2015年第12期。

［51］张艳丰、李贺、彭丽徽：《负面评论挖掘的网络口碑危机预警模糊推理》，《图书情报工作》2016年第9期。

［52］张燕：《网络口碑对消费者购买决策影响研究》，硕士学位论文，南京师范大学，2013年。

［53］张玥、朱庆华：《信息类型和信息交流情境视角下电子口碑交流有效性要素研究》，《中国图书馆学报》2011年第37期。

［54］赵佳英：《基于扎根理论的社交化电子商务商业模式的跨案例研究》，硕士学位论文，2013年。

［55］郑也夫、彭泗清：《中国社会中的信任》，中国城市出版社2003年版。

［56］郑也夫：《信任论》，中国广播电视出版社2010年版。

［57］周晓虹：《理论的邂逅》，北京大学出版社2014年版。

［58］钟殿舟：《互联网思维》，企业管理出版社2014年版。

［59］张凤：《国内旅游网络口碑研究进展及展望》，《中南林业大学学报》2016年第6期。

［60］孙仲凯：《网络口碑信任度影响机制研究》，硕士学位论文，哈尔滨工业大学，2015年。

［61］刘帅：《企业网络口碑营销策略研究》，硕士学位论文，华中师范大学，2011年。

［62］梁玉麒：《中国社交媒体用户社会资本状况对网络口碑行为的影响——以新浪微博、腾讯微信为例》，硕士学位论文，厦门大学，2014年。

［63］余航、王战平：《网络口碑影响的研究综述》，《情报杂志》2013年第6期。

[64] 张耕、冯艳婷:《网络口碑信息有效性综合测度研究》,《现代管理科学》2013年第4期。

[65] 刘萍:《网络口碑对消费者行为意愿的影响研究——以网络涉入为调节的中介模型》,《消费经济》2015年第6期。

[66] 蒋黎明、张琨等:《证据信任模型中的信任传递与聚合研究》,《通信学报》2011年第11期。

[67] 龙毅宏、潘丹:《基于模糊理论的间接推荐信任传递研究》,《武汉理工大学学报》2009年第31期。

[68] 杨宗辉:《消费者网络信任传递模式分析》,《中国商贸》2009年第13期。

外文文献

[1] Aggarwal, P. "The Effects of Brand Relationship Norms on Consumer Attitudes and Behavior", *Journal of Consumer Research*, Vol. 31, 2004.

[2] Ahluwalia et al. "Consumer Response to Negative Publicity: The Moderation Role of Commitment", *Journal of Marketing Research*, Vol. 37, No. 2, 2000.

[3] Ahmed S., Haag M., "Entering the Field: Decisions of an Early Career Researcher Adopting Classic Grounded Theory", *The Grounded Theory Review*, Vol. 15, No. 2, 2016.

[4] Ahrens, J., Coyle, J. R., Strahilevitz, M. A. "The Effects of Incentives on E-referrals by Senders and Receivers", *European Journal of Marketing*, Vol. 47, No. 7, 2013.

[5] Ajzen, Icek. "The Theory of Planned Behavior", *Organizational Behavior & Human Decision Processes*, Vol. 50, No. 2, 1991.

[6] Anderson and Narus, J. A. "A Model of Distributor Firm and Manufacturer Firm Working Partnerships", *Journal of Marketing*, Vol. 54, January, 1990.

[7] Arndt, J. "Role of Product – Related Conversations in the Diffusion of a New Product", *Journal of Marketing Research*, Vol. IV, August, 1967.

[8] Arrow, K. J. *Social Choice and Individual Values*. Wiley, New York, 1951.

[9] Awad, N. F, and Ragowsky, A. "Establishing Trust in Electronic Commerce through Online Word Of Mouth: An Examination across Genders", *Journal of Management Information Systems*, Vol. 24, No. 4, 2008.

[10] Bahari, F. "PainResolving in Addiction and Recovery: A Grounded Theory Ttudy", *The Grounded Theory Review*, Vol. 15, No. 2, 2016.

[11] Bansal, H. S. &Voyer, P. A. "Word of Mouth Processes within a Services Purchase Decision Context", *Journal of Service Research*, Vol. 3, No. 2, 2000.

[12] Bao, T., Chang, T. S. "Finding Disseminators Via Electronic Word of Mouth Message for Effective Marketing Communications", *Decision Support Systems*, Vol. 67, C, 2014.

[13] Barber, B. *The Logic and Limits of Trust*. New Brunswick: Rutgers University Press, 1983.

[14] Basri, H., Siti – Nabiha, A. K. "Accounting System and Accountability Practices in an Islamic Setting: A Grounded Theory Perspective", *Pertanika, J. Soc. Sci. & Hum*, Vol. 24, 2016.

[15] Beer, J. D., Brysiewicz, P. "TheNeeds of Family Members of Intensive Care Unit Patients: A Grounded Theory Study", *Southern African Jour-*

nal of Critical Care, Vol. 32, No. 2, 2016.

[16] Belk, R., Robert, M., Bahn, K. D. "Children's Recognition of Consumption Symbolism in Children's Products", *The Journal of Consumer Research*, Vol. 10, 1982.

[17] Berger, J. "Communication Channels and Word of Mouth: How The Medium Shapes the Message", *Journal of Consumer Research*, Vol. 40, October, 2013.

[18] Berrou, J., Combarnous, F. "The Personal Networks of Entrepreneurs in an Informal African Urban Economy: Does The 'Strength of Ties' Matter?", *Review of Social Economy*, Vol. 70, No. 1, 2012.

[19] Bert, N. U., John, M. R., Timothy, W. S., Joshua, M. S., Daniel, J. T., Allison, M. D., Chul, A. "TheStrength of Family Ties: Perceptions of Network Relationship Quality and Levels of C – reactive Proteins in the North Texas Heart Study", *The Society of Behavioral Medicine*, Vol. 49, No. 5, 2015.

[20] Bhattacharya, R., Devinney, T. M. and Pillutla, M. M. "AFormal Model of Trust Based on Outcomes", *Academy of Management Review*, Vol. 23, No. 3, 1998.

[21] Blackston, M. "Observations: Building Brand Eouity by Managing The Brand's Relationsships", *Journal of Advertising Research*, 2000.

[22] Bo – Chiuan Su. "The eWOM Engagement Behavior in Social Networking Sites: Posting, Acquiring, and Passing Information", *Marketing Review*, Vol. 12, No. 1, 2015.

[23] Brown, J. J., Reingen, P. H. "Social Ties and Word – of – Mouth Referral Behavior", *Journal of Consumer*, Vol. 14, No. 3, 1987.

[24] Canny, I. U. "Measuring the Mediating Role of Dining Experience Attributes on Customer Satisfaction and Its Impact on Behavioral Intentions of Casual Dining Restaurant in Jakarta", *International Journal of Innovation, Management and Technology*, Vol. 5, No. 1, 2014.

[25] Carr, C. T., & Hayes, R. "The Effect of Disclosure of Third – Party Influence on An Opinion Leader's Credibility and Electronic Word – of – Mouth in Two – step Flow", *Journal of Interactive Advertising*, Vol. 14, 2014.

[26] Castaldo, S., Premazzi, K., Zerbini, F., et al. "The Meaning (s) of Trust: A Content Analysis on The Diverse Conceptualizations of Trust in Scholarly Research on Business Relationships", *Journal of Business Ethics*, Vol. 96, No. 4, 2010.

[27] Chaiken, S. "Heuristic Versus Systematic Information Processing and The Use of Source Versus Message Cues in Persuasion", *Journal of Personality and Social Psychology*, Vol. 39, 1980.

[28] Chang, S., Tom, M. Y., Luarn, L. P. "The Effects of Word – of – Mouth Consistency on Persuasiveness", *Canadian Journal of Administrative Sciences*, Vol. 31, 2014.

[29] Chatterjee, P. "Drivers of New Product Recommending and Referral Behaviour on Social Network Sites", *International Journal of Advertising*, Vol. 30, No. 1, 2011.

[30] Chatterjee, P. "Beyond CPMs and Clickthroughs: Understanding Consumer Interaction with Web Advertising. In: Lee, O., Ed", *Internet Marketing Research: Theory and Practice*, 2001.

[31] Chek, Y. L. & Sze Yin Ho, J. "Consumer Elections E – retailing Why the Alliance of Vendors E – service Quality, Trust and Trustworthiness Mat-

ters", *Social and Behavioral Sciences*, Vol. 219, 2016.

[32] Chen, J. J., Wang, R. L. XF. "Bifidobacterium Longum Supplementation Improved High Fat Fed Induced Metabolic Syndrome and Promoted Intestinal Reg I Gene Expression", *Exp Biol Med (Maywood)*, Vol. 2, No36, 2011.

[33] Chen, X., Huang, Q., Davison, R. M., et al. "What Drives Trust Transfer? The Moderating Roles of Seller – Specific and General Institutional Mechanisms", *International Journal of Electronic Commerce*, Vol. 20, No. 2, 2015.

[34] Cheung, C. M. K, &Thadani, D. R. "The Impact of Electronic Word – of – Mouth Communication: A Literature Analysis and Integrative Model", *Decision Support Systems*, Vol. 54, No. 1, 2012.

[35] Cheung, M. Y., Luo, C., Sia, C. L. &Chen, H. "Credibility of Electronic Word – of Mouth: Informa – tional and Normative Determinants of Online Consumer Recommenda – tions", *International Journal of Electronic Commerce*, 2009.

[36] Cheung, R. "The Influence of Electronic Word – of – Mouth on Information Adoption in Online Customer Communities", *Global Economic Review*, Vol. 43, No. 1, 2014.

[37] Chia, Y. L. "The Effects of Source Credibility and Argument Quality on Responses toward Information System Usage", *Asia Pacific Management Review*, Vol. 20, 2015.

[38] Chieh, H. K. "Exploring the Relationship of Different of Brand Equity in Hotel Industry Throughsocial Networking Sites", *The International Journal of Organizational Innovation*, Vol. 8, No. 3, 2017.

[39] Chieh, H. K., Lei, P., Tsai, Y. H. "A Study of Employees' Perception of Information Technology Adoption in Hotels", *The International Journal of Organizational Innovation*, Vol. 8, No. 2, 2016.

[40] Chih, H., James, A. P., Jayasena, V., Dhallwal, S. S. "Effect of Growing Location, Malaxation Durati - on and Citric Treatment on The Quality of Olive Oll", *Scl. Food Agric*, Vol. 93, 2013.

[41] Cho, S., Huh, J. & Ronald J. Faber. "The Influence of Sender Trust and Advertisertrust on Multistage Effects of Viral Advertising", *Journal of Advertising*, Vol. 43, No. 1, 2014.

[42] Christy, M. K. Cheung, Matthew K. O. Lee., "What Drives Consumers to Spread Electronic Word of Mouth in Online Consumer - Opinion Platforms", *Decision Support Systems*, Vol. 53, 2012.

[43] Christy, M. K., Cheung, Dimple, R., Thadani. "The Inpact of Electronic Word - of - Mouth Communication: A Literature Analysis and Integrative Model", *Decision Support Syste - ms*, Vol. 54, 2012.

[44] Chu, A, &Choi, J. N. "Rethinking Procrastination: Positive Effects of 'Active' Procrastination Behavior on Attitudes and Performance", *Journal of Social Psychology*, Vol. 145, 2005.

[45] Chu, S, &Kim, Y. "Determinants of Consumer Engagement in Electronic Word - of - Mouth Ewom in Social Networking Sites", *International Journal of Advertising*, Vol. 30, No. 1, 2011.

[46] Cook, J. and Wall, T. "New Work Attitude Measures of Trust, Organizational Commitment and Personal Need Non - Fulfilment?", *Journal of Occupational Psychology*, Vol. 53, 1980.

[47] Corritore, C. L. "OnlineTrust: Concepts, Evolving Themes, A

Model", *International Journal of Human - Computer Studies*, Vol. 58, No. 6, 2003.

[48] Cowley, E. "Consumers Telling Consumption Stories: Word-of-Mouth and Retrospective Evaluations", *Journal of Business Research*, Vol. 67, 2014.

[49] Crosby, L. A., Evans, K. R. and Cowles, D. "Relationship Quality in Service Selling: An Inter-Personal Influence Perspective", *Journal of Marketing*, Vol. 54, No. 3, 1990.

[50] Dabholkar, P. A., Sheng, X. "Consumer Participationin Using Online Recommendation Agents: Effects Onsatisfaction, Trust, and Purchaseintentions", *The Service Industries Journal*, Vol. 32, No. 9, 2012.

[51] Das, K. T. and B. S, Teng, "Resource and Risk Management in The Strategic Alliance Making Process", *Journal of Management*, Vol. 24, No. 1, 1998.

[52] Davis, F. "Perceived Usefulness, Perceived Ease Ofuse, and User Acceptance of Information Technology", *MIS Quarterly*. Vol. 13, No. 3, 1989.

[53] Deng, M. D., Coleman, J. R., Ethanol. "Synthesis by Genetic Engineering in Cyanobacteria", *Applied and Environmental Microbiology*, Vol. 65, 1999.

[54] Deutsch, M. "Trust and suspicion". *The Journal of Conflict Resolution*, Vol. 2, No. 4, 1958.

[55] Dholakia, R. and Stemthal, B. "HighlyCredible Sources: Persuasive Liabilities", *Journal of Consumer Research*, Vol. 3, March 1977.

[56] Diane, R. R., Patricia, P. R., Lawrence, P., Sean, M. C., Zosha, K. K., Stephen, M. S. "Increased Health Information Technology

Adoption and Use Among Small Primary Care Physician Practices Over Time: A National Cohort Study", *Annals Of Family Medicine*, Vol. 15, No. 1, 2017.

[57] Dodds, W. B., Monroe, K. B. and Grewal, D. "Effects ofPrice, Brand, and Store Information on Buyers' Product Evaluation", *Journal of Marketing Research*, 1991.

[58] Doney, P, and Cannon, J. "An Examination of The Nature of Trust in Buyer – Seller Relationships", *Journal of Marketing*, Vol. 61, April, 1997.

[59] Eric, W. K., Kevin, K. W. "Value Co – Creation and Purchase Intention in Social Network Sites: The Role of Electronic Word – of – Mouth and Trust – A Theoretical Analysis", *Computers in Human Behavior*, Vol. 31, 2014.

[60] Escalas, J. E. and Bettman, J. R. "You Are What They Eat: The Influence of Reference Groups on Consumer Connections to Brands", *Journal of Consumer Psychology*, Vol. 13, 2003.

[61] Filieri, R. "What Makes Online Rreviews Helpful? A Diagnosticity Adoption Framework to Exp – lain Informational and Normative Influences in E – wom", *Journal of Business Research*, Vol. 68, No. 6, 2015.

[62] Filieri, R., Alguezaui, S., &McLeay, F. "Why Do Travelers Tust Trip Advisor? Antecedents of Trust Towards Consumer – generated Media and Its Influence on Recommendation Adoption and Word of Mouth", *Tourism Management*, Vol. 51, 2015.

[63] Filieri, R. and McLeay, F. "E – WOM and Accommodation: An Analysis of The Factors that Influence Travel Adoption of Information from Online Reviews", *Journal of Travel Research*, Vol. 53, No. 1, 2014.

[64] Fishbein, M. and Ajzen, I. "*Belief, Attitude, Intentions and Behav-*

ior: An Introduction to Theory and Research", Boston: Addison-Wesley, 1975.

[65] Floyd, K., Freling, R., Alhoqail, S., Cho, H. Y., Freling, T., "How Online Product Reviews Affect Retail Sales: A Meta-analysis", *Journal of Retailing*, Vol. 9, 2014.

[66] Folkes, V. S., "Recent Attribution Research in Consumer Behaviour: A Review and New Directions", *Journal of Consumer Research*, Vol. 14, 1988.

[67] Fournier, S. "A Consumer-brand Relationship Framework for Strategic Brand Management", *Unpublished doctoral dissertation*, University of Florida, 1994.

[68] Fukuyama, F. "Social Capital, Civil Society, and Development", *Third World Quarterly*, Vol. 22, 2001.

[69] Ganesan, S. "Determinants of Long-term Orientation in Buyer-seller Relationships", *Journal of Marketing*, Vol. 58, No. 1, 1994.

[70] Gefen, D. and Straub, D. *Consumer Trust in B2C e-Commerce and The Importance of Social Presence: Experiments in e-Products and e-Services.* Omega, Vol. 32, No. 6, 2004.

[71] Gelb, B. and Johnson, M. "Word-of-Mouth Communication: Causes and Consequences", *Journal of Health Care Marketing*, Vol. 15, 1995.

[72] Gilly, M. C., Graham, J. L., wolfinbarger, M. F. and Yale, L. J. "A Dyadic Study of Interpersonal Information Search", *Journal of the Academy of Marketing Science*, Vol. 26, 1998.

[73] Glaser, B. G. and Strauss, A. L. *The Discovery of Grounded Theory Strategies for Qualitative Research.* Chicago: Aldine Publishing Company, 1967.

[74] Godes, David and Mayzlin, D. "Using Online Conversations to Study

Word – of – Mouth Communication", *Marketing Science*, Vol. 23, Fall, 2004.

[75] Govier, T. *Social trust and human communities*. Montreal: McGill – Queen's University Press, 1997.

[76] Granovetter, M. S. "The Strength of Weak Ties", *American Journal of Sociology*, Vol. 78, No. 6, 1973.

[77] Gruen, T. W. T., Osmonbekov, A. J., Czaplewski. "E – WOM: The Impact of Customer – to – Customer Online Know How Exchange on Customer Value and Loyalty", *Journal of Business Research*, Vol. 59, No. 4, 2006.

[78] Gulyas, A. "Fairness Norms and Tie Strength in Social Networks – an Analythical Model and Experimental Results", *Society and Economy*, Vol. 34, 2012.

[79] Hall, J. C. "Utilizing Grounded Theory to Enhance: The Education of Graduate Clinical Social Work Field Students", *The Grounded Theory Review*, Vol. 14, No. 2, 2015.

[80] Hannu Saarija¨rvi. "The Mechanisms of Value Co – creation", *Journal of Strategic Marketing*, Vol. 20, No. 5, 2012.

[81] Hawes, J. M, Mast, K. E, and Swan, J. E. "Trust Earning Perceptions of Sellers and Buyers", *The Journal of Personal Selling and Sales Management*, Vol. 9, 1989.

[82] Henning, K., Sabrina, A., Gottschalk. "Relating eWOM Motives to eWOM Channel Choice, Why Do We Post Where We Do?", *Schmalenbach Business Review (SBR)*, Vol. 67, 2015.

[83] Holbrook, M. B. *Consumer value*. London: Routledge, 1999.

[84] Holmes, J. G., &Rempel, J., K. "Trust in Close Relationships. Review of Personality and Social Psychology", *Newbury Park*, Vol. 10, 1989.

[85] Hong, I. B. and Cha, H. S. "The Mediating Role of Consumer Trust in An Online Merchant in Predicting Purchase Intention", *Int. J. Manage*, Vol. 6, 2013.

[86] Hosmer, L. T. "Turst: The Connection Link Between Organizational Theory and Philosophical – ethics", *Academy of Management Review*, Vol. 20, 1995.

[87] Hou, C., Wonglorsaichon, P. "The Relationship Among Brand a Wareness, Brand Image, Perceived Quality, Brand Trust, Brand Loyalty and Brand Equity of Customer in China's Antivirus Software Industry", *Utcc International Journal of Biomedical Engineering*, Vol. 8, No. 1, 2016.

[88] Huang, Y., Kou, G. "A Kernel Entropy Manifold Learning Approach for Financial Data Analysis", *Decision Support Systems*, Vol. 64, 2014.

[89] Johnson, J. J. "Qualitative Sales Research: An Exposition of Grounded Theory", *Journal of Personal Selling & Sales Management*, Vol. 35, No. 3, 2015.

[90] Johnson, J. S. "Qualitative Sales Research: An Exposition of Grounded Theory", *Journal of Personal Selling & Sales Management*, Vol. 35, No. 3, 2015.

[91] Jones, J. J., Settle, J. E., Bond, R. M., et al. "Inferring Tie Strength from Online Directed Behavior", *Plos One*, Vol. 8, No. 1, 2013.

[92] Karen Whitehill King. . Journal of Interactive Advertising, Vol. 14, No. 1, 2014.

[93] Kather, J. "Trust Transfer on the World Wide Web", *Organizational Science*, Volume14, Issue1, January Vol. 4, No. 1, 2003.

[94] Katz, E, &Lazarsfeld, P. F., *Personal Influence: The Part Played*

by People in the Flow of Mass Communication. Glencoe, IL: Free Press, 1955.

[95] Kawakami, T., Kishiya, K., and Parry, M. E. "Personal Word of Mouth, Virtual Word of Mouth, and Innovation Use", Jprod innov manag, Vol. 30, No. 1, 2013.

[96] Keeran, k., Helena, B. "TieBreadth, Tie Strength and the Location of Ties: The Value of Ties Inside an Emerging Mnc to Team Innovation", International Journal of Innovation Management, Vol. 20, No. 1, 2016.

[97] Keller, J., Horning-Kjasgaand, I., Koberski, U., Stadibauer, E., Lenhart, R. "Geology, Stratigraphy and Volcanological Evolution of the Island of Stromboli, Aeolian Arc, Italy", Acta Vulcanol, Vol. 3, 1993.

[98] Kenny, B., &Fahy, J. "The Role of Tie Strength, Relational Capability and Trust in the International Performance of High tTech SMES", The IMP Journal, Volume7, No. 3, 2013.

[99] Kim, G., Shin, B., Shin, S. "Testing aTheory of Bi-directional Trust Transfer in Online Marketplace", The Journal of Internet Electronic Commerce Research, Vol. 15, 2015.

[100] Laird, J., Newell, A., and Rosenbloom, P., "SOAR: an Architecture for General Intelligence", Artificial Intelligence, Vol. 33, 1987.

[101] Lee, M. K. O., Turban, E. "A Trust Model for Consumer Internet Shopping", Netranational Journal of Electronic Commerce, Vol. 1, 2001.

[102] Lee, Z. W. Y., Cheung. C. M. K., & Thadani, D. R. "An Investigation into the Problematic Use of Facebook", In Proceedings of the 45th Hawaii International Conference on System Sciences, Maui, Hawai, the United States, 2012.

[103] Leea, 1, J., Leeb, J., Shin, Hojung. "The Long Tail or the

Short Tail: The Category – Specific Impact of eWOM on Sales Distribution", *Decision Support Systems*, Vol. 51, 2011.

[104] Lehoux, N. "Interaction that Values Co – creation in the Design of Services", *Bell Labs Technical Journal*, Vol. 17, No. 4, 2013.

[105] Lerrthaitrakul, W. & Panjakajornsak, V. "The Impact of Electronic Word – of – Mouth Factors on Consumers' Buying Decision Making Processes in the Low Cost Carriers: A Conceptual Framework", *International Journal of Trade, Economics and Finance*, Vol. 5, No. 2, 2014.

[106] Levy, S. J. "Interpreting Consumer Mythology: a Structural Approach to Consumer Behavior", *Journal of Marketing*, Vol. 45, Summer, 1959.

[107] Lewichi, R. J. and Bunker, B. B. *Trust in Relationships: A Model of Development and Decline*, in: *Conflict Cooperation and Justice Essays Inspired by the Work of Morton Deutsch*. Jossey – Bass Publishers, 1995.

[108] Lewis, J. K. & Weigert, A. J. "Trust as a Social Reality", *Social Forces*, Vol. 63,, No. 4, 1985.

[109] Li, J., Massa, M., Zhang, H. Culture vs. "Bias: Can Social Trust Mitigate the Disposition Effect?", *Social Science Electronic Publishing*, 2016.

[110] Lindsay, R. L., Larson. & Denton, L. T. "E – WOM Watchdogs: Ego – threatening Product Domains and the Policing of Positive Online Reviews", *Psychology and Marketing*, Vol. 31, No. 9, 2014.

[111] Lis, B., and Horst, M. "Electronic Word of Mouth Impacts: A Spotlight on Customer Integration", *Journal of Media Business Studies*, Vol. 10, No. 4, 2013.

[112] Lis, B., Horst, M. "Electronic Word of Mouth Impacts: A Spot-

light on Customer Integration", *Journal of Media Business Studies*, Vol. 10, No. 4, 2013.

[113] Liu, C. H., Lee, H. W., Huang, P. S., Chen, H. C., Scott, S. "DoIncompatible Arguments Cause Extensive Processing in the Evaluation of Arguments? The Role of Congruence Between Argument Compatibility and Argument Quality", *British Journal of Psychology*, Vol. 107, 2016.

[114] Liu, F. M., Hu, Y. J., Kao, J. Y., Ching, S. W. "Examining the Indirect Effect of Customer Involvement for the Relationship Between Brand Equity and Customer Loyalty", *The International Journal of Organizational Innovation*, Vol. 9, No. 2, 2016.

[115] Liu, J. & Rau, P. P. "Impact of Self – construal on Choice of Enterprise Social Media for Knowledge Sharing", *Social Behavior And Personality*, Vol. 42, 2014.

[116] Lockie, M., Martin K. J. Waiguny., Sonja Grabner – Kruter. "How Style, Information Depth and Textual Characteristics Influence the Usefulness of General Practitioners' reviews", *Australasian Marketing Journal*, Vol. 23, 2015.

[117] Luarn, P., Kuo, H. C., Chiu, Y. P., Chang, S. C. "Social-Support on Facebook: The Influence of the Strength and Gender Differences", *International Journal of Electronic Commerce Studies*, Vol. 6, No. 1.

[118] Luarn, P., Yang, J., Chiu, Y. "The Network Effect on Information Dissemination on Social Network Sites", *Computers in Human Behavior*, Vol. 37, 2014.

[119] Luhmann, N. *Trust and Power*. New York: John Wiley, 1979.

[120] Mayer, R. C., Davis, J. H. & Schoolman, F. D. "An Integrative

Model of Organizational Trust", *Academy of Management Review*, Vol. 20, 1995.

[121] McAllister, D. J. "Affect and Cognition – based Trust as Foundations for Interpersonal Cooperation in Organizations", *Academy of Management Journal*, Vol. 38, 1995.

[122] McKnight, D. H., Cummings, L. L. and Chervany, N. L. "Initial Trust Formation in New Organizational Relationships", *Academy of Management Review*, Vol. 23, 1998.

[123] Mcknight, D. H., Choudhury, V., Kacmar, C. J., et al. "Developing and Validating Trust Measures for E – commerce: An Integrative Thypology", *Information Systems Research*, Vol. 13, No. 3, 2002.

[124] Miller, M. J, and Pearce, R. P. "A Three – dimensional Primitive Equation Model of Cumulonimbus Convection", *Royal Meteorological Society*, Vol. 100, 1974.

[125] Molina – Morales, F. X., Capó – Vicedo, J., Martínez – Fernández, M. T., et al. "Social Capital in Industrial Districts: Influence of the Strength of Ties and Density of the Network on the Sense of Belonging to the District", *Papers in Regional Science*, Vol. 92,, No. 4, 2013.

[126] Morales, A. J., Borondo, J., Losada, J. C., Benito, R. M. "Efficiency of Human Activity on Information Spreading on Twitter", *Social Networks*, Vol. 39, 2014.

[127] Morgan, R. M., &Hunt, S. D. "The Commitment Trust Theory of Relationship Marketing", *Journal of Marketing*, Vol. 58, No. 3, 1994.

[128] Muhammad, S. M., Muhammad, A. "Challenges in Information Technology Adoption in Pakistani University Libraries", *International Journal of*

Knowledge Content Development & Technology, Vol. 6, No. 1, 2016.

[129] Munar a, A. M., Jacobsen, J. K. S. "Motivations for Sharing Tourism Experiences through Social Media", *Tourism Management*, Vol. 43, 2014.

[130] Nguyen, C., Romaniuk, Jenni. "Pass it on: A Framework for Classifying the Content of Word of Mouth", *Australasian Marketing Journal*, Vol. 22, 2014.

[131] Nieto, J., Rosa, M. H., Pablo, A. M. "Marketing Decisions, Customer Reviews, and Business Performance: The Use of the Toprural Website by Spanish Rural Lodging Establishments", *Tourism Management*, Vol. 45, 2014.

[132] Nysveen, H., Persen, P. E. "Influences of Co-creation on Brand Experience: The Role of Brand Engagement", *International Journal of Market Research*, Vol. 56, No. 6, 2014.

[133] Oncioiu1, I. "TheImpact of Tourist Feedback in the Virtual Community on the Purchase Intention", *International Business Research*, Vol. 7, No. 3, 2014.

[134] Pan, L. &Chiou, J. "How Much Can You Trust Online Information? Cues for Perceived Trust Worthiness of Consumer-generated Online Information", *Journal of Interactive Marketing*, Vol. 25, 2011.

[135] Pananond. P. and Zeithaml, C. P. "The International Expansion Process of MNEs from Developing Countries: A Case Study of Thailand's Cp Group", *Asia Pacific Journal of Management*, Vol. 15, No. 2, 1998.

[136] Pandit. "The Creation of Theory Ia Recent Application of the Grounded Theory Method, the Qualitative Report", *Strauss and Corbin*, Vol. 4, 1996.

[137] Paredes, R. M., Barrutia, M. J., Echebarria, C. "Resources for Value Co-creation in E-commerce: a Review", *Electron Commer Res*, Vol. 14, 2014.

[138] Park, C. and Lee, T. M. "Information Direction, Website Reputation and eWOM Effect: A Moderating Role of Product Type", *Journal of Business Research*, Vol. 62, 2009.

[139] Park, J. E, Park, J. Y, Kim, Y. S, Staswick, P. E., Jeon, J. Yun, J., Kim, S-Y., KimI. Lee, Y-H., Park, C. M. "GH3-mediated Auxin Homeostasis Links Growth Regulation with Stress Adaptation Response in Arabidopsis", *Biol Chem*, Vol. 282, 2007.

[140] Park, J. H., Lee, S. Y. "Towards Systems Metabolic Engineering of Microorganisms for Amino Acid Production", *Curr Opin Biotechnol*, Vol. 19, No. 5, 2008.

[141] Park, Kim. "The Effect of Brand Extension Strategies Upon Brand Image", *Journal of Consumer Marketing*, Vol. 21, No. 1, 2001.

[142] Pawaskara, P., Goelb, D. M. "A Conceptual Model: Multisensory Marketing and Destination Branding", *Procedia Economics and Finance*, Vol. 11, 2014.

[143] Peter, V., Marsden, Karen, E., Campbell. "Reflections onConceptualizing and Measuring Tie Strength", *Social Forces*, Vol. 91, No. 1, 2012.

[144] Petty, R. E. & Cacioppo, J. T. "The Elaboration Likelihood Model of Persuasion", *Advances in Experimental Social Psychology*, Vol. 19, 1986.

[145] Piligrimiene, Z., Dovalie, A., Virvilaite, R. "Consumer Engagement in Value Co-creation: What Kind of Value It Creates for Company?", *Inzinerine Ekonomika-Engineering Economics*, Vol. 26, No. 4, 2015.

[146] Prahalad, C. K., & Ramaswamy, V. "Co-Creation Experiences: The Next Practice in Value Creation", *Journal of Interactive Marketing*, Vol. 18, No. 3, 2014.

[147] Punjaisri, K., Wilson, A., Evanschitzky, H. "Exploring the Influences of Internal Branding on Employees' Brand Promise Delivery: Implications for Strengthening Customer-brand Relationships", *Journal of Relationship Marketing*, Vol. 7, No. 4, 2008.

[148] Racherla, P., Friske, W., "Perceived 'Usefulness' of Online Consumer Reviews: an Exploratory Investigation Across Three Services Categories", *Electronic Commerce Research and Applications*, Vol. 11, No. 6, 2012.

[149] Ravi, B., Alok, G., Sarah, R., Arun, S. "Trust and the Strength of Ties in Online Social Networks: An Exploratory Field Experiment", *MIS Quarterly*, Vol. 41, 2017.

[150] Read, D., Jin, H. Y., Fawcett, E. S. "Trust in Value Co-creation Strategies: Moving toward a Conceptualization We Can Trust", *Journal of Business Logistics*, Vol. 35, No. 1, 2014.

[151] Rempel, J. K., Holmes, J. G. & Zanna, M. P. "Trust in Close Relationships", *Journal of Personality and Social Psychology*, Vol. 49, 1985.

[152] Richards, C., Farrokhnia, F. "Optimizing Grounded Theory for Policy Research: A Knowledge-building Approach to Analyzing WTO e-commerce Policies", *International Journal of Qualitative Methods*, Vol. 15, No. 1, 2016.

[153] Ridings, C. M., Gefen, D., Arinze, B. "Some Antecedents and Effects of Trust in Virtual Communities", *Strategic Information Systems*, Vol. 11, No. 3, 2002.

[154] Riedl, C., Blohm, I., Leimeister, J. M., & Krcmar, H. "The Effect of Rating Scales on Decision Quality and User Attitudes in Online Innovation Communities", *International Journal of Electronic Commerce*, Vol. 17, No. 3, 2013.

[155] Rindfleisch, A. &Moorman, C. "The Acquisition and Utilization of Information in New Product Ailiances: A Strerjgtii – of – ties Perspective", *Journal of Marketing*, Vol. 65, No. 1 – 18, 2001.

[156] Robinson, S. L. "Trust and Breach of the Psychological Contract", *Administrative Science Quarterly*, Vol. 41, No. 4, 1996.

[157] Rosenberg, M. *Conceiving the Self*. New York: Basic Books, 1979.

[158] Rotter, J. B. "Interpersonal Trust, Trustworthiness, and Gullibility", *American Psycholgist*, Vol. 35, 1980.

[159] Rousseau, D. M., Sitkin, S. B., Burt, R. S., Camrer, C. "Not so Different after All: A Cross Discipline View of Trust", . *Academy of Management Review*, Vol. 23, No. 3, 1998.

[160] Saarija, rvi, H. "The Mechanisms of Value Co – creation", *Journal of Strategic Marketing*, Vol. 20, No. 5, 2012.

[161] Saarija, rvi, H., Kannan, P. K., Kuusela, H. "Value Co – creation: Theoretical Approaches and Practical Implications", *European Business Review*, Vol. 25, No. 1, 2013.

[162] Sabel, C. F. "StudiedTrust: Building New Forms of Cooperation in a Volatile Economy", *Human Relations*, Vol. 46, No. 9, 1993.

[163] Salonen1, S., Närvänen1, E. & Saarijärvi1, H. "How Do Consumers Consume Fashion Online? A Practice – theoretical Inquiry", *International Journal of Marketing Studies*, Vol. 6, No. 3, 2014.

[164] Sameer, D., Olu, O. "Are there Differences Between Men and Women in Information Technology Innovation Adoption Behaviors: A Theoretical Study", *Journal of Business Diversity*, Vol. 16, No. 1, 2016.

[165] Schindler, John, R., Isonzo. "The Forgotten Sacrifice of the Great War", *Praeger*, 2001.

[166] Schurr, P. H. &Ozanne, J. L. "Influences on Exchange Processes: Buyers' Preconceptions of a Seller's Trustworthiness and Bargaining Toughness", *Journal of Consumer Research*, March, 1985.

[167] Selnes, F. "Antecedents and Consequences of Trust and Satisfaction in Buyer – seller Relation – ships", *European Journal of Marketing*, Vol. 38, 1998.

[168] Sen, S. and Lerman, D. "Why Are You Telling Me This? An Examination into Negative Consumer Reviews on the Web", *Journal of Interactive Marketing*, Vol. 21, No. 4, 2007.

[169] Seung – A Annie Jin & Phua, J. "Following Celebrities' Tweets About Brands: The Impact of Twitter – Based Electronic Word – of – Mouth on Consumers' Source Credibility Perception, Buying Intention, and Social Identification With Celebrities", *Journal of Advertising*, Vol. 43, No. 2, 2014.

[170] Shahana, S. and Leman, D. "The Role of Negative eWOM in a High Involvement Decision Context Online Prepurchase Consumer Behavior", *Journal of Marketing*, Vol. 73, September 2007.

[171] Shamim, A., Ghazali, Z. "A Conceptual Model for Developing Customer Value Co – creation Behaviour in Retailing", *Global Business and Management Research*, Vol. 6, No. 3, 2014.

[172] Shamim, A., Ghazali, Z. "The Role of Self – construals in Devel-

oping Customer Value Co - creation Behavior", *Global Business and Management Research*, Vol. 7, No. 2, 2015.

[173] Silverman, George. "How to Harness the Awesome Power of Word of Mouth", *Direct Marketing*, Vol. 60, 1997.

[174] Simmel, G. *The Philosophy of Money*. University of Chicago Press, 1990.

[175] Singh, J. and Sirdeshmukh, D. "Agency and Trust Mechanisms in Consumer Satisfaction and Loyalty Judgment", *Journal of Academy of Marketing Science*, Vol. 28, No. 1, 2000.

[176] Sirdeshmukh, D., Singh, J., Sabol, B., et al. "Consumer-Trust, Value, and Loyalty in Relational Exchanges", *Journal of Marketing*, Vol. 66, No. 1, 2002.

[177] Sirgy. M. J. "Self Concept in Consumer Behavior: a Critical Review", *Journal of Consumer Research*, 1981.

[178] Smith, D., Menon, S., Sivakumar, K. "Online Peer and Editorial Recommendations, Trust, and Choice in Virtual Markets", *Journal of Interactive Marketing*, Vol. 19 No. 3, 2005.

[179] Smith, L. "Unauthorized Dispositions of Trust Property: Tracing in Quebec Law", *McGill Law Journal*, Vol. 58, No. 4, 2013.

[180] Sundaram, D. S., Mitra, K., &Webster, C. "Word - of - Mouth Communications: a Motivational Analysis", *Advances in Consumer Research*, Vol. 25, 1998.

[181] Sung, J. H., Lee, Y. J. and Park, H. J. "New Method for Determination of Epichlorohydrin in Epoxycoated Cans by Oxolane Derivatization and Gas Chromatography Mass Spectrometry", *Journal of Chromatography A*,

Vol. 6, 2008.

[182] Sussman, S. W., Siegal, W. S. "Informational Influence in Organizations: An Integrated Approach to Knowledge Adoption", *Information systems research*, Vol. 14, No. 1, 2003.

[183] Sutcliffe, A. "GroundedTheory: A Method for Practitioner Research by Educational Psychologists", *Educational & Child Psychology*, Vol. 33, No. 3, 2016.

[184] Sweeney, J. C., and Soutar, G. N. "Consumer Perceived Value: The Development of A Multiple Item Scale", *Journal of Retailing*, Vol. 77, 2001.

[185] Tajfel, H., and Turner, J. C. "AnIntegrative Theory of Intergroup Conflict", *The Social Psychology of Intergroup Relations*, Vol. 47, No. 33, 1979.

[186] Takahashi, N., Inamizu, N. "Logical Weakness of The Strength of Weak Ties", *Annals of Business Administrative Science*, Vol. 13, 2014.

[187] Thomas, J., Arora, A. P., Shainesh, G. "Effects of Customer Trust on Word of Mouth Communication: examining Customer – brand Relationship", *Advances in Consumer Research*, Vol. 3, 2009.

[188] TomM., Lin, Y., Yi, L. K., and Wu, J. J., "The Effects of Visual Information in eWOM Communication", *Journal of Research in Interactive Marketing*, Vol. 6 No. 1, 2012.

[189] Tong, W., Ibarra, Y. M., and Lodish, H. F. "Signals Emanating from the Membrane Proximal Region of the Thrombopoietin Receptor (mpl) Support Hematopoietic Stem Cell Self – renewal", *Experimental Hematology*, Vol. 35, 2007.

[190] Uzzi, B. "The Sources and Consequences of Embeddedness for the

Economic Performance of Organizations: the Network Effect", *American Sociological Review*, Vol. 61, No. 4 1996.

[191] Vernette, E., Hamdi – Kidar, L. "Co – creation with Consumers: Who Has the Competence and Wants to Cooperate?", *International Journal of Market Research*, Vol. 55, No. 4, 2013.

[192] Wang, S. W., Ngamsiriudom, W., Hsieh, C., et al. "Trust-Disposition, Trust Antecedents, Trust, and Behavioral Intention", *Service Industries Journal*, Vol. 35, No. 10, 2015.

[193] Waxegard, G., Thulesius, H. "Trust Testing in Care Pathways for Neuro Developmental Disorders: A Grounded Theory Study", *The Grounded Theory Review*, Vol. 15, No. 1, 2016.

[194] Weinlich, B. and Stauss, B. "Process Oriented Measurement of Service Quality: Applying the Sequential Incident Technique", *European Journal of Marketing*, Vol. 31, 1997.

[195] Wen, C., Hsu, Y. Y. "The Study of eWOM Adoption Model", *Marketing review*, Vol. 8, No. 2, 2011, .

[196] Westbrook, R. A. "Product Consumption – based Affective Responses and Post Purchase Processes", *Journal of Marketing Research*, Vol. 24, 1987.

[197] Woodruff, R. B. "Customer Value: The Next Source for Competitive Advantage", *Journal of the Academy of Marketing Science*, Vol. 25, 1997.

[198] Wrightsman, L. S. "AssumptionsAbout Human Nature: A Social – psychological Analysis", *M – onterey*, 1974.

[199] Xie, Y., Peng, S. "The Effects of Two Kinds of Corporate Publicity on Customer – brand relationship", *Front. Bus. Res. China*, Vol. 4, No. 1, 2010.

[200] Yan Shan. "The Effects of Interpersonal Tie Strength and Subjective

Norms on Consumers' brand Related eWOM Referral Intentions", *Journal of Interactive Advertising*, Vol. 15, No. 1, 2015.

[201] Yan S., King, K. W. "The Effects of Interpersonal Tie Strength and Subjective Norms on Consumers' Brand – related eWOM Referral Intentions", *Journal of Interactive Advertising*, Vol. 15, No. 1, 2015.

[202] Yang, S., Chen, Y. Y., Wei, C. "Understanding Consumers' Web – mobile Shopping Extension Behavior: A Trust Transfer Perspective", *Journal of Computer Information Systems*, Vol. 55, No. 2, 2015.

[203] Yap, K. B., Soetarto, B., Sweeney, J. C. "The Relationship Between Electronic Word – of – Mouth Motivations and Message Characteristics: The Sender's Perspective", *Australasian Marketing Journal*, Vol. 21, 2013.

[204] Yeap, J. A., Ignatius, J., & Ramayah, T. "Determining Consumers'most Preferred eWOM Platform for Movie Reviews: A Fuzzy Analytic Hierarchy Process Approach", *Computers in Human Behavior*, Vol. 31, 2014.

[205] Yeh, Y. H, &Choi, S. M. "MINI – lovers, Maxi – mouths: An Investigation of Antecedents to eWOM Intention among Brand Community Members", *Journal of Marketing Communications*, Vol. 17, No. 3, 2011.

[206] Yi, Y., Gong, T. "Customer Value Co – creation Behavior: Scale Development and Validation", *Journal of Business Research*, Vol. 66, 2013.

[207] Yolanda, Y. Y. Chan and Ngai, E. W. T., "Conceptualising Electronic Word of Mouth Activity An Input – Process – Output Perspective", *Marketing Intelligence & Planning*, Vol. 29 No. 5, 2011.

[208] You, Y., Gautham, G. Vadakkepatt, & Amit, M. Joshi. "A Meta Analysis of Electronic Word – of – Mouth Elasticity", *Journal of Marketing*, Vol. 79, March, 2015.

[209] Yuosre, F. B. &Connor, G. C. "The Formation of Tie Strength in A Strategic Alliance's First New Product Development Project: The Influence of Project and Partners' Characteristics", *J Prod Innov Manag*, Vol. 32, No. 1, 2015.

[210] Zainol, Z., Mohd,N., Yasin, Omar, N. A., Nik, M., Hashim, H. N., Osman, J. "The Effect of Customer – Brand Relationship Investments on Customer Engagement: An Imperative for Sustained Competitiveness", *Jurnal Pengurusan*, Vol. 44, 2015.

[211] Zaltman, G. and Moorman, C. "The Importance of Personal Trust in the Use of Research", *Journal of Advertising Resesarch*, Vol. 28, No. 3, 1988.

[212] Zand, D. E. "Trust and Managerial Problem Solving", *Administrative Science Quarterly*, Vol. 17, No. 2, 1972.

[213] Zeljko, P., Srdan, J., Nada, P., "The Impact of Felder's Learning Styles Index on Motivation and Adoption of Information Through E – learning", *Journal of Information Technology and Applications*, Vol. 6, No. 2, 2016.

[214] Zhang, Y. T., Zinkhan, G. "Humor in Television Advertising: The Effects of Repetition and Social Setting", *Advances in Consumer Research*, Vol. 18, 1991.

[215] Zucker, L. G. "Production of Trust: Institutional Sources of Economic Structure", *Research in Organizational Behavior*, Vol. 8, 1986.

[216] Zuker, M. "RNAFolding Prediction: The Continued Need for Interaction Between Biologists and Mathematicians", *Lectures on Mathematics in the Life Sciences*, Vol. 17, 1986.

后　　记

从 2008 年读博接触网络口碑并开始作为博士论文选题进行研究，到 2013 年以此为基础申请到国家社会科学基金项目，再到现在的书稿有幸即将在中国社会科学出版社出版，回首望去，十个年头已悄然从指间划过，也不免唏嘘不已。不敢说是十年磨一剑，却深知十年芳华情归何处。

记得刚读博那会儿，参与了导师舒咏平教授的著作《新媒体广告》第五章节"虚拟社区与互动"内容的撰写。当时曾以自己真实的网上购书案例导入，引出了"网络口碑"这个在当时还略显陌生的词语。

两本同样书名同样作者的书，只是因为翻译者不一样，出版社不一样，价钱却相差较大，按理说便宜点的应该更受欢迎，但是细看评论，却发现便宜点的普遍评价较差，而贵点的正面评价偏多。因而购书者毫不犹豫地选择了贵一点但评价好一点的版本。

从这种生活经验出发，我开始对"网络口碑"产生极大的兴趣，因而在完成导师的书稿章节任务后，继续将之作为博士论文选题进行系统研究。那时比较热衷于定量研究方法，恰好有机会听了侯杰泰老师关于结构方程模型的理论授课，后又有幸上了祝建华老师关于结构方程模型的实操课，就这样结合导师的指导顺利完成了博士论文关于网络口碑效果的定量研究。

但是当时的定量研究毕竟是限定在一个较小的闭合式的研究中，没有

后 记

将网络口碑这样一个复杂的议题置于社会环境、不同网络媒介渠道中去考查，对于网络口碑起作用的"信任"因素更是缺乏深入系统研究，因而才有了后来以此为基础继续申报课题的想法，在有幸得到国家社科基金项目的资助后，又有机会得以在美国密苏里大学新闻学院访学一年，也是在那里完成了大部分的文献搜集与阅读工作。

在真正写作的三百多个日子里，我基本上过着晚十早五的规律生活。在每一个静谧的五点的清晨，开始完成蜜蜂打卡里头一天自己给自己定的小任务。而当人们在城市的喧嚣中开始忙碌时，已完成当日任务的我除了正常的工作外亦有时间静坐窗台看窗外人们行色匆匆……

就这样看似不经意间完成了积压多年的任务，没有当年完成博士论文时的喜悦，亦没有当年如释重负般的解脱，但终于可以心无旁骛地去读那些看似与自己专业无关却无限滋养我的闲书了，也可以有更多的机会去弥补蒋勋所说的"美的库存"不足的遗憾了。

也许这本关于口碑的书并不能被口碑传播，然而无论什么样的命运已不重要，重要的是它承载了我十年的人生记忆，也即将开启我另一段丰富的生命旅程。

就在我写后记的时候，恩师舒咏平教授也发来了他为我写的推荐序。同事说，现在还亲自帮学生写序的导师实在是少见了，最多是学生自己写了导师签字而已。然而，恩师不仅亲自为我写序，而且还满满好几页纸，不亚于一篇长论文。看过不免心生愧疚，导师所言的每一个好，也许都是恩师用心良苦的另一种形式的激励吧。此时，只有暗暗告诫自己别把恩师所言的华科大精神弄丢了！

感谢所有帮助过我祝福过我的人们，同样的祝福也送给你们！

铁翠香

2018年3月